我了解这些女人的身体

甚至超过她们的丈夫

（美）阿诺德·斯嘉锡 著 ｜ 张婷 译

新星出版社 NEW STAR PRESS

WOMEN
I HAVE DRESSED AND UNDRESSED

Arnold Scaasi

CONTENTS
目录

斯嘉锡（后）与帕克（前），1970

导 言

重新翻阅整整七十八本记录了我从 1955 年至今的职业生涯的剪贴簿之后，我意识到我曾经结识过一些这个世界上最有魅力的女人，并有幸为她们设计衣服。这些簿子带我回到了过去，许多记忆被魔法唤醒。迄今为止，我设计了五百种款式，制作了两万件服装。因为有了这份工作带给我的声誉，我才拥有了这样不可思议的生活。从十六岁进入设计学校开始，我一直都很快乐。我是一个金牛座的人，我的人生信条就是"付出多少，就得到多少"——我很高兴地说我的工作让我的人生变得更丰富了了。

我接触过几千名女性，通过她们我认识了总统、好莱坞制片人和导演、政治家、将军、金融奇才——有趣的女人才能吸引最好的男人。我不能把所有接触过的女性一一写出来。如果我没有写到你，这绝不是因为私人的原因——很可能我会继续写下去，你会在下本书里找到你的名字。

我一个八十多岁的老朋友，贝蒂娜·麦克纳尔蒂[1]，在读过这本书之后，眨着她闪闪发亮的、充满智慧的眼睛，笑着说："哈哈，亲爱的阿诺德，我猜这个世界上已经没有哪个你想见却还没见过的女人了。"也许她说的没错。

重读这些私房小故事，在那些看似漫不经心的闲语中，我发现这本书也是某种社会史。我的个人回忆从侧面阐释了这个世界的变幻——毫无疑问，我的生活是一场精彩的冒险，伴随我的正是这些了不起的女人。

---

1. 贝蒂娜·麦克纳尔蒂（Bettina McNulty），曾任职 *Vogue，House & Garden* 等杂志。

1

第一章

开始

根据家人的记忆，我差不多四岁大的时候，剪下了我妈妈一件晚礼服的袖子。我猜，那应该算是我设计师生涯的开端。当然，这件事我记得不是很清楚，不过我确实记得其他几件事情，它们带我进了时尚的世界。我清楚地记得，五岁还是六岁的时候，我热心地告诉妈妈，她不应该把装饰用的栀子花别在肩膀上，别在她的晚装手袋上会好很多，她很高兴地照办。从那时开始，我就在一直告诉女人们该穿什么、怎样穿。

我出生在加拿大的蒙特利尔，一个熙熙攘攘的繁华都市，在那里生活了十四年。十四岁时，我和姐姐伊泽贝尔去澳大利亚看望艾达姨妈。伊泽贝尔比我大十五岁，她刚刚结束了不幸的婚姻，在这段漫长的旅程中必须有人陪伴她，这个责任落到了我的身上。

我的哥哥，蒙蒂·艾萨克斯，比我大十四岁，当时正在加拿大空军服役。

那时我已经显示出了一个金牛座的孩子通常会有的早熟。按我的年龄来讲，我相当聪明伶俐，对艺术有着特殊的喜好。这可能遗传自我爸爸塞缪尔·艾萨克斯，他年轻的时候学过绘画和钢琴。尽管哪个也没有专业水平，但这两样爱好给他带来了乐趣。

我的祖母生于俄罗斯，后来定居纽约。由于早年守寡，她实在没

与我的母亲、父亲和哥哥蒙蒂的合照

有能力把家里十一个孩子都拢在一起，所以爸爸和叔叔本被送到了蒙特利尔一个富有的婶祖母家里。我相信二十世纪早期，这种情形在人口众多的大家子里是很平常的事情，在那个时代，一个寡妇是没有办法把每个孩子都留在自己身边的。

我的妈妈，贝茜，出生在蒙特利尔。她的妈妈，我的外祖母，生于罗马尼亚的摩尔达维亚省。很早人们就发现贝茜有一副出众的嗓子，十六岁她去纽约为当时大都会歌剧院的总经理朱利奥·加蒂－卡萨扎试唱。

因为妈妈的天赋，她得以留在纽约学习——她的音域比那时最著名的女高音泰特拉齐妮夫人[1]还要高三个音。

接下来的故事在我外祖母和我爸爸（当时他已经和贝茜订婚）两个人的叙述中都带有一些惊悚色彩。

"我决不允许我如花似玉的十六岁女儿留在那个罪恶的城市里！"外祖母咆哮道。我爸爸则威胁说："你要不马上回来咱俩的婚事就取消！"

妈妈最终伤心地回来了。不过她还是很快乐地嫁给了我的父亲山姆[2]。后来，在我还留在家中的所有日子里，每个晚上她都给全家人唱上一段优美的歌剧咏叹调。

少年时代我坚持不懈地练习绘画，同时我也很有音乐天赋。十二岁时我就在吉尔伯特与沙利文[3]所作的轻歌剧《船夫》(*The Gondoliers*)中担任主角。最令人奇怪的是，我这个小孩子却有着低沉的男中音，好像在我身上青春期很早就结束了。

我讨厌学校，对运动也不感兴趣，却读了很多很多书，我还很喜欢去上为十几岁女孩子开设的家政课。高中时我交了一个女朋友，她的名字叫莱丽斯。但是我们第三次约会时，她爸爸把我拎到一边，问我有什么企图，

---

1. 泰特拉齐妮夫人（Luisa Tetrazzini, 1871-1940），意大利著名花腔女高音，在欧洲和美洲曾享有盛名，但晚景凄凉。
2. 塞缪尔的昵称。
3. 吉尔伯特与沙利文（Gilbert and Sullivan），一百年前的英国乐坛双杰，前者作词，后者作曲，两人合作的轻歌剧风靡世界，至今仍影响深远。

我立刻逃走了。我在学期中间离开了学校，陪伴伊泽贝尔去澳大利亚，尽管后来在国外我接受了一些私人辅导，但实际上我没有完成高中学业。

在我们走之前，家里为我和姐姐进行了疯狂的购物。我成了全程指导，我告诉父母自己知道什么是最好的。事实证明我的确有这样的能力。我为这次旅行好好置办了一番行头，其中甚至有专门为坐船准备的衣服，我们要从蒙特利尔秋天的天气跨越到中太平洋的亚热带气候。

以二十世纪三十年代人的眼光来看，我的母亲和姐姐都非常美丽。伊泽贝尔的外表常常被人拿来和那时的电影明星相比，例如海蒂·拉玛[1]和狄安娜·窦萍[2]。我被赋予了实现我的幻想的权力，可以决定我美丽的姐姐该穿些什么。最后我们准备了太多的行李，即使考虑到我们要在那边待上一年之久，也实在是太多了。

我记得那个时代时髦女性们的全套装备中包括帽子、手套和手袋，有时鞋子也要注意搭配。我妈妈认识一个名叫阿尔尚博夫人的法国裁缝，和一个被称为约瑟芬小姐的制帽商。所以我们家的衣服都是定制的，帽子也都是手工制作的。我常常出神地看着阿尔尚博夫人怎么裁剪裙子，看着约瑟芬小姐怎么撑好帽子，系上蝴蝶结，再加一些装饰。从某种程度上说，在裁缝夫人和制帽小姐的膝前，我接受了最早的职业训练。

我爸爸是一个毛皮贸易商。伊泽贝尔有一件灰色的波斯羔羊皮连帽大衣，一套豹皮套装，还有一件银色狐狸皮开口上衣，那个时候这些可是非常时髦的物件。我妈妈有一件貂皮长大衣和一顶貂皮帽子，用来抵御秋天的寒气。这些东西无比鲜明地留在了我的记忆里，很明显，它们激发了我对皮草设计的迷恋，其影响力持续到现在。

我们开始了澳大利亚之旅，伊泽贝尔和我乘火车离开了蒙特利尔，先去拜访一位住在多伦多的姨妈。离开家乡是上帝赐给我的福祉，我看

---

1. 海蒂·拉玛 (Hedy Lamarr, 1914-2000)，二十世纪三四十年代好莱坞性感女星，出生于维也纳，世界电影史上第一个出演裸体镜头的女演员。
2. 狄安娜·窦萍 (Deanna Durbin, 1921-　)，与海蒂·拉玛同时代的好莱坞歌坛影坛双栖明星。

见了广袤的新世界，并更好地了解了我自己和我沿途遇见的人们。的确，没有什么能比旅行更能开阔我们的眼界。从多伦多出发，伊泽贝尔和我又来到了旧金山，在那里我们登上了开往澳大利亚的轮船。你无法想象这一切让一个敏感的少年多么兴奋——我们居然绕了半个地球！

艾达姨妈嫁给了一位来自英格兰萨松家族的哲学家，她自己没有孩子，所以非常期待我们的到来。尽管她并不美丽，但是有着天生的良好品位。艾达和她第一任丈夫艾瑞尔偶尔会住在蒙特利尔，大多数时候则周游世界。他们两个都是坚定的犹太复国主义者，二三十年代里为了在巴勒斯坦地区建立一个犹太国家而不懈努力。当她结束了在欧洲的旅居回到家中的时候，她的大箱子里必然装满了漂亮衣服。她经常穿的是夏帕瑞丽[1]、维奥内[2]和夏奈尔[3]的衣服。当那些不可思议的行李在我眼前打开的时候，我感觉就像《一千零一夜》一样神奇。我的姨妈总是带着美丽的衣服从遥远的地方回来，它在我的童年里不断加深着我对于女人的精美服饰的兴趣与幻想。

艾达的第一任丈夫很早就去世了。直到四十年代，她在澳大利亚的演讲期间遇到了塞缪尔·温，才再次结婚。塞缪尔从事高级葡萄酒和蒸

---

1. 夏帕瑞丽（Schiaparelli），巴黎时装界传奇设计师埃尔莎·夏帕瑞丽（Elsa Schiaparelli）创造的时尚品牌，二十世纪三十年代最为风行，创始人夏帕瑞丽当时被看做"时尚女王"夏奈尔最大的竞争对手。
2. 法国设计师玛德琳·维奥内（Madeleine Vionnet）20世纪初创造的时尚品牌，她创造的修道士领式和露背装，以及独有的打褶方法都成为今天服装业里的专用词汇。
3. 法国设计师可可·夏奈尔（Coco Chanel）创立的时尚品牌，其双C标志成为高品位与经典的象征。

馏酒贸易，在阿德莱德有一座美丽的葡萄园，同时也是一位狂热的犹太复国主义者。他们住在墨尔本最奢华地段一座精致的都铎式房子里，拥有一处美得惊人的花园，种满了高大的山茶树、夹竹桃和甜美芬芳的茉莉花，还有一大片艳丽的东方罂粟，栽种在艾达从中国带回来的大碗里。艾达姨妈认识很多世界著名的领导人，像圣雄甘地[1]和戈尔达·梅厄[2]，后者是她非常亲密的朋友。在旅行中她搜罗了各式各样的异教徒长袍、纱丽和精美的绣花束腰长袍。当我来到墨尔本的时候，我发现这些和她的欧洲时装一样都是她日常装束的一部分。我相信我对纱丽和那些充满异域风情的布料的偏好最早就是在和我这位时髦姨妈一起住时开始萌芽的。

温一家是墨尔本最著名的犹太家庭之一，所有经过这里的名人都会来这所房子里吃晚餐。我记得最清楚的是，世界闻名的小提琴家耶胡迪·梅纽因[3]和他美丽的妹妹赫弗齐芭——她是钢琴演奏家——来拜访过我们。梅纽因一家来吃晚餐的第二天，我在从学校回来的路上看见这位著名的小提琴家向我走来。我局促不安地试图避开他，但是他停下来对我说："你好，阿诺德。"我们交谈了一会儿。我回到家把刚才的事儿告诉艾达，大大表达了一番我对这样的"大人物"居然会停下来和我这个十几岁少年说话的惊奇。我的姨妈微笑着说："你要知道，阿诺德，你是一个非常特别的孩子，在你的一生中人们都会对你另眼看待的。"在那一瞬间，艾达给了我前进的勇气和自信。

我在这种安静的氛围下生活了大约一年，然后，经过慎重的讨论，艾达和我都认为我应该回到蒙特利尔上设计学校，努力做一名服装设计师。蒙特利尔向来为拥有像考特诺尔－开普尼（Cotnoir-Capponi）这样著

---

1. 圣雄甘地（Mahatma Gandhi, 1869-1948），印度国父，曾倡导"非暴力不合作运动"，享有世界声誉，于1948年1月30日被刺身亡。
2. 戈尔达·梅厄（Golda Meir, 1898-1978），以色列第四任总理（1969-1974），她是以色列第一位女总理，也是世界上第一位女总理。
3. 耶胡迪·梅纽因（Yehudi Menuhin, 1916-1999），著名美国小提琴家，犹太人，幼年有"神童"之称，二十世纪最知名的小提琴演奏家之一。

伊泽贝尔和艾达在墨尔本住处的室外

名的设计学校而自豪。这所学校由一位曾经长期在巴黎学习和工作的意大利女士开办。我一点也没有因为我是满满一教室女孩子中唯一的男孩子而苦恼——事实上，我都被我的同学宠坏了！课程非常紧张，我喜欢在这里度过的每一分钟。我学会了缝纫、装饰，学会了按照纸板模型剪裁服装，我发现我对这些课程表现出了极大的天赋。我的老师那时说："你有一双金子做的手，如果你坚持不懈，你肯定会在时尚界取得成功。"

这所学校是著名的巴黎时装业公会学校[1]的分支机构。仅仅花了一年半的时间，我就在蒙特利尔结束了原本需要三年才能完成的课程。我决定剩下的一年要在巴黎时装业公会学校度过。于是，那时还非常年轻的我出发前往这所杰出的学校，开始了人生中一个崭新的阶段。

我很高兴可以独自生活，并迅速发现了巴黎的迷人之处。我生在蒙特利尔，从小就讲法语，在墨尔本我还有一个法国家庭女教师，她在发音问题上非常严格，要求我必须发好卷舌"r"以及其他的特殊发音。所以，我的法语非常流畅，但是完全没有语法的概念。

正如你将在下文所读到的那样，1953 年我来到纽约，我的生活又掀开了崭新一页。然而，在你了解我经历过的精彩人生和我遇到过的杰出女性之前，我想你应该首先知道的是，一个服装设计师，一个能够与这些著名的、富有的而且通常都被娇宠坏的女人相处的人，应该是一个什么样的人。

---

1. 巴黎时装业公会学校（Chambre Syndicale de la Couture Parisienne college），世界闻名的时装类专业院校，隶属于巴黎高档时装公会，由公会提供资金来源。

你必须了解她们的生活方式，同时，在通常状况下，要努力成为她们生活中的一部分。你必须到她们居住的地方去——和她们一起在最好的餐馆，比如说大马戏团 2000 餐厅[1]共进午餐，或者在豪华的四季饭店[2]吃晚饭，当然，你也必须出席慈善舞会。如果你想看看这些特别的女人穿些什么，她们的衣橱里又需要什么，这些都必不可少。有时这很无聊，但是大多数时候这些事充满了魅力。

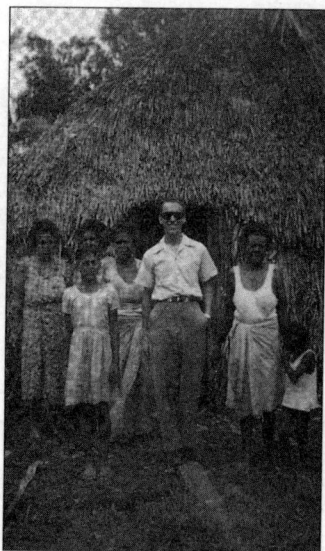

你也必须像个心理分析师。通常，在你跟那些尊贵的顾客第一次会面的十五到二十分钟之内，你就要站在她们

在去往澳大利亚的途中，在斐济岛一个茅草屋的外面

面前——她们可能是非常著名的人物——此刻她们可能没穿外衣，几乎赤裸着身体，仅仅穿着胸罩和底裤，你还得帮她们试穿衣服。有时你试图改变她们习惯的风格，找出她们不为人知的更好的另一面。我不能说每个人都像模特儿那样又高又苗条，但是通常那些花很多钱买衣服的女人也会花很多钱护理她们的身体和脸蛋儿。我想告诉你，她们看起来都很美——我的意思是，这也意味着那些能够做的事情都做得差不多了，已经没有留下多少改进的余地。这给设计师提出了更高的要求。

这些女人都很让人惊叹，她们的美貌、智慧、见识无不如此，但是要想做到和她们好好相处就是另外一回事了。我觉得不是每个设计师都能做到这一点。必须要建立一种互相信任的友爱关系。她们得喜欢你设

---

1. 大马戏团 2000 (Le Cirque 2000) 餐厅，由著名设计师亚当·蒂哈尼 (Adam Tihany) 设计，是纽约著名的餐厅。
2. 四季酒店 (Four Seasons Hotel)，世界上最奢华高级的饭店之一。

计的那些衣服，否则她们不会第一个就来找你。她们出场的时候外表只会呈现出两种效果，或者美丽，或者可怕，你的任务就是一定要让她们看起来美丽。她们必须信任你，有时也必须心甘情愿地放弃自己的想法，转而接受你更专业的建议。

对我来说，最有趣的事情莫过于听见一个再瘦不过的女人说："噢，我的上帝，我太胖了！"当然，很多人都会找到各种各样的理由来说她们为什么不能穿某样东西——"我的皮肤过于粉红，所以不能穿红色"或者"我以前从未穿过绿色"。嗯，那都是胡扯。她们的妈妈把这些禁忌和恐惧灌输给她们，让她们形成了这些观点。对女人来说，摆脱童年时期妈妈的批评总是要花上很长的时间。

同时，时尚变幻莫测。但是很多时候我对一个顾客说过什么，她们却再也不忘记，把它当成了真理。我记得不久以前在得克萨斯州作一场时装秀的时候，我和其中一个之前曾经在纽约为我工作过的模特有过如下交谈：

"你穿这条裙子的时候会配什么颜色的鞋子？"我问道。

"米色？"她犹犹豫豫地说。

"但是，为什么？那和这条裙子一点儿也不配。鞋子应该是红色或者银色的。"我建议道。

"但是斯嘉锡先生，我第一次见你的时候你曾经对我说我可以穿着米色鞋子去搭配任何东西，从那以后的五年里我都是那么做的。"

我被噎住了，不过我想起确实曾经这样告诉过她。

我也很可能看见一个顾客，然后对她说："这条黑色裙子穿在你身上会很完美。"

"但是阿诺德，你告诉我一定不能穿黑色。"听了主顾这样的话，我就窘在那里了。

时尚变幻，你的想法也会改变。你希望女人们能够紧跟潮流。设计师的眼光一直都在变化，一年以前对你来说很棒的东西今天看起来可能就很糟糕。当然啦，这才是让你肾上腺素加速分泌的原因，是时尚真正使人兴奋之所在。

第二章

琼·克劳馥
JOAN CRAWFORD

琼·克劳馥（1904-1977），美国好莱坞巨星，演过八十多部影片，代表作有《大饭店》《欲海情魔》《小夜曲》等，1945 年因出演《欲海情魔》获奥斯卡最佳女主角奖。

前不久一个星期一的晚上，我来到著名的卡莱尔咖啡馆，那一晚非凡的爵士乐钢琴歌手鲍比·萧特[1]没有出现在这里的舞台上，我是来欣赏伍迪·艾伦的单簧管演出的，他还带来了他的新奥尔良爵士乐队。那一晚他成了人们瞩目的焦点，演出非常了不起。当我的眼睛逐渐习惯了咖啡馆昏暗的灯光，我注意到墙上那些奇异又迷人的壁画，那些是韦尔泰什[2]在四十年代晚期的作品。这些挂满屋子四周的人物油画充满了想象力，充分证明了他作为一个插画作家的独创性。三十年代韦尔泰什在《时尚》（*Vogue*）和《哈泼芭莎》（*Harper's Bazaar*）中诠释了时尚的概念。他将其解释为"身体的外形和人们看起来的感觉"，但是他总是将这种概念放入虚构的场景中。比如在卡莱尔咖啡馆里，其中一面墙上画着一个抬着腿的芭蕾舞女游走于云间，她旁边是一个穿着性感底裤、上身裸露的女孩子拥抱着一匹马！这些画唤起了我的记忆，把我带回到许多年前——我在纽约第一个重要的

---

1. 鲍比·萧特（Bobby Short, 1924-2006），美国著名歌手和钢琴演奏家。
2. 韦尔泰什（Marcel Vertes, 1895-1961），出生于匈牙利，后到法国，二战期间又到了美国。韦尔泰什画了很多插图和海报，有些内容颇有争议性。

夜晚。

那是 1953 年，我刚刚结束了在巴黎时装业公会学校的学业，从巴黎来到这里。船停靠在纽约，我的父母第二天会从蒙特利尔开车来接我回家。我穿上了我最好的深蓝色套装，兴高采烈地下船去见查尔斯·詹姆斯——一位著名的美国女装设计师，我曾向他毛遂自荐。早些时候我在电话里和詹姆斯先生谈过话，他用他那一口半英国腔半芝加哥腔的古怪英语对我说，他将要去出席在东五十七街的艾欧拉斯（Iolas）画廊举办的韦尔泰什画展，"你一定要过来和我一起参加"。

我到了画廊，那里有许多稀奇古怪的韦尔泰什作品，我活了十几年还从来没有见过那样的东西！我记得有一个由三块嵌板组成的巨大屏幕，至少有八英尺高，那些好像被水洗过一般的迷人的印象派图案浮动在柔和的阴影下——某种程度上说有点儿玛丽·洛朗桑[1] 那种神秘的抒情意味，但是感觉上更自由、更有趣、更充满想象力。我走上环形楼梯来到展览室，被告知詹姆斯先生还没到，于是我坐在一张长椅上等他。那张椅子正对着一幅透明的白色窗帘，窗帘形成了环绕展览室的一道透明围墙。透过窗帘我能隐约看见韦尔泰什作品的影子。这一幕发生在许多许多年以前，却一直留在我的记忆里，那时我还非常年轻，却自以为历经世事了，因为我已经独自一人在巴黎待了将近一年的时间。

我非常紧张，因为我以前从来没见过詹姆斯先生。但是我知道，如果给他留下了好印象，他可能会给我在他的工作室里安排一份工作。他的工作室，照克里斯汀·迪奥[2] 的说法，是美国最棒的。当我环视着周围那些经常出没于纽约咖啡馆的风雅人士时，突然走进来一个引人注目的女人，她穿着一双脚踝系带的鞋子，一套黑湖羔羊毛套装，肩膀上别着一个大大的钻石别针，头上戴着一顶垂着黑色面纱的高高的尖顶帽。那是琼·克劳馥——世界最顶尖的电影明星。陪伴克劳馥小姐的是安妮塔·鲁斯，她是《绅士喜爱金发女郎》的编剧，在社交圈里声名狼藉，她打扮得活像一只小鹧鹩——那是一种从头到脚都是棕色的鸟。她们两个走在一起，看起来完全不搭配。这一对从我身边走进了展馆。那一瞬间我突然感觉到脊背爬过一阵战栗，一个念头在心头不断盘旋："我不要再回蒙特利尔，我要留在这里，留在什么事都可能发生的纽约！"

过了不一会儿，才华横溢又目空一切的查尔斯·詹姆斯出现了。他的脸上总是带着好奇的神色，那神情就好像他一直在观察着一切，思考着一切，并感受着一切。我们互相问好，然后一起走进了主展厅。他把我介绍给遇到的每一个人，说我是刚刚从巴黎回来的年轻加拿大设计师。在五十年代初的艺术界人士那些精明又深奥的谈话中，我感到不知所措。艾欧拉斯，这家画廊的主人，是一个高大的瑞典人，相当有魅力，他一直关照着我，直到黄昏的时候我和詹姆斯先生一起离开。

我们回到了工作室，詹姆斯先生看了我的简历后邀请我为他工作。这是到那时为止我生命中最重大的事件。

"如果你能为查尔斯·詹姆斯工作，你就可以来到美国，把时尚带到美国，在那里寻找到你的未来，时尚的未来就在美国。"克里斯汀·迪奥曾经这样对我说过。

在那一天最令我惊喜的一件事，并不是在纽约得到了一份工作，这事本身并不怎么令人兴奋，最令我感到意外的是我见到了神话般的电影皇后琼·克劳馥。那是我永远也不会忘记的一刻。当然，这只是我在纽约生活的开始，不过这是个多么美妙的开始！我回到旅馆告诉

斯坦福·怀特公寓草图

19

我的父母："我不回蒙特利尔了，我要留在纽约。我刚有了一份工作，从下星期一开始，我就要为查尔斯·詹姆斯工作了，周薪四十五美元，是不是很棒？"

我的父母很兴奋，他们真心地为我高兴，他们让我留了下来。

时间一晃到了 1959 年。我已经闯出了名气，成为时尚界的超级明星。我在 1958 年赢得了柯蒂时装评论奖（the Coty Fashion Critics Award)，这是在美国最具权威性的时尚奖项。我还在美国各地一百五十多家高档商场里出售我的时装。所以，我可以毫不夸张地说：我已经非常有名了。

我在离第五大道很近的五十六街买下了斯坦福怀特的公寓，瓦列里安·利巴尔[1]为我做装修，风格很合我的口味。我已经成为新一代女装设计师的代表，尽管法国人曼波谢尔[2]那时在时尚界里还有一定人气，而詹姆斯先生已经不再做这行了。我的名字艾萨克斯（Isaacs）变成了斯嘉锡（Scaasi），大家都知道 SCAASI 就是当你做漂亮衣服时要找的设计师。当时和我处在同一地位的设计师还有诺曼·诺雷尔[3]和詹姆斯·加拉诺斯[4]。如果一位女性想要穿些不同凡响的服装，那么这三个人就是最佳选择。我们设计的风格完全不同，有些人会同时跟这三个设计师定制衣服。

一天，一个广告公司主管和我联系，说："我们想邀请您到拉柯特芭斯科吃午餐。"那是一家高级法国餐馆。他解释说，琼·克劳馥问我愿不愿意为她在百事可乐的电视广告中做衣服。那家公司是由克劳馥的丈夫阿尔弗雷德·斯蒂尔经营的，克劳馥希望广告的服装能由斯嘉锡制

---

1. 瓦列里安·利巴尔（Valerian Rybar, 1919-1990)，以风格奢华而著称的室内设计师。
2. 曼波谢尔（Mainbocher, 1891-1976)，法国人，生于芝加哥，著名时装设计师，1929年在巴黎开创时装工作室，1939 年开办纽约工作室，以昂贵奢华的晚装闻名。
3. 诺曼·诺雷尔（Norman Norell, 1900-1972)，美国时装设计师，其简约而精致的设计许多年后仍然魅力不减。
4. 詹姆斯·加拉诺斯（James Galanos, 1925-)，美国时装设计师，生于费城，他制作的成衣领导时尚潮流，以设计宽松裙子、雪纺绸大衣和对丝绸的偏爱而闻名。

1959 年，在我豪华的市区公寓的办公室里，周围是我为琼·克劳馥和劳伦·巴考尔画的草图

作。我被要求当晚就飞到牙买加。他们在那里有一处豪华的房子，要在那儿和我讨论这件事情。

"但是很抱歉，我这个周末得回到我在长岛的家，我没办法去牙买加，而且，我觉得我不太想为百事可乐广告做衣服。"说实话，这种话你只在二十出头的年纪才说得出口。

几个星期以后我的工作室得知琼·克劳馥想要来看看衣服。当然，我很激动。除了那晚在艾欧拉斯画廊见过她真人，我只在银幕上见过她。我们全都在屋里屏住呼吸等待，透过斯坦福·怀特公寓的窗户向五十六街上张望，期待着这位大明星的到来。一辆灰色的加长型豪华轿车沿街而来，停在房子前。当我们翘首以待的时候，她的司机，一个穿灰色衣服的人，从车里下来，打开后门，从车里走出的正是非凡的琼·克劳馥。她全身都是灰色——灰色的水貂皮围巾，一件灰色的旋涡图案水貂皮长大衣，再配上灰色的小山羊皮手袋和手套，以及一双脚踝系带的鞋子。陪在她身边的是她的双胞胎女儿，那个时候她们大概十三岁，穿得却像两个法国小学生，两个人穿着相同款式的深蓝色超短百褶裙，一身制服风格的衣服，戴着后面有飘带的帽子。眼前的情景简直就像是一场演出，这个美丽的母亲和她两个十几岁的女儿就好像是从过去的老电影里走出来的漂亮妈妈和她的小女孩——唯一的遗憾是两个女孩那时并不是那么娇小可爱，个头都足有五英尺高了。

克劳馥走上了豪华的楼梯，她的"小孩儿们"恭敬地跟在后面，一起来到二楼的工作室。我们热情地向她致意，然后开始陪她看衣服。我得说她很有魅力，很吸引人，但完全是一副"贵夫人"的派头。尽管她努力想摆出平易近人的平民做派，而且她确实也是一个非常简朴的人，可是遗憾的是，她给人的感觉就好像是一个时刻不忘自己高贵身份的皇室成员，不过这也难怪，她本来就算是好莱坞的皇家贵族。

在给她看了很多东西之后，我们从中选出了一条带条纹的凯莉式柠檬绿塔夫绸裙，格蕾斯·凯莉很偏爱这种裙子。那是一种长及小腿的裙子，有着五十年代末非常流行的大裙摆，还有着船形的领子和小小的短袖。我们还挑中了一条白色的丝绸大衣，衬里是和裙子有着同样条纹的丝绸。

"哦，斯嘉锡，穿上这套衣服，我跟我丈夫去参加乡村俱乐部和那些不得不去的晚宴真是再合适不过了。"她说。

"现在，克劳馥小姐，"我插嘴道，"我想给您一块布料样品，也许有了它您会找到一双可爱的无带女鞋，和这套衣服配起来会很漂亮。"我说这句话是因为关于她固执偏爱的那些脚踝系带的鞋子有很多不太好听的笑话。听了这话，她两眼直勾勾地盯住我：

"斯嘉锡，你的任务只是裙子，鞋子的事情归我负责。"

嗯，当然，我再也没有提到过"鞋"这个词。

那时候，我雇了一个很出色的非裔美国女仆，叫莎拉·迈纳。莎拉会帮顾客试衣服，并把她们不要的东西拿开。琼很友善地提出不让莎拉帮忙，坚持让她的两个女儿去把所有她试过的衣服挂好。我们觉得这很奇怪，但是女孩儿们按要求做了，挂好了每一件衣服，而莎拉·迈纳只好站在一边，充满疑惑地看着。

那天最令我感到震惊的是克劳馥的外表，她的妆，她的脸，还有头发，都非常完美，即使她已经不再年轻了，却还拥有其他人都不会拥有的美丽外表。她是独一无二的琼·克劳馥，永远的电影皇后。

当她脱掉衣服的时候——有意思的是，即使脱到只穿着三点式紧身内衣，她也没露出一点儿害羞的表情——我很吃惊地看到她的身材非常像一个男人。她的肩膀非常非常宽，臀部很窄，上身很长，呈倒三角形。我首先注意到的是她的肩膀，这让我立刻想起了好莱坞服装设计师吉尔伯特·阿德里安[1]，他在四十年代创造了大垫肩套装的"克

---

1. 吉尔伯特·阿德里安（Gilbert Adrian, 1903-1959），好莱坞著名服装设计师，他曾经为《绿野仙踪》等上世纪二三十年代米高梅公司的其他电影设计服装，他参与的影片超过了二百五十部。

劳馥风格"，原来他也没有别的选择，因为她的肩膀就是这样。我意识到，这种和克劳馥密切相关的"阿德里安时尚"的起源，就和时尚里的很多东西一样，与她自身的特点有关，事实就是克劳馥本身就有这种"足球运动员式"的肩膀，设计师很巧妙地掩饰了这一缺点。我们以前总以为他是根据女人们在电影中的角色性格来打扮她们，比如克劳馥因饰演女强人而出名，所以她需要一种更阳刚的外表。但现在我终于明白，原来她的身材就是这种风格的。安德烈对有着同样宽肩膀的好莱坞传奇巨星葛丽泰·嘉宝也做了同样巧妙的伪装。在《茶花女》中，她需要看起来很苍白，很纤细，你也知道女主人公是死于肺病的。她那个时期的晚礼服大多数是露肩的，但是肩膀以下的衣服线条很粗，这样肩膀看起来就会小一些。很明显，他没有把这一点运用在克劳馥的现代装中，所以才有了四十年代那些宽肩衣服。

后来我们断断续续又为她做了一些衣服，主要是为了她在百事可乐公司活动中的出场。服装都很有舞台华丽感，非常漂亮。她好像想摆脱掉自己在电影中那种被熟知的坚强形象，转型成为成熟的家庭主妇，而这一点能够提升百事可乐的形象。

1961年，因为我为很多百老汇和电影女演员做衣服，一本很受欢迎的流行杂志《假日》(*Holiday*) 说他们想要做一个专题，把我服务过的那些戏剧界演员都囊括进去。他们要求我给出一个名单，于是我给他们列出了一长串，大约有十五个女演员。其中包括伊娃·盖博[1]，她那一年刚跟诺尔·考沃德[2]一起出演了戏剧《现在的笑声》(*Present Laughter*)；还有迷人的基蒂·卡莱尔·哈特[3]；我的好朋友和成功的女

---

1. 伊娃·盖博 (Eva Gabor, 1919-1995)，好莱坞女演员，"盖博三姐妹"成员之一。
2. 诺尔·考沃德 (Noel Coward, 1899-1973)，他是多面手，兼有戏剧家、演员、编剧、作曲家、词作者、画家等等身份，具有典型的英国人形象。
3. 基蒂·卡莱尔·哈特 (Kitty Carlisle Hart, 1910-2007)，美国歌手，演员和艺术代言人。她作为"说出真相"电视游戏节目的成员而为人所知。

演员阿琳·弗朗西斯[1]，她是成功的女演员，名气非常大，在舞台、电影、电台、电视中都有精彩演出，职业生涯很长久，她的故事我在后面的《百老汇女孩》中还会提到；以及迪娜·梅里尔[2]；还有玛丽莎·韦斯顿[3]，她是一个年轻漂亮的金发模特儿，那时刚刚在台上露脸，她的模特儿生涯后来无疾而终，但是直到今天她仍然是一个漂亮的金发女郎。当然，我把琼·克劳馥的名字也列了进去。

编辑打电话给我，说他已经从我的名单中挑出了几个人，并提议我们开始准备她们照相时的衣服和拍照地点。她们中的大多数人会在百老汇周围拍照，而基蒂·卡莱尔·哈特则会待在她漂亮的复式公寓里。

我很吃惊的是他们居然没有选择琼·克劳馥。

"在我服务过的所有女演员中，克劳馥肯定是最伟大的明星啊，最有名气，最受欢迎。"

"是的，我们也很喜欢她，但我们得承认她确实太老了。"编辑说。

"嗯，你可以把照片修饰一下嘛。"我建议。

"不，不，我们没办法修饰彩色照片，但是很不幸这里面的照片大多数都是彩色的。"

"好吧，"我继续说，"我只是觉得你们应该试一下，因为她看起来确实很美，而且她真的是一个巨星。"不管怎样，我坚持这一点，最后他们同意了。

我把照相这件事告诉了琼，她很兴奋。她有一段时间没拍戏了，并且我想她觉得和所有百老汇著名女演员一起拍照是很有面子的事。那年夏天，在我们拍照之前，她在长岛的西汉姆敦镇上租了一所房子；因为我在科格镇有一栋房子，就在西汉姆敦旁边，所以我们成了邻居。说到

---

1. 阿琳·弗朗西斯（Arlene Francis, 1907-2001），美国演员、电台谈话节目主持人，她参与电视游戏节目"我的职业是什么？"前后长达二十五年。她的标志性配饰是一条简单的金项链，挂着心型垂饰。
2. 迪娜·梅里尔（Dina Merrill, 1925- ），美国女演员、社会活动家。
3. 玛丽莎·韦斯顿（Melissa Weston），作为一名时尚模特，她活跃于上世纪五十年代。

试穿衣服时，我说我可以把衣服带到镇上去，我们可以在周末碰面，一起看看效果。周六我去了海边，当我回到家的时候，莎拉·迈纳（她也和我们一起来了）有一个口信告诉我，说有位女士打电话来。我问她是哪位女士。

"嗯，我不知道。她说她是琼尼·克拉夫。"

"噢，琼·克劳馥？"我问道。

"哦是的，这是她的电话号码。"莎拉用她的长岛腔说。我打了这个电话，琼接了。

"噢，琼，我很抱歉，我刚从海边回来，"我说，"我能不能过去让你试穿裙子和大衣？"

"噢，当然可以。我这里有一个伦敦来的电影制片商，所以现在有点儿忙，不过我马上就好了，我很想让你来，就现在，过来吧，亲爱的。顺便问一下，现在是谁在你那儿为你工作的？"

"就是你曾经在工作室里见过的那位令人愉快的女士，莎拉·迈纳。"

一阵短暂的沉默。

"嗯，我猜她从不看电影。"

"你的意思是？"我笑起来。

"她让我拼写我的名字。"

嗯，你可以猜到，这位"女王"有多沮丧。

那个下午我把裙子带到了她租的房子里，那是汉姆敦镇上最豪华的庄园之一，在那里，我再次看见了那一对双胞胎女孩儿。年轻的孩子们问她们能不能一起出去打网球。

"绝对不行，"琼说，"你们要留在这里陪妈妈，对从英格兰来的客人好一点儿。毕竟，妈妈这么做是为了你们，不是为了我自己。"这一番话让我对琼·克劳馥的性格有了另一种了解。

我去了趟卫生间。水池里装满了小件内衣，浸在肥皂水里。这真让我惊讶。然后我回想起我的朋友玛里安妮给我讲的一个故事：她有次住在克劳馥家，发现克劳馥有某种洁癖。我们一直以为这仅仅是众多关于她怎样开始电影生涯的丑恶传闻中的一个——很多人说她早期演过色情电影。玛里安妮告诉我，那天她上床的时候把内衣脱了放在凳子上，第二天醒她来时发现它们都被洗过了，并且熨得很平整。我从不相信她讲的那个故事，但是突然我想到这个故事中至少有一点可能是真的，因为在我眼前就是一个装满衣服的水池，所以很明显，克劳馥小姐总是亲自动手洗很多衣服。

克劳馥那一天穿得非常居家，白色的短裤，露出她漂亮的腿，一件粉色的男式衬衫，当然，肯定还有她标志性的性感的脚踝系带鞋子。她对客人没怎么客套，我们立刻开始试穿裙子和长披风，然后我就回家了。

为克劳馥小姐照相的那一天到来了。我和摄影师按照约定的时间到了她在第五大道的公寓——著名的"纯白"公寓。每个人进门的时候，她都会要求来宾把鞋子脱下，以免把她的白色地毯弄脏。屋子里所有的白色沙发椅都罩着一层透明塑料沙发套。我开始有点儿紧张，因为我已经听说了彩色照片不能修改，那时的相机可比今天那种只要动动手指按一下快门就成的数码相机差远了。

我按下电子门铃，克劳馥亲自开的门。很显然，她一个人待在这个极其豪华的公寓里。

"嗨，你们好吗？我真高兴见到你们。请脱鞋后再进来。"我们按照她的吩咐做了，然后沿着浮动式楼梯走进了这完美的房间。这里真的太令人惊叹了。但是与此同时，我却被克劳馥站在门口向我们致意的样子吓到了。她的头发用一个橡皮筋扎在后面，一件看起来很廉价的浴衣包裹着她，而且，要命的是她没有化妆！她看起来非常衰老！我想我犯了一个严重的错误。《假日》的编辑是对的，我到底做了什么？但已经太晚了，我们已经站在那里了，裙子也在那里了，雪纺绸大衣也在那里了，拍照的时间到了，摄影师已经架好了相机。

"上楼吧，我们到楼上拍。"琼说。我跟着她走进了衣帽室。这是一个宽大的房间，墙边的衣柜里摆了几百件衣服和几百双鞋。

"好吧，现在你来看看，你们喜欢哪双鞋？你喜欢蓝色还是绿色？"她问道。我浏览了一下，挑了一双合适的鞋，当然还是脚踝系带的，这是她的注册商标。然后她打开珠宝箱，那里躺着一条精美的钻石项链，带一颗葡萄大小的绿宝石坠子。今天这条裙子是绿色的，上面镶着蓝色的小亮片，再配上那件将品蓝和绿色完美融合的曳地雪纺绸长大衣，我觉得这条绿宝石项链搭配的效果会非常好。

"如果你不喜欢绿宝石，还有钻石吊坠，还有珍珠的，你怎么想，阿诺德？"

"我认为绿宝石是一个非常正确的选择。"于是就这么定了。

当我们准备这些的时候，我真的充满惊恐，很快我们就要开始正式拍照了，我会看到这个打扮得漂漂亮亮、戴着她非凡的钻石绿宝石项链的……"老"女人！这真的让我很忧虑。

"好了，现在让我们做好准备吧。我会在十分钟以后下来。"她说。我在心里哀叹：哦，我的上帝！我帮她穿上了那条裙子，然后走下楼来试图安抚一下比我还要焦虑的摄影师。他在那个现代化的楼梯下面架好了相机，我们紧张地等待着。

突然，克劳馥出现在楼梯的顶端。那一刻我想我眼前出现的一定是一个幻觉。蓝色和绿色的亮片闪耀着璀璨的光芒，辉映着那件从肩膀垂下来的雪纺绸大衣。在那上面，是那条耀眼的钻石绿宝石项链。最让人惊叹的是琼·克劳馥完美的脸——那张无与伦比的面孔，那副精致的妆容，就在这短短的十五分钟里她就搞定了一切。红色的头发被细心地梳理过。她走下来了。摄影师和我都恍惚如梦。

她一级一级地迈下台阶，摄影师开始抓拍照片。每一次他按下快门，她的头就会轻转一下，在那张不可思议的面孔上就会出现一个不同的表情。他至少拍了四十张，在每一张里那张脸都有一些特别的变化。她不愧是琼·克劳馥，那个伟大的电影明星。镜头厚爱她，她也完全清楚镜头在做什么。

当《假日》杂志的文章刊出后，最大的照片——用了整整一版——

当然是克劳馥小姐。每个人都目瞪口呆。

琼·克劳馥于 1976 年死于卵巢癌。尽管她已不会再出现在我们的生活中，但那张脸会永远在胶片中告诉我们，一个真正伟大的电影明星是什么样子的。

（上排从左到右）
丽兹·吉利特 Liz Gillett
凯瑟琳·赫斯特 Kathleen Hearst
盖伊弗里德·斯坦伯格 Gayfryd Steinberg
邦蒂·阿姆斯特朗 Bunty Armstrong
奥斯汀·赫斯特 Austine Hearst
埃德娜·莫里斯 Edna Morris
阿琳·弗朗西斯 Arlene Francis
（中排）
金柏莉·史密斯 Kimberly Smith
路易丝·内维尔森 Louise Nevelson
（下排）
图蒂·韦瑟里尔 Tootie Wetherill
帕蒂·雷尼斯 Patty Raynes

第三章

纽约女孩
NEW YORK GIRLS

　　四十多年来，已经有超过一千名妇女在纽约的某一处斯嘉锡服装店铺里定制过衣服，这个数字即使不精确，但也差不多。所有这些漂亮的女士得用至少三页纸才能列得下来。为了节省时间，让我给你们讲讲我能记起来的几个令人兴奋又有趣的女人。

　　五十年代中期，我下定决心，不会再回巴黎去追求我的名望和声誉，我要留在这里为特殊阶层的少数女性做衣服。刚刚开始的成衣生意为我带来了希望，我投资了两千美元，这些钱我是省下来的，我打算用它们做几条裙子，好向纽约那些更高级的商店做展示，希望以此展开我的高级成衣生意。我住在一套"铁路"式公寓（所谓铁路式，就是一个房间挨着一个房间，排成一条直线）里，包括一间起居室，作"招待室"；一间小小的卧室，作"试衣间"；一间大小正好的餐厅，作为我的工作间。还有一间厨房，足够放下一张早餐桌。当然还有每一间公寓最里面都会出现的一个非常小的储藏间，总是神秘地上着锁。我是从"布朗先生"那里转租的，花了每个月八十五美元的高价，但这位布朗先生我却从来都没见过。

　　我亲自动手摆放所有的花边样品，又雇了几个男女裁缝，从那时起我开始了一摊很不错的、不过规模也确实很小的服装定制生意。

　　穆里尔·麦克斯韦尔（《时尚》杂志前编辑）——她的小手指也比周围任何人都更有时尚感与简·格雷（《时尚芭莎》前编辑）——她足足六英尺高，非常瘦，看起来就像莫迪里亚尼[1]笔下的人物，她们两个

---

1. 莫迪里亚尼（Amedeo Modigliani, 1884-1920），意大利画家与雕塑家，他的大部分时间都是在法国度过的。他笔下的女人脸型狭窄，脖颈细长。

人一起开办了一个致力于时尚产业的公关公司，名字叫做麦克斯韦尔 -格雷。她们看过了我为费舍博德轿车广告设计的一套大衣加裙子的服装——那也是斯嘉锡第一次被信任，于是想要我为好彩香烟的广告设计点东西。这两个时尚专家来到我乱成一团的公寓里，看到我那些复杂而精美的服装，以及我的顾客名单时她们表现出了极大的惊讶。名单包括阿琳·弗朗西斯；今天仍然出镜的模特儿卡门；厄玛·施勒辛格太太[1]，她是南·坎普纳的母亲，非常风趣；玛丽·泰·尼科尔斯，她丈夫是《纽约时报》星期天杂志的主编；美国小姐玛丽·安·莫伯雷[2]。还有许多女士到我在东五十八街的工作室来，想为自己定制一套令人惊喜又与众不同的衣服。

麦克斯韦尔和格雷小姐到我这儿来时，我们正在为施勒辛格太太做一件黑色的亚光针织紧身短裙，那是从巴黎设计师玛德琳·维奥内[3]为我母亲设计的一条裙子那儿获得的灵感。这条裙子是艾达姨妈在一次欧洲旅行中给我妈妈买的。我记得妈妈穿着它去参加过犹太人在节日里的聚会，她总是配着一顶黑缎无檐女帽，一双白色小山羊皮手套，以及一条披在肩膀上的银狐披肩。那个年代人们参加礼拜时必须要穿得很隆重。

在我之前的一本传记《斯嘉锡：脱颖而出》（Scaasi: A Cut Above）的封面中，你会看见刚刚二十岁的我和一位引人注目的黑发模特儿，吉利斯·麦克吉尔，她可能是我最早的"纽约女孩"。

吉利斯和我合作了至少十年，从 1955 年我还为"偶然服饰"工作的时候就开始了。我是 1954 年底与她相识的。当时我正在为法国女

---

1. 厄玛·施勒辛格太太（Mrs.Irma Schlesinger）是知名汽车商、美国商界风云人物阿尔伯特·施勒辛格的第一任妻子；南·坎普纳（Nan Kempner）是厄玛·施勒辛格太太与阿尔伯特·施勒辛格的女儿，纽约社交界名流，是那种能邀请已故王妃戴安娜参加私人聚会的人物。

2. 玛丽·安·莫伯雷（Mary Ann Mobley, 1939- ），曾经当选"美国小姐"。她是少有的当选之后，能在演艺生涯中获得成功的"美国小姐"，曾与"猫王"合作过两部电影。

3. 玛德琳·维奥内（Madeleine Vionnet, 1876-1975），法国时装设计师，被称为"斜裁皇后"以及"裁缝中的建筑师"。维奥内以优雅的希腊风格的服装著称，是她把斜裁引进了时尚界。

帽设计师莉莉·黛诗[1]一个规模不大的时尚表演制作服装。我记得，从三十年代到五十年代，帽子是时尚女性的必备品，所以在黛诗小姐的生意蒸蒸日上。但是，当她在六十年代初把莉莉·黛诗假发投放市场以后，她的生意就毁了。

"今天，没有哪个时髦的女性会戴一顶帽子，只会戴上一顶假发！"她宣称。

一天，在黛诗新闻发布会前，吉利斯·麦克吉尔在台上来回走着，穿着我为法国烈火俱乐部夜总会制作的一条裙子，戴着一顶黛诗小姐最新设计的帽子。

"麦克吉利斯！"——她从来没有叫对过这个名字——黛诗小姐用她浓重的法国口音尖叫道，"你把帽子[2]戴得太往后了！"

"我知道，黛诗小姐，"吉利斯甜甜地回答说，"不过这样看起来好得多。"这位女帽制造商大笑起来，同意吉利斯的说法。我就是那时认识了这个相貌出众又固执己见的年轻模特儿，而且我想和她签约——后来我们成了好朋友，直到今天。

你可以说她是我的缪斯女神。她在试穿时中一旦发现不喜欢的地方，就会马上提出来，比如说这条裙子不够短什么的，而当我设计了一条非常时髦的确

和吉利斯·麦克吉尔，1959 年

---

1. 莉莉·黛诗（Lily Dache, 1898-1989），出生于法国，后去美国，帽子与时尚设计师。在她的时代，她是全美国最知名的女帽设计师和制造商。
2. 原文是法文。

实漂亮的裙子时她也不会吝惜惊喜的赞美。

吉利斯的职业生涯开始于十五岁，那时她在波道夫·古德曼[1]作兼职存货管理员。十六岁的时候，她对古德曼先生说希望能成为一名模特儿。他说："好的。"她以闪电般的速度实现了模特梦，并出现在一些大型的时尚秀上面，比如埃莉诺·兰伯特奖[2]的颁奖秀。她在 T 型台上，微笑着从这边走向那边，那种感觉就像她在欢迎你到她家来。她有着相当优雅的外表，穿着那些华服时她的气质就好像她真的拥有那些衣服。吉利斯是第一个穿上我的绿荫羽毛裙去参加单身汉舞会的人。第二天她告诉我说，堪称时尚化身的贝比·帕雷[3]说："那是我见过的最美丽的裙子。"吉利斯很聪明，也很使人愉快，直到今天她仍然如此。她几乎参加过纽约所有的时尚宴会，大多数时候都穿着我设计的衣服。她有着极好的时尚感觉，同时也帮助我推广了这样的概念：如果你穿上斯嘉锡的服装，你会看起来更美丽。

在我的铁路式公寓里，发生过一件极不平凡的事儿。那天鲍比·西尔弗曼太太上楼来取她的晚礼服，那是她为出席儿子杰弗里的"成人仪式"[4]特别定制的。西尔弗曼太太是一个暗红色头发的美貌女人。她看见了我在费舍博德广告中设计的礼服，于是迫不及待地想要拥有一件。

"但是如果我丈夫知道我花了一千五百美元买了一件晚礼服的话，他会大发雷霆的！"她斩钉截铁地说。当时，那可是相当大的一笔钱。不过她又说，她住在长岛大颈的一所大房子里，拥有七辆车。她问我是

---

1. 波道夫·古德曼（Bergdorf Goodman），纽约最顶级的豪华精品店之一。
2. 埃莉诺·兰伯特奖，为纪念美国时尚先锋人物埃莉诺·兰伯特（Eleanor Lambert）而设立的奖项。
3. 贝比·帕雷（Babe Paley, 1915-1978），美国社交界知名人物，同时她还是偶像级时尚人物。帕雷的第二任丈夫是 CBS 创立人威廉·帕雷，夫妇俩都是时髦人士，对时尚和艺术品位非凡。
4. "成人仪式"（Bar Mitzvah）是一种犹太人风俗，犹太家庭中的男子到了十三岁，全家人会为他举行一个仪式，共同庆祝他长大。从此进入成人世界。

否同意拿其中一辆再加一小笔现金（七百美元）来抵这件定制礼服的酬劳。我爽快地答应了，不久之后我自豪地发现我拥有了第一辆车，一辆1952年的深蓝色别克敞篷车。西尔弗曼太太穿上那件红宝石色天鹅绒胸衣和大大的猩红色公爵夫人式缎子裙摆的晚礼服时非常美丽。我们都很激动。不久以后，杰弗里在他讨人喜欢的母亲策划的盛大典礼中成为了十三岁的成人。

我对南·坎普纳的崇拜史超过四十年，从她母亲厄玛·施勒辛格第一次带她来到我的工作室就开始了。施勒辛格太太是位显赫的贵妇人，她很喜欢我为一个朋友所设计的衣服，于是也亲自来拜访我。

南个子很高，沉默寡言，她的丈夫托马斯·坎普纳是纽约投资银行家的继承人。那时我们都没料到，这位年轻漂亮的坎普纳太太在接下来的四十多年时间里会出现在每一张最佳着装名单上，并成为纽约社交界公认的女皇之一。

我在职业生涯初期为南的母亲设计的衣服令她很满意，后来让我为她也做了一些时装。其中有一件美丽的黑色丝绸大衣，衬里是绣满了五彩缤纷花朵的透明硬纱，配在里面的那条小连衣裙也用的是相同的绣花料子；还有一条有着七分袖和钟形裙摆的短裙，料子是一种深绿色的绣花蕾丝。托马斯·坎普纳今天还常常提到它，说："那是南所有裙子里面我最喜欢的一条。"

到了七十年代，南拒绝了很多美国的设计师，几乎完全成为欧洲时装的俘虏。

去年我看见了一张坎普纳的照片，她穿着一身光彩照人的皇家风格礼服，出现在林恩·怀亚特[1]在法国利维埃拉举办的中式生日宴会上。南喜欢各种各样的人，也喜欢到世界各地参加他们举办的各种各样的宴

---

1. 林恩·怀亚特（Lynn Wyatt, 1936- ），美国社交界风云人物、慈善家。

会。很多人都说："即使是一个信封的发行仪式，南·坎普纳也会赶去参加。"然而，能做出这些勇敢举动的前提是你必须是一个真正善良、热心同时又拥有令人愉快的幽默感的人，事实上，这些就是在她迷人外表下深藏着的美德。

南好像非常喜欢宴会，而且从不拒绝拍照。几年前，在欧洲历史最悠久的艺术节威尼斯双年展举办的"慈善周末"活动中，拉里·罗维特[1]为城中的美国人举办了一次出色的晚会。晚会在他像神话一样豪华的宫殿里的大露台上进行，从那里可以俯瞰威尼斯大运河。南要在那里为一本杂志拍照。她没有准时到来，我们全都想知道发生了什么事儿。在迟到了一个小时之后，她出现了，由两个年轻人扶着，一瘸一拐地走了进来。喝了一杯香槟后，拍照开始了，坎普纳太太从头到尾都微笑着。她留下来吃了晚饭，看起来过得很愉快。

第二天，她没有出现在任何双年展的庆典上，我们听说她去了医院——她的腿断了！前一天晚上，在匆忙赶往大厦的途中，她被细高跟鞋绊倒在石阶上。这点腿伤当然不会阻止顽强的南前往一个盛大的晚会，也无法阻挡她参加拍照活动的步伐。她可能会跌跌撞撞地迟到，但是迷人的坎普纳最终一定会出现在宴会上！

1956 年，我仍然在五十八街的公寓里工作和生活，不过我终于成功举办了第一场成衣展示会。麦克斯韦尔和格雷担任我的公关顾问。因为我没有展览室，她们把我的开场秀安排在典雅的 Plaza 大饭店的一层和二层之间的拐角套间里，那里正对着中央公园。因为她们俩都做过顶级时尚杂志的编辑，所以可以邀请到很多新闻界的朋友。尽管我只展示了二十一件衣服，但第二天报纸的口径很一致："一颗时尚新星正在冉冉升起。"不幸的是，大饭店不允许卖衣服；我们后来迁到了第五大街

---

1. 拉里·罗维特（Larry Lovett），最早使用计算机进行艺术创作的艺术家之一。

对面的萨沃伊大饭店，就在现在曼哈顿通用汽车大厦的位置。我唯一的助手贝蒂·安和我一起给全美国所有城市的高档商场的客人打电话，邀请她们来看服装展。如果你想在时装领域生存，你就不能害羞。

到了 1958 年，我搬到了五十六街和第五大道的斯坦福·怀特公寓里。我每年做三种成衣，主要是皮草和儿童时装，还包括一些很重要的珠宝生意，同时，如果时间允许，我仍然努力为那些定制衣服的客户服务。我们把服装铺到了美国各地一百五十多家最高级的商场里。我正在变得富有起来。

黑色缎裙，外罩黑色透明笼纱，1961 年

基蒂·卡莱尔·哈特是到我这儿订做衣服的顾客中最迷人的女性之一。她丈夫摩斯·哈特曾经担任热门戏剧《窈窕淑女》的舞台监督。哈特太太想要一件特别的衣服去参加"伦敦音乐节"的开幕式。在那里她和丈夫将会被引见给英国女王。

她和助手一起到达，我们开始给她展示一些豪华衣服的样品。当我们讨论衣服时，她突然说："阿诺德，我非常喜欢你的名字，尤其是你将它从 Isaacs 转换成了 Scaasi，这真是太聪明了！你知道吗，我的名字也是改的。我原本叫做基蒂·科恩。在我刚开始歌唱生涯的时候，我妈妈给我找了个算命的，向她咨询这个野心勃勃想要演戏的女儿应该取个什么样的艺名，这个算命人把一堆数字摆来摆去，故弄玄虚了大半天，最后说：'科恩太太，您有三个选择，我给你的第一个名字是卡莱尔，'她一边说一边向我点了点头，'然后你会在戏剧界非常非常成功，你会嫁给一个非常英俊富有的年轻人。我建议的第二个名字是——'在这个八面玲珑的算命人说完以前，我妈妈打断她说：'不要管其他的了，我们就要这个。'于是我就成了基蒂·卡莱尔。阿诺德，当你成为斯嘉锡时，你也变得聪明多了。而我永远也不会变回到科恩了。"她笑着说。

然后她给我看了一条精美的钻石项链,它曾经是她妈妈科恩太太的,她想要一件能出席特殊场合的裙子,还要能搭配这件珠宝。我设计了一条简约雅致的白色无肩带雪纺绸礼服,非常适合这位女演员。

在最后一次试衣中,摩斯·哈特,这位充满了奇思怪想和控制欲的天才,亲自来视察基蒂的选择是否能令他满意。尽管他不是很高,但有一张英俊的犹太人面孔和黑色的头发,外表给人一种权威感。对于妻子穿上这件白色雪纺绸礼服的效果,他表现得很热情。

"斯嘉锡,你有没有什么特别的东西可以让基蒂穿在这条裙子外面,那会给人一种高贵又显赫的感觉——我希望她在那一晚耀眼到连女王都会嫉妒她。"他说。我拿出了一件混杂着银线的浅蓝色波纹丝绸晚装大衣。这是一件奢华的衣服,连衬里都是白狐皮的,还有同样带着蓬松皮毛的大大的披风领。我把它披在了基蒂的肩膀上。

"哇,太棒了,"摩斯惊叫道,"基蒂,你看起来高贵极了!嗯,你要知道,当然了,"他接着说,"我们想要买这件礼服,但是我们负担不起这件大衣的价钱——我相信你一定会把它借给基蒂,让她去参加伦敦的开幕式。"我很奇怪,这可是摩斯·哈特,世界上最有经济实力最成功的剧作家、导演、制片人之一,他居然在为这件大衣讨价还价?

"嗯,摩斯,"我回答说,"如果你们买不起它,我想就没有人买得起了。当然,我还是会把它借给基蒂的。"离去的时候他脸上带着微笑,因为他知道他赢了。

基蒂·卡莱尔·哈特去伦敦拜见了女王,穿着这件闪亮的大衣。很多年以后,我很高兴地了解到,在

穿着狐皮衬里大衣的基蒂

40

她生命中这个非常重要的夜晚里，她觉得自己很美丽。

如今，她仍然是我亲密的朋友。在她九十多岁的时候，她仍然有着一头波浪形的黑头发，闪闪发光的蓝眼睛和爽朗的笑容。她一直是美丽与智慧的结合体，是一个真正富有魅力的纽约女孩。

六十年代，我曾很荣幸地为住在华道夫·阿斯多里亚酒店[1]总统套房里的罗斯玛丽·克鲁尼[2]的夜总会表演做衣服。那一件美得令人惊异的白色天鹅绒毛短大衣，下面是一条缀着珠子和流苏的裙子。整个工作室从地板到天花板都堆满了天鹅绒毛，每个人都直打喷嚏。这套服装对于这个极受欢迎的著名金发女歌手来说是一次巨大的成功。

我经常为一些名人做衣服，不久前我还为朱莉·安德鲁斯在伟大的卡耐基音乐厅（Carnegie Hall）的一次特殊义演制作了一条黑白相间的斑马纹锦缎长裙。她是从大银幕走出来的最重要的音乐天才之一，没有人能够忘记她的《音乐之声》，她后来还成了一位职业儿童作家。有一年，在一个帮助成年人阅读的非营利组织"读写伙伴阅读夜"——我最好的朋友帕克·莱德、利兹·史密斯[3]和我都是这个组织的负责人——在林肯中心组织的一次朗读晚会盛典上，朱莉为我们朗诵了她写的一本精彩的儿童书。

这么多年里，找我做衣服的这些女性一直令我惊奇，即使到现在，她们也都是美国的社交名流。

1964年我首次开办专门定做服装的工作室时，我负责为考特莱特·韦瑟里尔太太（大家都叫她图蒂）制作她几乎所有的衣服。她是梅

---

1. 华道夫·阿斯多里亚酒店（Waldorf-Astoria）位于美国纽约曼哈顿，这家豪华酒店被称为美国总统的"御用酒店"。
2. 罗斯玛丽·克鲁尼（Rosemary Clooney, 1928-2002），美国爵士歌手，上世纪五十年代曾风靡一时。著名影星乔治·克鲁尼是她的侄子。
3. 利兹·史密斯（Liz Smith, 1923- ），美国著名八卦专栏作家。

因莱恩[1]的女继承人。她是我这次新冒险的投资人，就像她富有的母亲格蒂·怀尔德（她在巴黎郊外有一座赛马场）曾经支持过曼波谢尔那样，某种程度上来说她继承了这个传统。图蒂只穿向设计师定做的衣服，不过她觉得曼波谢尔把她打扮得像个家庭主妇。我给她做了六十多件五颜六色的奢华衣服，她很满意自己的新形象。母女俩坚持要为图蒂那些法式女装天文数字的价格支付全部税额，我想这一举动是对她们贵族血统的最好证明。我一直为热情奔放又爱喝香槟的韦瑟里尔太太做衣服，直到她去世。她于八十年代死于肺部疾病，死的时候还显得相当年轻。

玛丽·洛克菲勒[2]、吉恩·范德比尔特[3]、伊妮德·郝伯特（来自于乐善好施的安纳伯格家族[4]）——她是沃尔特·安纳伯格的妹妹，以及迷人的黛安娜·斯特劳布里基·韦斯特[5]——来自于梅因莱恩的另一个密友，她们都是我的早期顾客，后来也成为斯嘉锡坚定的支持者。

我还记得端庄的约翰·埃德娜·莫里斯的夫人，她个子非常高，六号身材，拥有出众的教养和品位。六十年代末她来到了我的工作室。她有着贵族特有的修长脖颈，总是带着一条充满东方韵味的珍珠项链。和图蒂·韦瑟里尔一样，她离开了曼波谢尔，转向我来寻找更时髦的奢华风格。约翰·莫里斯的爸爸创办了美国第一个赛马会。很值得一提的是，当赛马在美国刚兴起的时候，四个公认的赛马会选择了四种基本的颜色作为骑师的套装颜色。我为埃德娜做了一条华贵的裙子，让她穿去参加

---

1. 梅因莱恩（main line），美国费城最好的城区之一。
2. 玛丽·洛克菲勒（Mary Rockefeller），劳伦斯·洛克菲勒（老约翰·洛克菲勒的孙子）的妻子。
3. 吉恩·范德比尔特（Jean Venderbilt），著名范德比尔特家族的赛马名人阿尔弗雷德·范德比特的妻子。
4. 安纳伯格家族（Annenberg clan）是美国宾夕法尼亚出版巨头。
5. 黛安娜·斯特劳布里基·韦斯特（Diana Strawbridge Wister），金宝罐头企业继承人。

贝尔蒙特马赛[1]的发奖仪式，那时我发现她的"骑师服"是纯猩红色的，很明显，莫里斯赛马会选择了原色中颜色最明亮的一种。埃德娜·莫里斯喜欢红色，这一点和我一样，所以我们相处得很好。每个赛季选择新衣服的时候，她经常会带着那时已经八十多岁的约翰·莫里斯一起来。他总是穿着无可挑剔的英式服装，常戴一顶黑色的圆顶礼帽，他的白胡子也永远修剪得很整齐。

"斯嘉锡，我的妻子有最完美的外表，所以你一定要让你的衣服表现出她最大的优点。"这个粗壮的八十四岁银行家大声发表着声明。我们当然会遵照他的指示，于是埃德娜·莫里斯一直维持着她显赫高贵的形象。

另一个在衣着上无可挑剔的丈夫是才华横溢的作家阿兰·J.勒纳[2]，他是我周围最博学最迷人的人之一，任何人只要听到他任何一首抒情诗都能了解到这一点，这些抒情诗来自《琪琪》（*Gigi*，又名《金粉世家》）、《窈窕淑女》（*My Fair Lady*）、科幻音乐喜剧《晴朗的日子里你永远能看见》（*On A Clear Day You Can See Forever*）和另一些他创作的我们耳熟能详的著名戏剧。他比任何一个抒情诗人都更了解英语，他会使用一些很多人不会用到的词来押韵，同时又能把故事讲得很有趣。他喜欢美丽女人，尤其钟爱少女的微笑，在一生中他一共结了八次婚。阿兰喜欢我的设计，如果他的婚姻维持得足够长久的话（我是指一年以上），他通常会把他的新妻子带到我这里来买上几件斯嘉锡时装。

在勒纳的妻子们里我最喜欢的是凯伦，一个非常美丽快活的年轻女人，她只要最顶级的衣服。1970年她第一次来我这里时立刻定制了一条手工剪裁的喇叭裤，上面镶着珍珠般的苹果绿亮片。她是四号身材，穿上它看起来非常漂亮。这条裤子也是阿兰的最爱。

---

1. 贝尔蒙特（Belmont）马赛，美国三大马赛活动之一。
2. 阿兰·J.勒纳（Alan J. Lerner, 1918-1986），他和弗里德里克·洛维（Frederick Loewe）在百老汇有"双L组合"的美称，也是《窈窕淑女》百老汇版和电影版的编剧。

不久前，我请凯伦把一件白色的晚礼服借给我去参加我在纽约时装学院（Fashion Institute of Technology）举办的回顾展。这件舞会礼服有着简约的长腰身无肩带上衣和飞扬的白色鸵鸟毛大裙摆。

"但是阿诺德，很遗憾那条裙子已经找不到了。我和阿兰在离婚以前已经分居很久了（他们结婚八年）。一天晚上，我去参加一个盛大的舞会，和我一位固定的求爱者一起，当然啦，我是全场的焦点，一整晚我都在疯狂地跳舞。到了该离开的时候，我们俩决定去他在公园大街上的豪华住处过夜。第二天早上九点钟当我醒来的时候发现他已经离开了公寓。佣人送来了早餐，然后一个现实的问题出现了！我怎么能在这样一个明晃晃的早晨穿着这件白色的鸵鸟毛晚礼服走出大门呢？我在衣橱前徘徊了很久，最后穿上了埃德加一条蓝色牛仔裤和一件衬衫，再穿上我的银色细高跟舞蹈鞋，然后立即拼命地从前门跑了出去，跳上了出租车。因为我的情人在欧洲作了一次长时间旅行，这次罗曼史也迅速降温了。在他回来以前，我已经和我的新男朋友一起去英格兰旅行了。那次舞会之后差不多过了一年我才和埃德加说上话。而在那以前，他已经再次结婚，并搬到了第五大道。当时我实在太窘了，以至于没来得及问他那条裙子哪里去了。阿诺德，这是三十年前的事情，我能知道的仅仅是，你那条白色的羽毛裙仍然挂在公园大街的某个衣橱里。"

1972 年，我的长期顾客——时尚贵妇安妮·劳里·艾肯带来了她金发碧眼的可爱女儿萨妮·文·布罗来看衣服，这让我很高兴。这个女孩也是美国社交名流，1966 年嫁给克劳斯·文·布罗，1980 年 12 月克劳斯试图谋杀妻子未遂，萨妮因此陷入昏迷至今，这个事件后来被好莱坞改编为电影《命运的逆转》（*Reversal of Fortune*）而广为人知。布罗太太很喜欢这些衣服，她预订了一件长晚礼服和其他一些东西。一想到这位生气勃勃、热爱生活的年轻女人现在正处于昏迷不醒的状态中，我就非常悲伤。

同一年，一个热情洋溢的社交名媛，小威廉·伦道夫·赫斯特[1]的太太（朋友们都叫她奥斯汀）开始每一季都定做一小批衣服。这些衣服包括一件绿松石色丝绸衬里的明黄色大衣，一件大大的紫红色丝绸披风，一条与披风搭配的绿松石色裤子，还有一条紫红色裤子，一件百搭的绿松石色长罩衫，还有一件衬里是另一种颜色的绿松石色羊毛夹克。奥斯汀的品位很好，她总是出现在几个最佳着装的名单上，并且能将这些衣服很好地搭配，使自己看起来要比房间里其他女人更加耀眼更加时尚。

她曾经在华盛顿当过记者，在开始和威廉·赫斯特四十多年的家庭生活以前嫁给过琪琪·卡西尼[2]。奥斯汀是一个很棒的女骑士，是威尔斯特郊外猎场的主人。她是美丽、智慧、格调与风趣的无与伦比的混合体。她喜欢讲一些短短的小笑话，比如说她在一次打猎集会上——那是一个寒冷的黎明——讲的绕口令："号角没响，狐狸没到，马儿先逃跑（before the bugle blows and your horse bolts after the fox）。"她还对我说："如果你说得不够快，阿诺德，你就永远体会不到其中的妙处。"

帕克和我与奥斯汀一起度过了很多美妙的时光，还有我们的好朋友，埃斯米·奥布里恩·哈蒙德，她同样是一个令人愉快的顾客。我们四个人组成了一个"午餐俱乐部"，每个月一次聚会，到不同的餐馆吃饭，轮流做东。我总是选择拉卡拉维奥餐厅[3]；埃斯米的选择是神奇的五星级餐厅格莱纽勒，我们都很喜欢的地方，我总是能在这里碰上时装界同行；帕克通常选择一些真正新鲜又有趣的地方，或者是中国餐馆；奥斯丁有的时候是非典型节俭派，选择不太贵的科鲁尼俱乐部。第一次去那里，当帕克要第二份食物被拒绝的时候，我们一致同意"以后再也不搞这种活动了"。但是第二次出去，与众不同的赫斯特太太却让我们吃惊了，她带我们这群人去了佩卓西安，那是一家酒吧式餐厅，专

---

1. 赫斯特（Hearst）家族乃美国出版业巨头。
2. 琪琪·卡西尼（Gigi Cassini），著名专栏作家。
3. 拉卡拉维奥餐厅（La Caravelle），位于百老汇附近的法国料理店。

门供应全美国最好的鱼子酱和冰俄罗斯伏特加酒。她坚持让我们每个人都要了四分之一磅的白鲟，配上美味的俄式小煎饼。我们玩得很尽兴，于是一去再去，通常每次都会留下一点小费。

我们拜访过赫斯特家很多次，他们的家叫圣西蒙城堡，这是威廉的父亲在二十世纪建造的一座占地二十四英亩的大庄园。我们也去了文图恩，这是他的祖母在俄勒冈州盛产鳟鱼的麦克劳河上建的一个美丽的钓鱼场。孩子们，这就是他们那个时代的生活啊！

1978 年，帕特里夏·盖伊来到了第五大道的工作室，还拖来了出名的媒体大亨、百万富翁约翰·克鲁格。她个子很高，像希腊雕像一般优美，有着一头长长的几乎齐腰的暗棕色头发。克鲁格则矮一些，而且稍微有点儿粗壮。帕特里夏是一个出色的爱尔兰美女，在英格兰长大。我得说她是迷人的化身。有人传说他们可能正在谈恋爱。当她坐在克鲁格先生膝盖上的时候，我们开始给她看衣服。她眼光很高，只选择那些最美最衬她的衣服，而且喜欢柔和的色彩。每件衣服她都向约翰·克鲁格征求意见，有时伴随着一阵热烈的接吻。盖伊小姐后来成为一个好顾客和好朋友，一个帕克和我非常喜欢的人。1981 年 2 月的一天，帕特里夏兴奋地打来电话，我们听了也都兴奋起来。

"阿诺德，约翰和我要结婚了，我们一定要一件最漂亮的结婚礼服。"我们做到了：最纯洁的白色丝绸，装饰着透明硬纱、缎带和蕾丝，绣满了小小的珍珠。这条裙子有着极长的裙裾，在大大的裙摆后面拖出去很远。它完全是最经典的款式，紧紧的长袖，爱德华七世时代流行的高高的立领围在帕特里夏天鹅般的脖颈周围。

考虑到克鲁格先生是路德教徒，以前结过婚——这同时也是新娘第二次结婚，我很奇怪婚礼居然在天主教的圣帕特里克天主大教堂举行，虽然这是纽约最大最华丽的教堂。然而，面对着克鲁格的财富与帕特里夏的热情的完美组合，世界上好像没有什么是不可能的。婚礼那天，教堂摆满了最美丽的白色鲜花。当迷人的新娘慢慢地穿过教堂的过道时，音乐欢快地奏起。那天她的发型同样是爱德华七世时期的风格，头顶戴着一顶精巧的钻石王冠。帕蒂·戴维斯·雷尼斯，芭芭拉和马尔文·戴维斯[1]年轻漂亮的女儿，那一天是我的女伴。

"阿诺德，一个犹太女孩可以在这里结婚吗？"当新娘经过的时候她在我耳边轻语。我告诉她，我认为凭借她爸爸的财富这件事情很可能会实现。随后的婚礼舞会非常盛大，完全就是八十年代奢华风格的一场表演。约翰·克鲁格和帕特里夏一样有着很强的幽默感，他向我们讲述了这样一个故事：

他问他的未婚妻："亲爱的，我们怎么才能填满圣帕特里克教堂？那里有一千多个座位呢。"她回答说："约翰，你可是媒体世界的国王。只要去雇一些演员，就能把这个地方装满了！"

他们一直是一对好夫妻，有一个好孩子小约翰，这看起来是一桩快乐的婚姻，但是很多年以后，有一次克鲁格离开的时候，爱交际的帕特里夏出轨了，不久以后，这对夫妻离婚了。好在他们后来又都各自再婚，两个人还碰巧成了弗吉尼亚州一个几千英亩的大庄园里门挨门的邻居。帕特里夏有时会穿上她的斯嘉锡时装。不久以前，她穿着一套水貂皮袖子的粗花呢套装出现在公众面前，一如既往的迷人可爱。

另一个高个子女人，拥有模特儿身材的意大利黑发美女，拉米亚·卡舍基，她1982年来看我的时装时是阿拉伯亿万富翁阿德南·卡舍基的妻子。我一直以奢华的晚装设计而出名，所以当她提出只想看那些最华贵的晚装长裙时我并不感到奇怪。我知道这对夫妻在奥林匹克大厦有一套巨大的装修成富丽堂皇的皇家风格的豪华公寓，可以俯瞰圣帕特里克天主教堂。

---

1. 马尔文·戴维斯（Marvin Davis, 1925-2004），美国工业巨头、著名慈善家。他曾同时拥有20世纪福克斯公司、园石滩海岸旅游胜地以及贝弗利酒店等著名产业。

"拉米亚，我想你一定是要去参加很多盛大的庆典和节日（两个小时里她定下了八套礼服）。你为什么没有定几套套装呢，你看起来这么喜欢它们。"

"噢，阿诺德，亲爱的，我们几乎从不出门。阿德南晚上回到家时总是非常疲倦，他希望我能一直盛装打扮到晚上九点。当我漂漂亮亮地出现在他面前，他就会一下子振奋起来，当然，我也很希望让他高兴。不要担心，你美丽的礼服会发挥最大的作用，我们会让他特别高兴的。"

上个世纪八十年代是斯嘉锡服装取得巨大成功的黄金时期。那个年代里，每一个"上流社会"的人（时尚界权威媒体《女性服饰日报》[1]是这么为当今那些年轻的富翁们命名的）好像都想要一件高级定制时装。那个时代流行夸张而诱惑的风格，我的衣服或者紧紧包住身体，充分表现身体曲线；或者非常奢华，镶满了荷叶边。人们欢迎这些带有鲜艳图案、珠宝光泽的华丽缎子和织锦，毛皮装饰也很流行，在套装、大衣和晚礼服上都会出现。我们善于强调大袖子、大裙摆、大波浪头发和臀部上的大裙撑。我们的衣服越来越怪异而有趣，斯嘉锡的衣服到处都很受欢迎。于是在每一个重大场合数一数总共有多少件斯嘉锡就变成了一种游戏。在大都会艺术博物馆的一次活动中，居然有四十七件我的裙子。我们在八十年代开始了"我和我的斯嘉锡"的系列广告，然后是斯嘉锡香水上市。

穿着斯嘉锡服装的布莱恩·特朗普

1.《女性服饰日报》（*Women's Wear Daily*），美国权威时尚媒体。

　　我曾经为那个时代许多年轻的社会名流做过衣服：安妮·贝斯，得克萨斯州一位美貌惊人的离婚女人，对艺术有着非常好的品位（她收藏了印象派的莫奈、野兽派的马蒂斯、美国艺术家、波普艺术的代表人物贾斯柏·琼斯等很多人的作品），非常富有，是纽约芭蕾舞团的狂热支持者；还有可爱的布莱恩·特朗普[1]，她在社交界所有的浮华虚荣中，是一个难得踏实的人，也是使慈善组织"我们传递上帝的爱"取得成功的主要功臣，这个令人敬佩的组织每天向流浪在外的艾滋病人和其他严重疾病患者提供三千份以上的食品，布莱恩最大的特别之处是她极为出色的幽默感；金发碧眼、精力充沛的尼娜·格里斯科姆在八十年代来找我，她是被一则迷人的"我和我的斯嘉锡"的广告吸引而来的，我们是同一天生日——5月8日；另一个"我和我的斯嘉锡"女孩是亚斯敏·阿加汗公主，她是"好莱坞爱神"丽塔·海华斯和阿拉伯巨富穆斯林王子阿里汗的二女儿，她创办了"美国老年痴呆症协会"（Alzheimer's Association），因为她的妈妈患了这种疾病，她像她妈妈一样充满生气，也一样美貌。

　　我的顾客有各种各样的类型，所有的人都想成为八十年代魅力舞台上的一员。身材优美的伊万娜，是著名的"唐纳德"[2]的前妻，她经常到工作室来。她把一件非常紧身的无肩带红色短裙试了好几次，总是希望它能看起来又健康又性感，我很想知道难道这两种感觉真的能一起实现吗？另一个充满矛盾的人布鲁克·埃斯特[3]，那时她已经八十出头了，却有着与年龄不相符的好精力和对时尚的不懈追求。我们为她做了许多漂亮的粗花呢套装，这位高贵的遗孀总是穿着它们去参加午宴，永远不忘戴着大大的珍珠项链和一个钻石别针。我们准备的晚装通常是充满魅

---

1. 布莱恩·特朗普（Blaine Trump），著名地产商唐纳德·特朗普之弟罗伯特·特朗普的妻子。
2. 唐纳德·特朗普（Donald Trump, 1946-），美国赌业和房地产大亨，最近因为电视节目《学徒》而愈加出名。
3. 布鲁克·埃斯特（Brooke Astor, 1902-2007），美国著名慈善家及社会活动家，她同时还是一位小说家、专栏作家。她的第三任丈夫是美国百万富翁约翰·雅克布·埃斯特的后代。

力的长裙，总是有着飘逸的大裙摆，因为她实在太喜欢跳舞了，她也一定不会落下钻石项链、耳饰和手镯。喜欢买斯嘉锡时装的还有利贝特·约翰森，又漂亮又爱热闹、结了好几次婚的强生制药公司女继承人，我们也为她做了很多美丽的衣服。同时，我们还为勤奋工作的美女伊芙琳·兰黛[2]做鸡尾晚礼裙和蓬蓬裙，她创立了乳腺癌研究基金会。还有神射手、作家兼女继承人，令人愉快的夏洛特·福特，她经常和她的姐姐安妮一起来。

1986 年最令我高兴的是芭芭拉·沃尔特斯[3]嫁给莫夫·安德尔森的时候，邀请我为她做结婚礼服。这件礼服有着大大的泡泡袖和黑色天鹅绒紧身短上衣，华丽的白色缎子裙摆，裙摆的一边打着许多美丽的褶皱——典型的爱德华七世时期的风格。这位准新娘来来回回试穿了无数次，尽管她是一个很冷静的女人，但那时她过于犹豫和紧张了。

"这是因为那时我实际上并不想结婚。"她最近告诉我说。尽管如此，她今天仍然是一个最美丽、最会打扮又能言善辩的电视记者。

我也很荣幸能为电视经济专家玛丽亚·巴蒂洛摩[4]（没错，就是那个人人都知道的"金钱甜心"）做结婚礼服，她是一个多么快乐多么有活力的女人啊！

我尤其喜欢打扮克里斯汀·萨切沃兹曼，一个苗条的美貌金发女郎，她是我一个密友，聪明得不得了，她曾经是记者和律师，现在独自创立了 IPnetwork 网络公司。

八十年代中期的一个晚上，我在纽约大都会艺术博物馆宽敞的大厅里看见了一位年轻迷人的黑发女人。她穿着一件我设计的黑色天鹅绒上

---

1. 雅诗·兰黛夫人的儿媳，现任雅诗·兰黛公司副总裁。
2. 芭芭拉·沃尔特斯（Barbara Walters, 1929- ），美国著名电视新闻节目主持人。
3. 玛丽亚·巴蒂洛摩（Maria Bartiromo, 1967- ），CNBC 电视台著名财经节目主持人。

装和紫红与黑色相间的嵌花裙摆的舞会礼服，这件衣服是我摆在萨克斯第五大道出售的。我问我的朋友丹尼·博格她是谁。

"她的名字是盖伊弗里德（Gayfryd），名字里面有两个字母 y，"他说，"她嫁给了传奇金融家索尔·斯坦伯格，那个百万富翁是我在沃顿商学院的室友，他们住在公园大街一套有三十四个房间的三层公寓里，从前那里的主人是小约翰·D.洛克菲勒。他们是我很好的朋友，这是一对真正高尚的夫妻。"

"她是如此美丽，"我说，"我真的非常想认识她。"嗯，那就是故事的开始——我们相识了，从那时起一直是很好的朋友。我发现盖伊弗里德不仅有着美丽的外表，还有着非常好的时尚品位，同时她又充满了智慧与仁爱，尽心照顾着索尔的生活。对索尔的孩子来说她是一个好继母，对她的女儿霍尔登和儿子雷尼来说她是一个关心他们的好妈妈，她是整个家庭的核心。尽管后来他们的财政出现了问题，我从未听说盖伊弗里德抱怨过一句，今天的她仍然像我们第一次见面的时候一样美丽。我为她做了非常非常多的衣服，在纽约工艺时尚协会里举办的回顾展上，最多的个人展品来自于盖伊弗里德。当索尔·斯坦伯格欣赏那些衣服的时候，他开心极了。

"阿诺德，这真让人难以置信，所有这些（盖伊弗里德的）衣服唤起了我这么多美好的回忆——真要谢谢你。"

许多八十年代的女孩后来也定制衣服，并且坚持了下来。我最喜欢的人之一是莫娜·艾克曼，一个博学又充满野性的红发女郎，她是麦舒兰·利克里斯[1]的女儿，凭自己的努力获得了心理学博士学位；当她觉得压力太大不能帮助她的病人的时候，就来试穿衣服。她非常容易相处，总是选择那种与众不同但又非常适合自己的衣服。这些服装都会跟她严肃的生活方式很相配，比如这一套就是个好例子：一件焦糖色开司米粗

---

1. 麦舒兰·利克里斯（Meshulam Riklis, 1923- ），出生于土耳其的美国富翁，曾拥有拉斯维加斯的里维埃拉酒店与赌场。

八十年代的女孩们，从左到右：帕蒂·雷尼斯（Patty Raynes），夏洛特·福特（Charlotte Ford），卡罗·派翠（Carroll Petrie），金柏莉·史密斯（Kimberly Smith）；中间：盖伊弗里德·斯坦伯格（Gayfryd Steinberg）

花呢大衣，衬里是红葡萄酒色的针织羊绒，还有几条相配的短裙。这套衣服很别致，有点儿时髦，同时非常优雅。安·兹夫，前兹夫-戴维斯媒体帝国的掌舵人，和莫娜很相似，她只选择那种与众不同的衣服，她的信条是"绝对不要随波逐流"。安很娇小，有一种异国情调的美丽——她可的确是个好人，喜欢珍珠发夹，把它和每件衣服都搭配在一起。我们做了一件明亮的紫红色缎子绉绸褶皱礼服，性感的三角式上衣（露出胳膊、肩膀和后背），再披上一条宽大的铬黄色大披肩。她就这身打扮去参加了大都会歌剧院的开幕式，她看起来如此迷人，顿时成为全场瞩目的焦点，事实上她一直都是如此。

像盖伊弗里德·斯坦伯格，莫娜·艾克曼和安·兹夫这样的女人，都是最特别的纽约女人——她们睿智大方，是每个设计师的挑战，但相处起来又会给设计师带来很多乐趣。

这个城市，像这个国家许多城市一样，如果没有这三大专栏作家，就会减少许多趣味：辛迪·亚当斯[1]，很久以前我曾经为她做过衣服；艾琳·梅尔[2]，当她穿着我的两件美妙绝顶的羽毛晚礼服（一件白色，另一件红色）的时候看起来真是像神话一般美丽；当然，还有开朗的得克萨斯州魅力女孩莉兹·史密斯，我曾经为莉兹做过那么多特别的衣服，有些已经记不清楚了。我能想起来的一个例子是在 1987 年我赢得了美国时装设计师协会奖的那一晚。我做了一条露肩的长袖裙，红色的料子上绣着黑色的亮片蕾丝，大大的黑色塔夫绸裙摆，莉兹穿着它看起来美极了。不过，我仍然担心她那种得克萨斯州的步子（有时简直像穿靴子走正步）可能会让她无法表现出这件礼服充满女性美的娇媚内涵。

"现在，莉兹，当你出场的时候，心里想着斯佳丽·奥哈拉——不要走得好像你在军队里！"在她即将走上舞台介绍我之前，我低声对她说。当然，她大笑起来。后来她经常给别人讲这个故事。尽管如此，她真的像斯佳丽一样轻盈地走上台去，看起来高贵又完美。有时候，一个女孩应该被这样告诫一下，尤其，是一个来自得克萨斯的纽约女孩。

活力充沛的米卡·厄提根，出生在罗马尼亚，我祖母的家乡，她是我很喜欢的纽约女人。帕特·伯克利，另一个高贵的女士，来自我的故

1. 辛迪·亚当斯（Cindy Adams），美国八卦专栏作家，喜剧演员乔伊·亚当斯的遗孀。
2. 艾琳·梅尔（Ailene Mehle, 1921- ），笔名苏西（Suzy），美国八卦专栏作家，活跃于上世纪六十年代。

乡加拿大。所以，你看，一个真正的纽约人可能不是出生在纽约。关键是她思考与生活的方式。这与时尚有关。美妙的、特别的纽约时尚才会造就一个真正的纽约女孩。

第四章

百老汇女孩
BROADWAY GIRLS

阿琳·弗朗西斯在《带着感觉，再来一次》中，1958 年

对我来说，能为一个百老汇明星做衣服一直是一件有趣的事情。比起制作在秀场里被上百个时尚编辑品头论足的裙子时那一整套设计、试穿、监督表演的枯燥过程，这件事完全称得上是愉快的消遣活动。

在百老汇，你只能为一个明星服务，如果必要的话，你可以同时在六套以内的服装里表现出你的创造性。如果你独家服务的顾客高兴（通常情况下都会是这样），那么设计师很开心，裁缝也感到快乐。你会得到一份合同，它保证你的代理权还有合理的报酬。同时，这份工作也确实有助于提升创造力。尽管我不会对其他商业投机行为有类似评价，但为某一个在百老汇演出的明星做衣服确实很有趣。下面是一些我曾经为之服务过的百老汇女孩们。

1954 年阿琳·弗朗西斯出现在《纽约周刊》的封面上，她被评为三名"美国最受欢迎的女性"之一。另外两位著名的女士是埃莉诺·罗斯福以及当时的第一夫人玛米·艾森豪威尔。弗朗西斯小姐是一位多才多艺的著名电视明星，她主持的《家庭》节目是早间节目《今天》的前身。她生得很漂亮，头脑也很聪明，总是表现得锋芒毕露，但又一直很讲究实际。除了"电视第一夫人"之外，没有别的称号配得上她。她拥有一大批忠实的支持者。

1955 年我开始为曼哈顿被称为"纽约服装区"的第七大道的"偶然服饰"工作。我设计了一种与众不同的大衣，以及一种穿在夹克和裙子里面、外套衬里同种布料的女式衬衫，两件配成一套服饰。这在那时的美国时尚界是前所未有的款式。这套衣服第一次贴上了我个人的"斯嘉锡"标签，它取得了成功，在美国各地引起了广泛瞩目，并开创了我的个人风格，一直延续到今天。

同一年，穆里尔·麦克斯韦尔和简·格雷带着"最受欢迎的"弗朗西斯小姐来到五十八街的公寓里，我很激动。我开始为这位电视明星设计一系列服饰单品，让她可以每天在电视上换来换去，不至于一周里都只以一个形象出现。在她的朋友中她以节俭出名。她总是抱着这样的念头：千万不要为了节目每天都买新衣服。她曾经大笑着对我说："斯嘉锡，我找不到一个可以批发价卖我东西的人，这可太可怕了！"

一套晚间"套装"，偶然服饰，
1955 年

我的第一个"明星"顾客阿琳有着优秀的个人品质和富有感染力的笑声。她几乎每周都出现在《什么是我的本行？》[1] 里。那时她总是穿着一条令人惊艳的斯嘉锡裙子，裙子通常都有一个别致的领口，因为她从始至终都要坐着主持节目，桌子上面露出来的部分要很漂亮才行。她也出现在《猜对价格》[2] 中，她在这个节目里面也永远穿着斯嘉锡衣服。事实上，斯嘉锡是作为阿琳·弗朗西斯的设计师而开始出名的。因为她是所有专栏作家的好朋友，因此我和她获得了大量关于她衣服的报道。我对她实在是太熟悉了，给她设计衣裳总能让我迸发出特殊的灵感。

1.《什么是我的本行？》(What`s My Line?) 是 CBS 制作的成功的游戏节目，节目模式很简单：请名人嘉宾到来猜普通人的职业。这个节目非常受欢迎，从 1950 年开始足足播出了三十年，是历史第二悠久的游戏节目，有很多模仿者。阿琳是这个节目经常出现的参赛嘉宾。
2.《猜对价格》(The Price Is Right) 是美国电视史上白天播出时间最长的游戏节目，很长时间里都是白天节目的收视冠军。

1958 年阿琳在百老汇担任主演，和约瑟夫·考登[1]以及沃尔特·马修[2]一起出演了哈利·库尼兹[3]的喜剧《带着感觉，再来一次》(*Once More, With Feeling*)。请我为她做服装的时候，她带着歉意对我说："不要太兴奋了，亲爱的，我演的是一个朴素得像女学生一样的角色，她是一个音乐教师，一点儿也不迷人。"我读了剧本，确实，她的角色是一个音乐教师，嫁给了一个伦纳德·伯恩斯坦——那是一个全世界都出名的自私自利的交响乐团指挥家——式的男人。

我们一起讨论起这次演出的服装。"我想我第一次出场时应该穿着毛衣和羊毛裙，这样行不行，斯嘉锡？"阿琳单刀直入地说，"然后是第二场，一些差不多风格的衣裳，要简单朴素的，你明白我的意思。"

"绝对不行！"我说，"你演的确实是一名教师，但是你嫁的是一位著名指挥家，他非常非常富有，如果你看起来乏味又愚蠢他也不会娶你。我想我可以让你的第一次亮相穿上那件衬里和大领子都是挪威蓝狐皮的漂亮的水獭皮大衣。毕竟，剧本里的场景是冬天，而你知道你有多喜欢那件大衣。阿琳，亲爱的，这是一个让公司为你买单的好方法，那件大衣就能成为你自己的了。"嗯，当然了，她喜欢这个主意。不过思考之后她还是很谨慎地说："但是，斯嘉锡，你难道不觉得对这个角色来说这衣服有些太华丽了吗？""一点儿也不，"我向她保证，"我觉得这里还有一些适合这出戏的衣裳。"我给她看了一些从秋季新款里拿来的衣服。她想象到自己将要光彩夺目地出现在舞台上，开始兴奋起来。她说："好吧，我确实喜欢这个主意，但是我们必须去问问哈利，毕竟这是他的戏。"

---

1. 约瑟夫·考登 (Joseph Cotton, 1905-1994)，美国著名男演员，代表作有奥逊·威尔斯导演的《公民凯恩》和卡罗尔·里德导演的《第三个人》。
2. 沃尔特·马修 (Walter Matthau, 1920-2000)，美国著名男演员，1966 年，他曾因《幸运饼干》一片获得奥斯卡最佳男配角奖。
3. 哈利·库尼兹 (Harry Kurnitz, 1908-1968)，美国剧作家与小说家，1964 年曾获美国戏剧界托尼奖最佳编剧提名。

第二天阿琳·弗朗西斯和哈利·库尼兹来到了我在西五十七街的临时工作室。阿琳穿上了那件狐狸领子的水獭皮大衣,把它展示给哈利看。"太不可思议了!"他说,"你看起来美极了!""但是你觉不觉得这衣服对角色来说过分了一点儿?"她问道。"什么角色,那就是破布而已!阿琳,你是一位巨星,你的崇拜者希望你看起来就像这样。阿诺德,我们要这件大衣。现在,你还想要些别的什么?"他语速很快地用百老汇式行话愉快地问。我开始发表我对这位明星穿着的意见,建议她应该在这个或那个场景里穿些什么。库尼兹很喜欢这些想法。"斯嘉锡,你是一个天才,把她打扮得漂漂亮亮的吧!"说完这些,伴随着一阵雪茄的烟雾,他离开了。哈利·库尼兹非常优雅,高高瘦瘦的,有着卷曲的灰色头发,风趣而可爱。

我立即开始了设计工作。我已经决定让弗朗西斯小姐穿着狐狸领子的大衣在第一幕登台亮相,但是那一场她还有一大堆台词,所以我不得不让她赶快脱掉大衣,否则她会热死的。我做了一条红葡萄酒色粗花呢紧身针织裙,有着柔软的裙摆和高高的领口,穿在大衣下面效果非常完美。

为了第二幕的开场,我设计了一件高贵的蓝色马海毛大衣,有一个大大的斗篷领和几个贴袋,衬里是黄铜色的缎子,里面是一件风格很搭的白色丝绸褶皱裙。阿琳很希望这套衣服是黄色的,那是她最喜欢的颜色,但是舞台背景的墙也是黄色的,所以这些衣服必须是其他颜色。

下一场戏是晚上,在指挥家的旅馆套间里,阿琳刚刚醒来。关于晚间礼服和男人的睡衣我们之间有很多讨论,但是我说服这位明星穿上一件非常短非常性感的淡蓝色雪纺绸衬衫式睡衣,露出了一大截大腿——观众就喜欢这个!

我为最后一场戏全力以赴,让阿琳披上了一件露肩曳地的红色缎子晚装披风,里面是一件非常暴露的、闪耀的银色锦缎长晚礼服,腰部系着红色丝带。在对白里,指挥家称赞她看起来有多么漂亮。"噢,这个古老的东西——我几年前把它从梅西百货公司的地下室里淘来的。"她回答说，然后把大衣甩开（一个我们排演了很多次的小花招），露出了银色裙子和大衣的衬里。每到这时观众席总是会发出一阵清晰的吸气声，然后是一阵大笑。库尼兹在排练中看到了这套服装后，他插进了关于梅西百货的这句台词，作为一个文质彬彬的绅士，他为我带给他的灵感表示感谢。因为观众的反应太夸张，该剧乔治·艾克塞罗德不得不重新设定了这一幕，把它变成了阿琳沉默地站在舞台上。

《带着感觉，再来一次》在1958年10月21日上演，剧作得到了相当程度的好评。然而阿琳得到了新闻界最大的称赞，下面是我引用的评论："阿琳·弗朗西斯受到的普遍欢迎清楚地证明了这周这位'电视第一夫人'的旋风刮回到百老汇。国家大剧院外面的人群是这一季最热情的。纽约的警察也没办法让他们离开。而剧场里面的人们给了阿琳热烈的欢呼，这种欢迎通常只会献给像海伦·希恩斯[1]或者朱丽叶·哈利斯[2]这样的明星。出席的还有班奈特·瑟夫[3]、赫达·霍珀[4]、珍妮·盖诺[5]和丈夫阿德里安。摩斯和基蒂·哈特，他们和莉莲·海尔曼[6]同来。格洛丽亚·范德比尔特[7]、丽塔·甘姆[8]、巴德·斯库伯格[9]和比利·罗斯夫妇，全都是首演的常客。很明显这是弗朗西斯

1. 海伦·希恩斯（Helen Hayes, 1900-1993），号称"美国剧场第一夫人"，她五岁登台，艺术生涯长达八十年，两获奥斯卡奖，一次是最佳女主角，一次是最佳女配角。
2. 朱丽叶·哈利斯（Julie Harris, 1925- ），她曾十次获得托尼奖提名，获奖五次。她的电影代表作为《伊甸园之东》。
3. 班奈特·瑟夫（Bennett Cerf, 1898-1971），美国出版家，兰登书屋的创始人之一。
4. 赫达·霍珀（Hedda Hopper, 1885-1966），她曾经是一名演员，后来成为美国最著名的八卦专栏作家，颇有影响力。
5. 珍妮·盖诺（Janet Gaynor, 1906-1984），美国著名女演员，1927年曾获奥斯卡最佳女演员奖。
6. 莉莲·海尔曼（Lillian Hellman, 1905-1984），美国著名剧作家，代表作为《小狐狸》等。她的长期生活伴侣是著名的侦探小说作家达谢尔·哈密特。
7. 格洛丽亚·范德比尔特（Gloria Vanderbilt, 1924- ），著名画家、舞台剧演员、电影演员、时尚设计师。
8. 丽塔·甘姆（Rita Gam, 1928- ），美国女演员，代表作为《万王之王》等，曾担任格雷斯·凯利的伴娘。
9. 巴德·斯库伯格（Budd Schulberg, 1914- ），美国剧作家、小说家，其代表作为《码头风云》等。

小姐的夜晚。没有人感到失望，她穿着斯嘉锡设计的一系列华丽的戏剧服装，看起来极其美丽，而且奉献出一场光芒四射的动人表演。"关于这出戏的每一条评论里服装都在最显要的位置上被提及。三周以前，我刚刚赢得了柯蒂服装评论奖的年度最佳设计师奖，三周以前才刚刚搬进了斯坦福·怀特公寓，现在又因为我设计的服装而受到了巨大的好评。我简直像站在了云端！

《带着感觉，再来一次》在纽约大约上演了八个月。然后，阿琳带着这个戏作全美巡回演出。在六十年代，它被改编成了一部热门电影，尤尔·伯连纳[1]饰演指挥家，凯·肯达尔[2]饰演他妻子的角色。

和阿琳在一次晚会里

---

1. 尤尔·伯连纳（Yul Brynner, 1920-1985），好莱坞著名男演员，代表作有《国王与我》、《七侠荡寇志》等。
2. 凯·肯达尔（Kay Kendall, 1926-1959），英国女演员，金球奖获得者。

阿琳·弗朗西斯嫁给了马丁·贾贝尔[1]，他们的儿子彼得在拉小提琴方面逐渐表现出了神童的潜质。马丁是一个多产的性格演员，事业非常成功。尽管他在现实生活中是一个最优雅的男人，却能胜任任何一个角色，从凶残的土匪到鲁莽的政客。他的幽默感和阿琳一样强，直到他去世，他们都是纽约社交界最受欢迎的夫妻之一。我为她做了许多晚礼服和短裙。

她非常喜欢穿的衣服是一条肩膀上缝着垫肩的宽裙摆黑色塔夫绸长裙，装饰着大大的黑色天鹅绒玫瑰。当马丁工作的时候，我们有时会一起到市区去，很多个夜晚她都穿着这条黑色的塔夫绸裙子。

我继续为这位多栖明星设计衣服，直到八十年代她患上了老年痴呆症。我们经常通电话，尽管我们说的有些话都没什么意义。在九十年代早期，她的儿子，彼得，旧金山加利福尼亚新学院的名誉校长，把他妈妈接到了家里，以保证她能受到良好的照顾。很明显阿琳从未丧失她的幽默感。她登上飞往西海岸的飞机之后，看了看周围，转向彼得说："亲爱的，看得出来这不是一个要求穿正式礼服的聚会。"

当她最好的朋友，玛丽·库珀[2]来看望她的时候，发现她的病已经恶化，几个月不能说话了。玛丽努力想让她的老朋友打起精神来，于是唠唠叨叨地讲起了纽约发生的事情，"你知道，阿琳，这真让人难过，阿多夫关闭了他的生意，退休了。"突然，阿琳打破了她长久的沉默，"我为什么要在意？我只穿斯嘉锡的衣服。"

2001 年 3 月 21 日，阿琳·弗朗西斯安详地死于睡梦中。她是"电视第一夫人"，并且在所有认识她的人心中，她永远是第一夫人。

我非常享受为百老汇舞台设计服装的挑战。1964 年我被邀请为杰

---

1. 马丁·贾贝尔（Martin Gabel, 1912-1986），美国舞台剧与电影演员，曾获得托尼奖。
2. 玛丽·库珀（Mary Cooper, 1937-），美国著名演员加里·库珀的女儿。

拉尔丁·佩琦[1]在戏剧《PS，我爱你》中的表演设计衣服时，我非常高兴。我们和这位伟大的女演员开了一个会，我有点儿战战兢兢的，因为众所周知她性格非常古怪，而且很难伺候，颇有点儿像神经病。实际上，当我欣然接受这个委托的时候，还不知道我真正该做些什么。

佩琦小姐在一个夏日的午后来到了我的工作室，她看起来格外邋遢。她的头发用一大堆乱七八糟的头绳绑了起来，没有化妆，穿着一件肮脏的男式衬衫和一条蓝色牛仔裤。完全不是设计师希望一个明星应该有的形象。现在的要求是让她看起来迷人又时尚，这真是一个可怕的挑战。

这是佩琦小姐在百老汇的第一次演出。她的角色是一个来自古老波士顿家族的女人，年近三十，十分富有，在通信的过程中爱上了一个浮华的法国男人。导演亨利·卡普兰[2]想让他的明星穿上最新潮的衣服，打扮得越时尚越好。这位女演员四十岁了，当时仍然在为一个孩子哺乳。当她脱掉衣服的时候，我们发现她的身材有十号，个子高挑，很有曲线美。

导演曾经在《鸳鸯谱》（*Separate Tables*）中见到了舞台上的杰拉尔丁·佩琦，她扮演的是丽塔·海华斯[3]在电影中的那个角色，他认为她非常适合演喜剧《PS，我爱你》。他的这些想法对我来说很诡异的，因为这位女演员以前从来没有演过现代喜剧。但是这不关我的事，工作就是工作，我开始着手画草图。

序幕的场景是室外，秋天，法国一处美丽的风景胜地。我设计了一件带双排黄铜纽扣的红色外套，一条非常短的裙子，这一身是佩琦出场的装扮。穿上去效果非常好，她立刻找到了角色的感觉。还有其他几套衣服佩琦小姐在试穿过程中好像也很喜欢。

---

1. 杰拉尔丁·佩琦（Geraldine Page, 1924-1987），她被很多人认为是有史以来最伟大的女演员之一。
2. 亨利·卡普兰（Henry Kaplan, 1926-2005），美国导演，执导过电视剧《瑞恩的希望》等。
3. 丽塔·海华斯（Rita Hayworth, 1918-1987），美国著名女演员，银幕上的性感女神。

她总是表现得非常优雅，而不是俗艳或者出奇的性感，直到最后一场戏，她从她的贝壳里走出来，看起来真的非常性感。我做了一条长长的紧身裙，上面绣着闪闪发光的金色珠子，这条裙子勾勒出她曼妙的身材。我知道这条裙子对这个角色会很适合，因为我刚刚为我的老主顾考特莱特·韦瑟里尔太太（图蒂）做了一条非常相像的裙子。事实上，她完全就是罗曼先生笔下的那个角色。

那时，在来到百老汇以前，这出戏先在其他城市里试演，他们试图借此来修改一些不合适的地方。10月底，《PS，我爱你》在康涅狄格州的纽黑文市剧院开幕。当我迈下纽YY文剧院的台阶、向地下更衣室走去的时候，一个不太吉利的征兆出现了。那个小服装助理过分热情地向我跑来，语无伦次地说："斯嘉锡先生，看见你我太激动了。那些衣服真美。那件红色的外套，那件漂亮的大衣，还有那条金色的裙子，噢，太美了！但不幸的是因为哺乳还有其他乱七八糟的事情，到了这周末它们都会变脏的，我不知道我能为此做些什么！"我尽可能安抚这位有些歇斯底里的善良女士，告诉她："不要着急——我肯定一切都不会有问题的。"

我记得，那出戏在纽黑文演得还不错，杰拉尔丁·佩琦每个晚上都在舞台上坚持着，英勇地尝试着一个本该由多丽丝·戴[1]来扮演的喜剧角色。哦，是的，我忘记说了，发型师为这个女演员设计了一顶特别的金红色假发，六十年代很流行的那种发梢向内卷曲的短发。问题是每一次戴着这套假发出场，佩琦小姐总是拼命把头发往前拉挡住脸颊。后台的每一个人都在哈哈大笑，因为每个人都忍不住有这样的念头：如果这顶假发的两边在佩琦小姐的下巴下面碰到一起，那模样就和长了胡须一模一样。

我和这位传奇的女演员相处得非常好，很同情她在适应这个经典的

---

1. 多丽丝·戴（Doris Day, 1922- ），美国著名女演员，上世纪四五十年代她是美国最有票房号召力的女明星之一。

角色时做出的努力。我也为女演员多米尼克·迈纳特担任造型，她扮演了那位多情的法国人时髦的妻子。她非常可爱，身材娇小，年纪很轻，是个金发碧眼的美人。当然，我很喜欢她，因为她对我为她设计的所有衣服都表示了由衷的喜爱。

《PS，我爱你》预演前一周，我塑造出一个自认为已经很迷人的佩琦小姐。考虑到所有的服装都准备好了，我抽出时间飞到芝加哥，为我刚刚获得许可的成衣生意作一次个人宣传。在这部戏上映前几天我回到了纽约，听到了卡普兰留给我的一段发了狂似的电话录音："我们必须换掉那条金色裙子，"他在电话里咆哮，"它看起来很廉价，一个像朱丽叶（佩琦小姐扮演的角色）那样的女孩是不会穿它的。"我反驳说："亨利，你们都错了。我才为图蒂·韦瑟里尔做了一条非常类似的裙子，她真的和朱丽叶很像，富有、来自老式的美国家庭，而且佩琦穿那条礼服的样子很美。""不，不，不，"他说，"她要穿一条黑裙子，这件事情现在就要开始！"我顿时目瞪口呆，但还是保持了理智，没有再去顶撞一个有疑心病的导演和一个充满不安全感的女演员，反正他们已经做出决定了。毕竟，距离首演的大幕拉开只有三天时间了。

我不想再去详细讲述这些令人厌烦的细节。简单地说就是宣传变成了"希尔尼·V.奥德雷[1]和阿诺德·斯嘉锡共同设计佩琦小姐的服装"。1964 年 11 月 19 日，这出戏在纽约上演，得到的总体都是恶评，仅仅演了十二场就结束了。我在这里可以引用一下《纽约时报》记者霍华德·陶波曼的评论的结尾："你至少有权力期望插科打诨能多一点儿吧？但连这些在《PS，我爱你》里面都很稀少。如果你错过了它们，你总算还可以把注意力集中在衣服上。这些衣服是由两个优秀的服装设计师设计的。"

那位非凡的戏剧女演员杰拉尔丁·佩琦在这次失败之后继续演

---

1. 希尔尼·V.奥德雷（Theoni V.Aldredge, 1932-），美国服装设计师，风格奢华，曾获 1975 年奥斯卡最佳服装设计奖。

了几部戏和电影，并在 1986 年凭借电影《丰富之旅》(*The Trip to Bountiful*) 中的表演赢得了一个奥斯卡小金人。而我，正如你们知道的那样，继续不停地去收获每一个重大的时尚奖项，并一直到今天都还在设计高档服装。嘿嘿，这就是娱乐行业。

* * *

我在五十年代晚期见到了伊娃·盖博，还有她两个姐妹莎莎和美格达，以及她的妈妈朱丽叶·盖博。这位妈妈和三个女儿在美国都非常有名，主要是因为她们的美貌和她们的婚姻，她们每个人都结了好几次婚，而且几乎每一次婚姻都能成为一时的话题。那个时候新闻界制造了一场关于她们的大骚动，其中包括《生活》杂志上面一篇图文并茂的冗长评论，那一期她们还是封面人物。

埃莉诺·兰伯特[1]协助建立起大都会艺术博物馆时装协会，还为援助慈善事业组织过许多场重要的时尚演出。慈善演出每年在顶级的华尔道夫酒店的舞厅里举办两次，每次都是在星期一的午餐时间。每场演出都会有两千位美国时尚界名流出席，每个主流时尚品牌都会展示出他们最让人惊叹的服装。兰伯特女士，作为女人中最聪明的人物，能够让那时百老汇每一个明星演员都在不同的演出单元里露面，因为大家都知道百老汇在星期日和星期一晚上没有演出，所以那些明星都能出席这个重要的慈善演出。盖博一家就出现在我负责制作服装的那个单元里。

尽管莎莎是这个家庭里最注重婚后家庭生活和最为公众关注的女人——这主要因为她刚刚崭露头角的电影生涯，但在她身上有一种咄咄逼人的气质，这使她没有伊娃那么讨人喜欢。伊娃同样很美丽，但更娇小，性格也更温柔，有着极强的幽默感。我们成了长期的伙伴，一直是很好的朋友，直到她 1995 年去世。

1958 年伊娃请我为她在戏剧《现在的笑声》中的表演设计衣服，

---

1. 埃莉诺·兰伯特 (Eleanor Lambert, 1903-2003)，时尚评论界的老前辈，她曾经创立了"最佳着装榜"和"柯蒂奖"（著名的美国柯蒂时装评论奖的前身）。

她将和诺尔·考沃德一起演出。我们进行了很多讨论，然后我开始着手做一些华丽的服饰，我确信它们将最好地展现出盖博小姐的美丽。试穿的那一天，我们都为自己的选择感到无比欣慰，迫不及待地想把这一切拿给考沃德先生看。出乎我们意料的是，这位大人物当即对盖博那件明亮的橘红色马海毛日间外套和里面那条黄色橘色相间的雪纺绸短裙表示了反感。"如果你穿成那样，就没有人会看着我了。"他对伊娃抱怨。在舞台的灯光下，他放低声音对我说："斯嘉锡先生，你必须换掉这套衣服。"当盖博罩着一件引人注目的晚装长披风，里面穿着一件性感的白色雪纺绸无肩礼服，款款出现于舞台上的时候，考沃德更加生气了。经过我们努力的劝说，他终于同意把他在晚餐时穿的夹克换成更奢华的风格。然后我们又在他的其他衣服上加了一些修饰，因为我们向他保证他不会"在她面前像木头一样黯淡无光"。这一着好像让考沃德先生满意了。盖博小姐穿着所有的斯嘉锡服装出场，赢得了满堂喝彩。

据那个时候的小报记载，盖博在这个时候遇见了本·加兹拉[1]，他那时也在百老汇演出《浪子回头》。这个金发碧眼的匈牙利美女与年轻性感的加兹拉成为了养眼的一对，对他们来说把这种浪漫对摄影师隐瞒是一件很困难的事情。她的一生都很不安静，我们很难让伊娃老老实实地来试穿衣服，这对恋人之间的浪漫通话让伊娃在卧室里待的时间远比在试衣间多得多。很明显，空余时间的优先权她都要留给那位迷人的男演员，而不是我这样一个裙子设计师。但是那真的没什么关系，我一直和这位迷人的匈牙利甜心相处得非常愉快。

百老汇制片人利兰·海沃德[2] 1959 年的春天给我打电话，问我是否愿意在乔治·艾克塞罗德的一出新喜剧《再见查理》(Goodbye

---

1. 本·加兹拉 (Ben Gazzara, 1930-)，美国男演员，曾三次获得金球奖提名。
2. 利兰·海沃德 (Leland Hayward, 1902-1971)，百老汇经典音乐剧《音乐之声》的联合制片人，好莱坞著名的花花公子。

Charlie）中为劳伦·巴考尔[1]设计服装。（巧的是，艾克塞罗德是《带着感觉，再来一次》的导演。）

　　我已经为利兰名声不太好的妻子帕梅拉做过几件高级时装了，她以前嫁给过前英国首相温斯顿·丘吉尔的儿子伦道夫·丘吉尔，而且能列出一长串又著名又富有的情人名单。早年间，她以"地母"这个绰号而闻名。在利兰之后，她又嫁给了艾维雷尔·哈里曼，他曾经在1943年担任驻苏联大使，1955年成为纽约州州长。她是一个相当漂亮的女人，而且很让人轻松。帕梅拉·哈里曼在巴黎去世，当时她是克林顿总统委派的美国驻法国大使，帮助美国人巩固了美法之间的关系。她能够流利地讲法语，而且非常富有又时尚，充满了吸引力。她很受法国人和她很多美国朋友的爱戴。

　　海沃德先生提到，曼波切尔已经为这位迷人的电影明星巴考尔小姐制作了一系列的服装，但是过于死板无趣。他希望她能穿上妩媚又有趣的服装。《再见查理》讲述了一个男人的故事，这个男人在对待女人的问题上完全是个下流无耻的无赖，不过有一天他死了，却又还魂到了一个女人的身体里。这是一个很有趣的开场，我很赞同他，服装确实应该更有趣一点。我为巴考尔做的衣服里有一件粉红色的中长丝绸外衣，衬里是鸵鸟毛，颜色从明亮的红色渐变到鲜艳的粉色；里面是一条短短的裙子，同样是鸵鸟毛的质地，巴

为劳伦·巴考尔试穿羽毛裙，1959

1. 劳伦·巴考尔（Lauren Bacall, 1924- ），美国著名女演员，屡次入选媒体的"最美的人物"和"最伟大的女演员"名单。她的丈夫是著名的美国影坛硬汉汉弗莱·鲍嘉。

考尔小姐穿着它看起来非常可爱。当那个女演员穿上这套服装出场，张开大衣，开始说"我刚刚从超级市场购物回来"这句台词的时候，她总是爆发出一阵大笑。巴考尔非常适合这个角色，利兰和我都很开心。

2001 年的 6 月，我们在开往伦敦的协和式飞机（一种大型超音速飞机，现在已经不生产了）上偶然碰见了巴考尔。帕克·莱德[1]和我正准备去参加查尔斯王子主持的一个周末慈善活动。我们都为即将看到王子并且能和这位高贵的殿下共度一段美好的时光而兴奋。

第一晚是一场三百五十人的晚餐舞会，在刚刚修缮过的威尔士王子基金会总部大厦里举行，这是一个古老的具有纪念意义的建筑。卡米拉·帕克-勃尔斯——王子的情妇（现在是他的妻子）——可能是第一次公开陪他露面。事实上，整个周末她一直陪伴在王子身边。在飞机上和巴考尔的交谈中，我谈到了我将要出席的所有活动，比如说去阿斯科特赛马会，所有人都必须盛装出席，戴上灰色的高顶丝织大礼帽，穿上燕尾服；到白金汉宫参加一个座位固定的小型百人正式晚宴；最后在星期天还有参观花园和在泰晤士河上吃午餐的安排。

劳伦·巴考尔说："听起来很有趣，但是完全令人筋疲力尽，亲爱的。"我们在海关告别的时候，我保证会给她在考南特下榻的家庭旅馆里打电话，也许我们下周能一起喝茶。然后我和帕克出发前往克莱瑞芝饭店[2]。

有一个念头压得我心头越来越沉重，就是我很无礼地没有邀请这位明星和我们一起参加其中一个活动。帕克说："那就给她打电话好了，问问她愿不愿意来参加。"

我第二天打了电话，说了一下晚餐舞会的事情，问她是否愿意和我们一起去。

"不，不，不，"她说，我想当时她是有点儿犹豫不决的。"而且，

1. 帕克·莱德（Park Ladd），斯嘉锡的长期生活伴侣。
2. 克莱瑞芝饭店（Claridges Hotel），世界上最豪华五星级饭店之一。

我没有能穿的衣服。"

"噢，别傻了，"我劝说道，"你穿什么都很好看。"

"听着，真的，阿诺德，我能在晚上穿的就是一条黑色紧身缎子短裤和一件黑色长大衣。"

"听起来棒极了，"我说，"毕竟，你是劳伦·巴考尔，不管你以什么方式出现他们都会很高兴看到你。"

"好吧，至少我还有我的珍珠。"她说，发出了她标志性的低沉笑声。

"那很有趣，"我说，"我们明天晚上六点半来接你。"

第二天晚上，帕克和我到达了巴考尔小姐的旅馆，我们系着黑色的领带，开着我们租来的一辆带司机的宾利，我们所有人都穿着全套的男士礼服。巴考尔小姐走出门厅，看起来非常出色——黑色的缎子短裤和上衣，一条可爱又柔软的黑色曳地双排扣羊毛大衣在她身后飘拂——还有她的"珍珠"。我们出发前往查尔斯王子和卡米拉的舞会。当然了，巴考尔的露面是一次巨大的成功，与王子碰面的时候她做了一个可爱的屈膝礼。她很高兴他还记得他们的另一次会面。当然，谁能够忘记独一无二的劳伦·巴考尔呢！我们就坐在这座美丽的大楼刚刚装修过的大厅里吃了一顿美味又有趣的晚餐。

离开以前，我问卡米拉："你美丽的钻石项链是从哪里来的？"（我一直认为那是殿下给她的礼物。）

"它是我高曾祖母的，"她说，坦率地微笑着，"我真高兴你喜欢它，它是我的最爱之一。"那一刻我意识到项链来自于凯珀尔太太，她是查尔斯的高曾祖父爱德华七世的情妇。历史又重演了。

当我告诉舞会上一个活泼的时尚记者苏西·曼克斯卡米拉说了什么的时候，那位记者问："如果她放弃了它的所有权，那条项链是不是必须回到王冠上？毕竟，阿诺德，那里才是它最初的位置！"英国人就是这么实际。

我们在一个愉快的夜晚之后离开了那里。当回到巴考尔小姐的旅馆时，我们拥抱，然后向彼此道晚安。

"啊，男孩们，今晚我真的过得非常愉快，"这位女演员热情洋溢地说，"但是我必须告诉你们，那真的不是我的世界。它对你们所有人都很合适，但是我的世界是——舞台！"我们全都大笑起来，这位女士戴着珍珠项链消失在电梯里。

尽管劳伦·巴考尔被说成是百老汇最难相处的明星之一，但是我从未见过她的这一面。她非常聪明，对低智商的人没有一点儿耐心，但是和我在一起，她一直是温暖的、真情流露的，而且非常有趣。每一次看见她，我都像得到了一份最好的礼物。

1990年的夏末，我的助手通知我说，艾瑞莎·富兰克林[1]，灵歌皇后，打电话找我，她一定要马上和我说话。我惊讶地拿起了电话筒。

"嗨，真的是艾瑞莎·富兰克林吗？"我不敢相信地问道。

"斯嘉锡先生？"那个温柔的声音回问道。

"是的，"我说，"能和您说话真是太荣幸了。"

"是这样的，"她回答说，"我坚持说，如果我不穿一件斯嘉锡我就拒绝参加下个月在无线电城音乐厅的演出。现在你能为我做些什么衣服？"我喜欢她这种直接的态度。

我从两个音乐界的朋友那里听说了很多有关富兰克林小姐的事情。一个是充满传奇色彩的阿迈特·厄蒂冈，全美最成功的唱片公司之一大西洋唱片公司的总裁，还有一个是同样敏锐的克莱夫·戴维斯，历史悠久的RCA音乐公司的总裁。这两个人都是音乐界老手。每个人都说艾瑞莎是一个令人惊异的歌手，她被称为"皇后"。我也几乎立刻从她身上感觉出了一些特殊的力量。

"我很愿意为您在无线电城的演出做造型，但是您没有留给我太多

---

1. 艾瑞莎·富兰克林（Aretha Franklin, 1942-），号称"灵歌皇后"或"灵歌第一夫人"，她三十多年中获奖无数，包括十五座格莱美奖，几乎垄断了节奏蓝调的奖项。此外她也是第一位进入摇滚名人堂的女性艺人。1967至1973年是她的鼎盛时期。

时间。您什么时候能到纽约来？"我问道。

"啊，我也不知道，但是你可以寄给我一些草图。我想要让自己看起来是一种真正高贵华丽的感觉，你明白我的意思吗？"

"但是富兰克林小姐，我必须做一些量尺寸的工作，我们这里也要好好选择布料和装饰。如果裁剪师傅和我能在纽约的工作室里见到您，事情就会顺利得多。为什么不找一个早上飞过来，花上几个小时和我待一会儿，也许还能吃顿午饭，然后您再飞回去。我们就能更好地完成……"

"我不坐飞机。"她说。我差点儿从椅子上跌下去。

艾瑞莎穿着浅绿色珠裙和羽毛衬里的黄色大衣

"从不？"我问。

"从不！"女歌唱家激动地回答说，"今天你能不能寄给我一些草图？我会让裁缝给你寄去我的尺寸。同时也麻烦你多寄来些好看的料子。可能，"她迟疑了一下说，"我能在几个星期以后去你那里，我有自己的旅游大巴，它被装修得就像一个小房子，驾车从布卢姆菲尔德山到纽约大概只需要十个小时。可能我会在那里做最后的试穿。"

我说我会仔细料理好一切，几天以后再打电话给她，看看我能做些什么。我真的很为这个委托兴奋。只是我必须首先解决怎么远距离地来打扮我这位明星新顾客的问题。我们开始寄出特殊的测量单子，附带一份说明书，详细地解释了上面这六十五个尺寸数据都指的是什么，"这个人必须放松地站得笔直，同时抬着她的头，正视前方……"这些都是我们要为新顾客做的事情。

经过很多次来来回回的联邦快递，我们决定使用一种镶有水晶和珍珠的美丽的浅绿色雪纺绸，上面是一种太阳放射光芒的旭日形图案。那条裙子是露肩的款式，领口很低，能够露出这位女歌唱家的乳沟。膝盖以上都是紧身的剪裁，在膝盖开始展开裙摆，流泻到地板上，这条裙子让这位十四号身材的歌唱家看起来更苗条，也更有曲线美。在它外面，我做了我标志性的晚装长大衣，用的是明黄色的重磅丝绸，衬里是浅绿色的鸵鸟毛。明亮的颜色、珠子和鸵鸟毛是舞台造型的最佳选择，总是能引起观众异常兴奋的喝彩。

因为艾瑞莎不想来纽约，我把我的裁剪师傅派到了密歇根州的布卢姆菲尔德山。在最后试穿时，我亲自和我的助手一起飞到了这位女歌唱家的家中。

这所房子非常现代化，到处都是白色的墙和弯曲的玻璃。房子是用一种特殊木材建造的。我记得最清楚的是，这个住处非常混乱，到处都是大堆纸板盒子和各种不知道究竟是什么的东西。看起来好像根本没有地方坐，所有的沙发和椅子上都被堆满了。而且，有五六个人在屋子里走来走去，其中一些人好像和富兰克林小姐有关系，但是实际上他们又什么都没做。这里很古怪，还有点儿让我紧张。艾瑞莎一直很迷人，很优雅，而且非常好客，她热情地招待我们吃午餐。不管怎么说，我们试穿得非常顺利，她很喜欢这些衣服。当她出现在无线电城的舞台上，张开黄色大衣露出了羽毛和珠子的时候，她的崇拜者们立刻疯狂了。

我为这位灵歌女歌手做了很多裙子，当她不能来纽约的时候，我就把裁缝派到密歇根去。但是有的时候，她会突然降临这座大都市，给我一个惊喜。我印象最深刻的有两件礼服，是她分别在肯尼迪中心和白宫穿的那两件。她获得了"肯尼迪中心荣誉奖"[1]，表彰她一生为艺术做

---

1. 这个奖全名叫做肯尼迪中心荣誉终身成就奖（Kennedy Center Honors Lifetime Achievement Award），肯尼迪中心自 1978 年开始，每年都在美国及世界范围内评选五位艺术家，授予他们终身成就奖，表彰他们在音乐、舞蹈、戏剧、电影和电视领域为美国文化及世界文化做出的卓越贡献。

出的贡献。

颁奖礼在1994年圣诞节前后，所以一条红色的裙子和一条白色的裙子看起来很合适。出席白宫颁奖典礼的裙子是红色天鹅绒的，露肩的领口和大大的裙摆，在特意为这个节日装修的客厅里显得非常优雅和醒目。另一条裙子，她要穿到肯尼迪中心的舞台上，所以必须是从很远处就能看见的。于是我们使用了白色蕾丝，还有缎带、绣花和一个大大的伊丽莎白领。它非常引人注目，令人印象深刻。

我们还为这个歌唱家做了一些疯狂的东西，比如说五彩缤纷的亮片短裤（没错，确实是短裤）和小衫，外面是一件带褶皱的红色塔夫绸迷你大衣，还有一条美丽的红黄渐变的雪纺绸礼服和一条披肩，这是为了另一场在无线电城的短期表演设计的。那一晚，那条长长的雪纺绸披肩两边打了结，她则被缠住了。热爱她的崇拜者们一起大笑起来，疯狂地拍手欢呼，以为这是一个表演中的商业噱头。不久以前的另一个晚上，在音乐大厅的一场告别演出中，她在弹钢琴的时候突然弄掉了她的假发，观众偏偏喜欢这个，他们狂笑不止，拼命欢呼。

1992年的最后一个星期二，克莱夫·戴维斯定下了纽约Plaza饭店的舞厅，举办了一场盛大的格莱美奖前宴。克莱夫这样做已经好几年了。晚会总是很有趣，因为在来宾选择问题上做了很折中的取舍。许多年轻明星和音乐组合会出席，经常会现场表演。晚餐的客人还包括唱片公司的老总、经常出现在咖啡厅里的人、电影明星、饭店老板，还有很多仅仅靠外表出众就获得邀请的"美人"。

我记得，在这个特殊的夜晚里，惠特妮·休斯顿高歌了一曲《我将永远爱你》，这是她和凯文·科斯特纳主演的电影《保镖》的主题曲，她的演唱让每个人都拍案叫绝。她穿着一件闪闪发光的白色镶珍珠礼服，看起来非常美丽。

"灵歌皇后"艾瑞莎·富兰克林，也在被邀请之列，看起来也很出色，穿着她的斯嘉锡，一条线条优美的亮红色低胸缎子长裙，一片松松的裙裾从领口处两个大大的蝴蝶结开始披向后背，像披风一样垂到地板上。

之前她坚持她那两个高高壮壮的保镖一定要走在她身后，这种出场方式引起了一场大轰动。她是最后一个出场的，当她用一首她自己的热门歌曲的混合编排结束了这个夜晚的时候，整个房子安静了下来。毫无疑问艾瑞莎·富兰克林有着巨大的吸引力和无以伦比的智慧，但最重要的是，她有个最出色的工具，那就是她的声音。

我2004年从欧洲给艾瑞莎打电话，问她是否要和我们一起去土耳其。

"那很容易，你可以坐船来，坐最豪华的轮船，五天以后，只需要经过一场甲板上的舒适旅行，你就能到达英格兰。"

"说实话，"她讽刺地说，"我从来没有坐船到过任何地方，看看泰坦尼克号上发生了什么。"

另一天，一个电话打来。"阿诺德，我需要一些服装，"她用低沉的、快活的声音说，"我要一些优雅但是又很有趣的衣服，你说一件红色鸵鸟毛长大衣怎么样？你想想看，我带着一队随从。我们可以把它穿在一条钻石肩带的红色缎子礼服外面，顺便告诉你，我减了很多体重呢。"

嗯，其实那没什么关系，体重无关紧要。不管她穿什么都会非常成功的。当她张开嘴让我们听到她灿烂的声音的那一瞬间，有谁能像她一样神奇？我爱她，让我们记住，红色鸵鸟毛只是我所关注的。对她来说，音乐的拍子才是永恒的！

第五章

玛米·艾森豪威尔
MAMIE EISENHOWER

玛米·艾森豪威尔（Mamie Geneva Doud Eisenhower, 1896-1979），
美国第三十四任总统艾森豪威尔的妻子。

玛米身着白色雪纺绸无肩带礼服和绿色绸带,
与艾森豪威尔总统及尼泊尔国王王后在一起, 1960

　　1958 年对我来说确实是一帆风顺的一年。除了搬进了我的斯坦福·怀特公寓、获得了柯蒂时装评论奖之外，我还第一次走进了白宫。玛米·艾森豪威尔是当时的第一夫人，她的职员组织了一场专门为少数设计师举办的茶话会。我记得我们那群人不超过十个，其中包括杰弗里·比尼[1]和安妮·克莱恩[2]，不过我想不起来其他还有谁了。我猜想其中一定有莫莉·帕尼斯[3]，她曾经为艾森豪威尔太太设计过许多东西，在艾克[4]1953 年当选总统时，她为玛米量身定做了出席就职典礼的礼服。我们乘坐专机飞往华盛顿，在白宫受到了盛情款待。我们为这种盛情感到十分惊讶，颇有些受宠若惊。我们中的大多数人以前从未来过这里。我们都为玛米·艾森豪威尔的魅力深深折服。

　　第一夫人对待他人有一套令人愉快的相处之道。从始至终她都非常自然、甜美，非常非常有女人味，这是典型的南方美女特点，尽管她来自丹佛。我并不认为她的头脑里有什么复杂的政治思想，不过她肯定不是一个傻乎乎的女人，尽管你从她的照片中往往获得这种印象，因为照片里的她总是大笑着或微笑着，当然覆盖在她前额的著名刘海也成了她被人竞相模仿的个人特色。全美国的理发师都说，妇女们总是走进来宣

1. 杰弗里·比尼（Geoffrey Beene, 1927-2004），1963 年创立自己的品牌，1976 年成为美国第一位参加米兰服装发表会的设计师，此后获诸多大奖，更被美国时尚界誉为"对服装最有贡献的设计师"。
2. 安妮·克莱恩（Anne Klein, 1923-1974），美国女设计师，1968 年创立女装品牌 Anne Klein New York。
3. 莫莉·帕尼斯（Mollie Parnis, 1905-1992），美国女服装设计师，因五十至七十年代为许多第一夫人做设计而闻名，其设计最大特点是娇媚柔美，富于女人味。
4. 艾森豪威尔的昵称。

称："我要我的发型和玛米·艾森豪威尔一个样。"

总之，我们在白宫和第一夫人度过了一个非常美好的下午。我认为她非常漂亮，要比照片上漂亮得多。她有很好的皮肤和一双美丽、明亮、聪明的蓝眼睛。她的笑声很活泼，这让她的客人感到像在家里一样自然和舒适，那种感觉就像是在拜访你最喜欢的姨妈一样。我即将离开白宫准备赶回纽约的时候，艾森豪威尔太太对我说："斯嘉锡先生，我想让你知道，我很喜爱你为鲁丝·贝坎南设计的时装，我希望能有机会让你为我设计些什么。"

鲁丝·贝坎南是我的客户，一个非常漂亮又娇小玲珑的女人，我曾为她做过许多东西。贝坎南太太是在她家附近的内曼·马库斯百货公司[1] 第一次发现了我的时装，然后，当她的丈夫韦利·贝坎南来到华盛顿出任艾森豪威尔总统的礼仪司长的时候，她找到了我。她热爱华盛顿的生活，而且成了一个很棒的女主人；她的外形非常出色，穿起时装来很漂亮。她还有两个年轻美貌的女儿。所以，为贝坎南的女人们做设计是我职业生涯中具有转折性的一笔。两个女儿中的一个，迪迪·韦尔斯，住在旧金山，一直是我很要好的朋友。

不久以后，艾森豪威尔太太的秘书联了我。我把一些彩色草图和样品寄给她看，她开始定做衣服。最初的几件衣服中有一条白色的无肩带雪纺绸裙子，裙子的一边飘荡着一条漂亮的绿色绸带。五十年代和六十年代早期无肩带裙子非常风靡，我很高兴地发现了艾森豪威尔太太对于时尚的热衷。她定做了很多件晚礼服，事实上我不记得她有哪条长裙不是无肩带的。我发现当她脱去外套只穿内衣的时候她的胸部非常漂亮，而且她从不穿胸罩。要知道，现在我们是在讨论一个五十多岁的女人。我记得我们当时讨论的情景，我说："哦，我们要不要为您找一副无肩带奶罩？"（那个时候我们就是这样称呼它们的。）她说："噢不，斯嘉

---

1. 内曼·马库斯（Neiman Marcus）百货公司，美国以经营侈品为主的高端百货商店，已有一百多年的历史。

锡先生，我从不穿胸罩，现在的女人们都穿那种挤压的胸罩，那东西总是在肩膀上弄出一些皱巴巴的糟糕的小褶痕，我可不想要那样。不用了，我还是更喜欢自己看起来自然一点儿。"当然，我立刻恭维了她。她的胸部很丰满，而且她还没有穿胸罩！

艾森豪威尔太太一开始来过一次纽约，她看了看，选了几件衣服。她很喜欢瓦列里安·利巴尔为我装修的斯坦福·怀特公寓。它很漂亮，她甚至拿它和白宫相比，这当然不是真的，不过她这么说令我很愉快。

在那之后，我经常去华盛顿为她量衣和试穿。我并不怎么喜欢那个时代的螺旋桨飞机，很多时候会坚决要一个在机翼上方窗户边的座位，徒劳地幻想着：万一螺旋桨停了我还能做点儿什么。整个旅途中我都会紧紧抓住座位的扶手，从不去洗手间。在飞往巴黎的十三个小时旅途中，这是很艰难的事情。我就是搞不懂是什么让飞机飞起来的（现在也是）。当喷气式飞机在 1958 年出现的时候，我发现我在旅途中什么都看不到，所以我只好做一个小小的

玛米穿着金色礼服

祷告，然后强迫自己放轻松。有时我会乘坐火车去首都。玛米一直很支持我坐火车，因为她也不喜欢坐飞机，她告诉我，无论总统坐飞机到哪里去她总是感到很担心。她对我说："噢，斯嘉锡先生，请不要担心，我们几个小时以后再开始，我们会开车到联合车站和你会合。坐火车吧，放轻松些。"

我到了白宫，有人从正门的柱廊上把我迎了进去。我还记得第一次为第一夫人量身时的情景：我走进大厅里，站在那座宏伟的楼梯底端，等待着被引领上楼，这时我听见从二楼传来一阵甜美的婴儿般的声音，"哦，斯嘉锡先生，斯嘉锡先生，你已经来了，太好了。快请上来。"我

迈上豪华的楼梯，站在楼梯顶端的正是玛米·艾森豪威尔，我们的第一夫人。她的身上是一件粉色的长袍，脸上一丝不苟地化好了妆，头发也仔细打理过。事实上，从那以后我发现，无论我什么时候看见她，她的妆容总是完美无瑕，头发总是精心梳理。为了量身她把我带进了卧室，从卧室里可以俯瞰宾夕法尼亚大街上白宫的正门。有趣的是，这间卧室后来被杰奎琳·肯尼迪开辟成一间楼上的家庭餐厅，很多年以后我多次在这里和第一夫人芭芭拉·布什共进午餐。在肯尼迪以前，第一家庭通常在楼下正式餐厅旁边的一间小餐厅里吃饭，但是，正如历史所记载的那样，艾森豪威尔一家经常坐在楼上的电视桌前，一边吃饭，一边看着镶嵌在墙壁上的电视。但是肯尼迪太太的到来改变了这种情形。

艾森豪威尔太太对我说："你喜欢来点儿茶还是咖啡？或者你想不想来点儿可口可乐？要知道，这可口可乐是我们自己买的。"我一直觉得这句注释听起来很奇怪，但是后来我搞明白了这一点，因为那时候政府对总统家庭的个人花费多有批评。所以艾森豪威尔太太那句话其实在对我说："我们自己花钱买可口可乐，所以喝些吧，没有关系。"

我们做了好多次量身，而且我还专为这位第一夫人准备了一个非常精细的人体纸板模型，所以衣服的试穿总是非常顺利——她是多么热爱那些美丽的衣服啊！

"噢，我喜欢你让我的衣服飘拂起来的样子，它们在我跳舞的时候飘动得美极了。"她一直跟我说，"斯嘉锡先生，总统喜欢跳舞，所以你一定要经常为我做晚装，这样我们就能跳得更尽兴了，我们在所有的正式宴会上都跳舞呢。"

1959年初的一天，我接到了一个艾森豪威尔太太秘书打来的电话。"斯嘉锡先生，请允许我为您接通第一夫人的电话，她将立刻与您通话。"

"早上好，最近怎么样？在纽约还好吗？华盛顿真是太漂亮了，你真的应该来这里。告诉我，什么时候你会再过来让我试穿衣服？"在我回答以前，玛米继续说道，"斯嘉锡先生，我有一个最令人兴奋的消息，尼克塔·赫鲁晓夫[1]马上就要到华盛顿来了，我必须马上做一条漂亮的裙子。你知道，自从二战结束以来，那个国家还没有人来访过，所以这是一次非常特殊的情况，快点儿开动你的脑筋吧！"一个星期以后，我走在了去往白宫的路上，身边带着艾森豪威尔太太预定的一件大红色外套和几条下午裙。

我一到那里就迈上了熟悉的楼梯，胳膊下夹着一匹花团锦簇的暗金色缎子。

"斯嘉锡先生，让我看看你那里是什么。你对我藏起来什么东西啦？"第一夫人顽皮地叫道。我趁机打开了那匹金色绸缎。

"天啊，太漂亮了。我一定会喜欢它做出来的裙子。你打算做什么款式，这为什么场合准备的？你有什么好主意吗？"

"绝对有，"我回答说，"为什么不穿上它来出席俄罗斯客人的国宴呢？"

"你不觉得它有一点儿太过奢华吗？不管怎么说那是一个共产主义国家，那个晚上他们可能不会穿正式礼服。"

"你可能是对的，"我接过话，"但是我觉得这是一个发表重要声明的好机会。为什么不穿上一条金色的裙子？这会强调出我们是一个富饶强大的国家。"

玛米大笑起来，她的蓝眼睛闪闪发光。"为什么不呢，让我们这样做吧！"回想起来（那是四十五年前的事情了），我简直不能相信我竟然如此鲁莽地提了这样的建议，我居然想要尝试去发表一个政治声明。我们做了一条无肩带礼服，胸部上方带着两片蝶状侧翼。第一夫人戴着一双长长的白色小山羊皮手套，对一个年近六十的女性来说这是出席正式场合的必备之物。赫鲁晓夫先生穿了一件藏青色衬衫，他的夫人穿一件深蓝色长袖丝绸连衣裙。在所有的照片里，玛米站在苏联第一家庭旁

---

1. 尼克塔·赫鲁晓夫（Nikita Khrushchev, 1894-1971），1953 年至 1964 年间任苏共中央第一书记。

边，看起来容光焕发。当然啦，这么久以来我也并不知道那个年轻的设计师（其实就是我）是否真的为改善我国和苏联之间的关系做出了什么贡献。

《生活》杂志拍摄了一张照片，照片上的艾森豪威尔太太穿着那件醒目的红外套，她正在迎接刚刚结束了一次海陆空三军海外检阅的总统回家。她还在她著名的刘海儿后面戴上了一顶小小的红帽子，配了红色围巾和红色手套，她的丈夫肯定会在飞机着陆后第一眼就看到她。

另外一次很特殊的经历是戴高乐总统自二战以来第一次到访华盛顿那天上午，我来到了白宫。这是一个很重大的场合，宾夕法尼亚大街上举行了盛大的阅兵式。我准备了一条嫩粉色的无肩带绸缎晚礼服——艾森豪威尔太太喜欢粉色——上面饰满了水晶珠子和刺绣。"它们看起来就像露珠。"她全心地喜爱这条裙子，她穿起来也显得非常美丽。第一夫人那个晚上打算穿着它出席为戴高乐总统和夫人而设的国宴。时间紧张，那条裙子必须一做好就立即送到和我一起来的裁缝那里修改。隔壁有一间小房间，里面有一台缝纫机和一些修改衣服的必要设备，那个年轻的女裁缝负责在褶边弄好后用它们完成礼服制作的最后工作。我离开了卧室，去和裁缝一起检查还有什么要修改的。

我回来的时候，艾森豪威尔太太穿着她粉色的长睡衣，跪在窗户前，胳膊肘挂在窗台上。她说："噢，过来，斯嘉锡先生，快过来，过来和我一起看窗外。"我就挨着她靠在窗台上，一起凝视着艾森豪威尔总统和戴高乐总统的队伍经过。她是如此兴奋，像孩子一样。当然，我比她还要兴奋。我在这里，在白宫里！我和第一夫人并排跪在一起！我们胳膊放在窗台上，手扶着下巴，一起凝视着盛大的阅兵式。这让我想起了两个家庭主妇在乡下村庄里看世界的感觉。玛米转向我，她的眼睛里闪耀着真诚的崇拜，她说："哦，斯嘉锡先生，看着总统——他看起来多么帅！"是的，当然，他确实很帅。对玛米来说那是一个美妙的时刻，她看着自己的丈夫和法国总统站在一起。这对我来说也很美妙，我亲眼目睹了历史上一个再也不会重演的特殊时刻。

我们为第一夫人设计了许多衣服，直到艾克漫长任期的尽头。我永远都不会忘记 1960 年为哥伦比亚总统而设的国宴。现在回想起来，那时我喜欢做很多华丽的衣服，但是通常是成衣，我把它们摆在这个国家的许多商场里出售。我通常也并不知道买下它们的是哪些女人。在此之前，我找到了一种最美丽的绸缎，白色缎底上盛开着巨大的天鹅绒质地的玫瑰。我实在太热爱这种美得难以置信的布料了。我用它们做了三种颜色的裙子：玫瑰粉、绿松石蓝和橘子黄。为哥伦比亚客人举办国宴那一晚，艾森豪威尔太太穿着粉色调无肩带礼服。她的秘书第二天清早打电话给我说第一夫人要和我通话。带着胆怯，我拿起了话筒。

"阿诺德，我这么早打电话给你，是因为我必须得赶在你看报纸之前告诉你。你知道吗，昨天晚上，当海军陆战队乐队奏响音乐迎接我们走下楼梯时，总统眼睛盯着楼梯下面，在我耳边轻声耳语。一位非常可爱的红头发夫人站在那里准备向我们致意，她穿着和我一样的礼服，不过是橘色的！现在，不要沮丧！我们都觉得这件事很有趣。我向她表示了问候，我们都笑了，还在一起照了相。"

"噢，艾森豪威尔太太，我太抱歉了，她一定是在旧金山的萨克斯商店里买到的。据我所知在那里出售橘色的这款裙子。我向您表达我最大的歉意。"我结结巴巴地说。

"别傻了，我喜欢我的裙子，总统的称赞证明了它有多漂亮。所以不要担心。我只是想让你在某个新闻记者抓到你之前知道这件事情。下个星期见。"

一位多么善解人意多么亲切的女士。

我下一次去的时候，玛米正站在窗子前，注视着窗外白宫的草坪和铁栅栏。

"哦，阿诺德，快来看外面，看那些正在照相的人们，他们一整天都在那里，拍这座古老的房子，这永远都让我惊奇。"她的天真是如此迷人，但我也有一点惊讶于第一夫人对她住所的好奇。毕竟，它是美国最著名的房子。

有很多次，当我们试穿的时候，总统会在他开会的途中顺便来看看我们，问候一下我们。

"你好，阿诺德。看见你在这里真让人高兴，你正为我妻子做的这条裙子很美。"他总是带着自豪热情洋溢地称赞着。

"亲爱的，我们必须马上去跳舞了。"他对玛米说。

艾森豪威尔总统强烈的个人魅力永远让我不得不惊叹。只是突然出现一小会儿，他无与伦比的超凡魅力和明朗笑容就让整个屋子都明亮起来。你现在明白为什么美国人如此热爱他了。

第六章

埃莉诺·罗斯福
ELEANOR ROOSEVELT

埃莉诺·罗斯福（ELEANOR ROOSEVELT, 1884-1962），美国第二十六任总统富兰克林·D.罗斯福的夫人，也是非常有影响力的政治家、改革家，曾任美国驻联合国代表。

埃莉诺·罗斯福和贝丝·杜鲁门

1959 年的一天，我的朋友，《时尚》杂志的主编米尔德里德·莫顿，给我打电话问道："阿诺德，今晚你能过来喝一杯吗？埃莉诺·罗斯福要来，我想你们两个会相处得非常愉快。她是我的好朋友，我们两家是世交。"我记得米尔德里德认识很多罗斯福家族的孩子，罗斯福太太偶尔会在她东五十七大街上的阁楼公寓里逗留。

米尔德里德·莫顿是一个非常出色的女人，生气勃勃，爱好广泛。据我所知，她结过好几次婚，有许多很著名的绅士情人。那时她快六十岁了，但是看起来决不超过四十；她很苗条，穿着非常时尚，衣服总是《时尚》杂志里的最新款式。她享受生活，有着非常积极的人生态度。米尔德里德在谈话过程中经常夹杂着喉部发出的低沉笑声。她拥有闪闪发光的黑眼睛、白皙的皮肤和一头轻盈飘逸的白金色头发，有模特儿一样的好身材。她曾经买过我一套裙装：一条曲线极美的橘色无肩带绸缎长裙，外面罩着一件从肩膀上垂下来、长及地板的紫红色缎子外衣，衬里是同样的橘色绸缎。1956 年她从我早期制作的服装里买下了这套衣服，并一直穿到了七十年代。我记得那个时候最时髦的装饰是男士领结，时尚一族都喜欢盛装打扮，长裙在一个时尚编辑的衣橱里是十分必要的。当然，她们可以从整个时装界里选择，从她们最喜欢的设计师那里精心挑选出适合自己的东西。米尔德里德·莫顿最喜欢的是诺曼·诺雷尔和斯嘉锡。她盛装的样子总是极其明艳。作为一个设计师，能被她选中我感到非常自豪。

那一晚，我六点半到了米尔德里德的家，她亲切地问候了我，然后领我走进了小书房。坐在沙发上的果然是埃莉诺·罗斯福，我记得当时她穿着一身褐灰渐变的衣服。罗斯福太太肯定有七十四或者七十五岁了，她的穿着在那个时代非常符合她的年纪。然而，看到她的脸时，你会看见一个大大的笑容，露出洁白的牙齿，明朗又愉快；一双最令人惊奇的闪亮的眼睛，毫无疑问这双眼睛应该属于一个岁数小得多的女人。

米尔德里德离开了一下去拿酒。罗斯福太太随即开口说："斯嘉锡先生，我怀着很大的兴趣看了你为艾森豪威尔太太设计的服装。能为一位如此美丽的女士做衣服一定很让人兴奋。"我很赞同，我对她表示我非常喜欢为这位第一夫人服务，去华盛顿也很令我兴奋。我们讨论起我在白宫里待的某几间屋子，当然，她对这些地方非常熟悉，随后她对我说："我一直喜爱那些明亮欢快的颜色，但是当我还是一个小女孩的时候我的姨妈告诉我它们并不适合我，所以无论何时我穿它们总是感觉过于花哨。"

我们的谈话随即转向了华盛顿和政治。她的话语让我惊诧，"如果每个州脱离联邦政府自己管理自己，会减少许多混乱。"我从没预料到一个总统夫人会这样说，但她的头脑十分清晰，态度是如此直率，说话时又带着强烈的权威感，我几乎感觉自己能看到她的大脑是如何运转的。她很迷人，尽管身上散发出强硬的气质，但她仍然很有女性的娇媚。她那双漂亮的手频频划着手势，辅助表达她正在说的某个话题。

大约一个月以后，我飞往华盛顿，罗斯福太太也在飞机上。她向我挥手致意，用她充满爆发力的独特嗓音对我说："斯嘉锡先生，过来和我坐在一起。"这是一架螺旋桨飞机，那个时候还没有喷气式飞机。它的座位是面对面的，两个座位一排，对着另外两个座位，中间有一张桌子，就像火车上那样。她周围蹲着许多记者，很明显是那些她在白宫岁月里认识的人，但是她为我腾出了地方，然后立即开始和我讨论我们共同的朋友——米尔德里德·莫顿，以及我将会在华盛顿做的事情。飞机着陆后，我走向机场等候室，找到了那个白宫里来的男职员。我跟罗斯福太太告辞，然后走向白宫派来的轿车。

我没有行李，那些定做的衣服已经提前寄来了。我进了轿车，车子驶上了通向机场出口的路，准备离开。我们到达出口即将驶上高速公路时，我发现了罗斯福太太，她孤零零地站在路边正在拦出租车。我还记得当时的情景，她举起胳膊向每辆路过的出租车招手。那一瞬间我突然不知所措。我的第一个反应是停下来载她一程，但我随即想到："我怎么可以这么做呢，我坐在一辆白宫的车里，坐在一辆共和党执政的白宫的轿车里，而她是一位民主党人。"但是我仍然觉得我必须做些什么来帮助这位年迈的女士，而且我也很想知道为什么没有人来接她，她可是最受尊敬的第一夫人之一。所有这些念头同时掠过我的脑海，但在我清醒以前我们已经越过了她，渐行渐远。那时我对这位老妇人的最后印象是：这位美国的珍宝正在使劲挥动着手臂，想要截下一辆出租车载她到目的地。这个瞬间停留在我的脑海里，伴随了我一生，并始终让我感到深深的遗憾。

在那之后我和埃莉诺·罗斯福见了很多次，并一直对她的魅力与亲切保留着深刻的印象。

最近，我在电视里看见了罗斯福夫人在年近花甲的时候留下的一段录像，她在民主党大会上强烈要求提名阿德雷·史蒂文森[1]为民主党总统候选人。那一刹那我突然所有的回忆汹涌而来。当我看着她大声地为她的朋友呐喊，坚信他能够成为与肯尼迪参议员[2]对抗的民主党候选人，我终于明白，她的魅力来自于一种强烈的意志，那就是为她所信仰的一切而战。

这些年里我第一次领悟到，尽管她是一名成熟的政治女性，但她也喜爱漂亮时装。她是一位重要的政治发言人，所以必须更多地去考虑她"应该"穿什么。我看到的是她穿着一件非常女性化的短袖紧身连衣裙，戴着一顶带面纱的插花小帽。裙子的领口开得相当低。她戴

---

1. 阿德雷·史蒂文森（Adlai Stevenson, 1900-1965），美国政治家，1952 和 1956 年曾两度当选民主党自由派总统候选人，也曾经担任美国副总统和联合国代表。
2. 约翰·F. 肯尼迪（John F. Kennedy, 1917-1963），1960 年成为美国历史上最年轻的总统，1963 年 11 月 22 日遇刺身亡。

着一条似乎是由许多
粒五颜六色的珠子串
起来的项链。说实话,
这一身打扮并没有让
她的形象更好看。事
实上,对她来讲,每
一件都不合适。她本
应该穿一条更纤细的
长袖裙子。毕竟,她
的身材并不是非常
好。但是看到她的穿
着,你会立刻明白她
一定认为只要衣服漂亮看起来就会漂亮。很明显,没有人告诉过她:
她穿着很不得体,如果她以另外一种方式打扮自己就会看起来好得多。
抛开这一点不谈,她的演讲非常成功,回应她的是会场上热烈的起立
欢呼。

看这段录像让我想起了我与她相处的所有经历,在其他场合里,
她也没有选择比较衬她的颜色或者适合她身材的款式,有时她的选择
非常糟糕。但这些都没关系,因为她是一个偶像。

我相信时装应该帮助女性对自己更有自信,某种程度上来讲,这些
漂亮的时装应当被另一个风格完全不同的女性穿上,因为这能带给她良
好的感觉。

有一次我看见了罗斯福太太一张非常光彩照人的照片,那是 1939
年英国伊丽莎白王后和乔治六世国王到访美国时的照片。第一夫人会见
他们的时候穿着一件剪裁精致的黑色外套,肩膀上围着银狐皮,歪戴着
一顶整洁的帽子。尽管这张照片里她看起来确实时髦得多,迷人的伊丽
莎白却还是盖过了她的光芒,她穿着一件绸缎滚边的天鹅绒外套,一顶
搭配的帽子以及几串高贵的珍珠项链。

　　我一直认为埃莉诺·罗斯福内心非常有女人味，我知道她喜欢走进她在瓦尔 - 基尔的花园剪下玫瑰放在客人的房间，这是罗斯福总统为埃莉诺重修的一座小别墅，专供她享受个人时间。这是一个非常女性化的举动，这也暗示着一个人希望能让其他人感到受欢迎。埃莉诺·罗斯福一直让每一个人，不管是什么人种、什么文化的人，都感受到这一点。这就是她的力量，是她真正美丽的地方。

在杰奎琳·肯尼迪第五大道的公寓里举行的帕梅拉·唐诺尔和鲍勃·迪敏的婚礼

第七章

杰奎琳·肯尼迪·奥纳西斯
JACQUELINE KENNEDY ONASSIS

杰奎琳·肯尼迪·奥纳西斯（JACQUELINE KENNEDY ONASSIS,
1929-1994），美国第三十五任总统约翰·F.肯尼迪的夫人，肯尼迪遇刺
身亡五年后她嫁给了希腊船王奥纳西斯。她对时尚潮流有重要影响。

　　某个清晨，我正站在五十六街和麦迪逊大道的交叉路口处想要拦一辆出租车。我无意中瞥到了东南角，我突然记起，很久以前，就在那个地点，我曾经顺路搭载过杰奎琳·肯尼迪·奥纳西斯和她的女儿。

　　1969 年 6 月 17 日，星期二，那天晚上六点三十分，我从位于东五十六街二十六号的时装工作室出来，走了几步来到了麦迪逊大道。那个时候麦迪逊大道上还是双向车道，而不是像现在这样的单行线。我打算去参加在公园大道附近的上东城[1] 举办的一个小型鸡尾酒会，然后和一群朋友一起出席音乐剧《哦！加尔各答！》(*Oh! Calcutta!*) 的首映式。肯尼思·泰南[2] 是这场剧的舞台监督之一，而且海报宣传语"一场性爱刺激之夜"也让每个人都迫不及待地想看到它。

　　我非常喜欢出席首映式，觉得能有机会在第一时间观赏某个节目的公开演出真是太让人兴奋了。对我来说，这就像是一次最新时装秀的开场，所有的时装都即将登台，所有的观众都期待看到它们的样子，你突然就可以化身成一个批评家，对秀场上的服装品头论足。我的确非常期待着那个夜晚。《哦！加尔各答！》的创作队伍里包括了萨姆·谢泼德[3] 和约翰·列侬[4]，而其中大量前卫的裸体场景又保证了它将会在疯狂的六十年代获得巨大的成功。

---

1. 上东城 (Upper East Side)，公园大道是美国曼哈顿地区著名大街，金融中心，也是房价最贵的地区之一。上东城位于中央公园右侧，美国最著名的住宅区。
2. 肯尼思·泰南 (Kenneth Tynan, 1927-1980)，很有影响的英国剧作家、剧评家。
3. 萨姆·谢泼德 (Sam Shepard, 1943-)，美国著名剧作家、演员、导演，获得过普利策奖。
4. 约翰·列侬 (John Lennon, 1940-1980)，著名流行乐队甲壳虫的成员之一，人类历史上最伟大的文化偶像之一。

我拦下一辆开往市区方向的出租车，告诉司机向左拐到五十六街上再开到公园大道。车经过这条街道靠南的拐角时，我突然发现了杰奎琳·肯尼迪·奥纳西斯和她的女儿卡罗琳正站在那里等出租车。奥纳西斯太太看起来非常无助。的确，在她举目所及的地方根本就没有出租车的影子。

在那之前我和杰奎琳·肯尼迪见过几次面，不过一直到 1965 年帕梅拉·唐诺尔的婚礼上（她嫁给了一个继承了一大笔财富的加拿大人鲍伯·迪敏）我才和杰奎琳有了进一步的接触。在白宫岁月里帕梅拉·唐诺尔曾经一直是杰姬[1]的新闻秘书，当那位第一夫人考虑在她白宫的衣橱里添置一些斯嘉锡时装之后我和帕梅拉成了朋友。帕梅拉的婚宴就在杰奎琳第五大道一〇四〇号的公寓里举行，从那里可以俯瞰中央公园的水塘，杰姬和她的孩子们自从她离开华盛顿之后一直住在那里。新娘穿着一件美丽的斯嘉锡结婚礼服，裙摆前面很短，后面则一直垂到地板，头上戴着一条绣满白色蕾丝的方头巾，这身装束非常清纯，也很符合当时的气氛。

我记得那天肯尼迪太太拿出一把银质典礼佩剑，那把剑是摩洛哥国王哈桑二世赠与肯尼迪总统的，她坚持要那对新人用这把剑来切婚礼蛋糕。当那把闪闪发亮的长剑切进蛋糕的时候，所有的小花童们都围在桌子旁边嘻嘻哈哈地欢笑着，卡罗琳也是其中一个。杰姬的脸上洋溢着喜悦的光辉。

当我的出租车即将越过前第一夫人的瞬间，那个难忘的场面一下子回到了我的脑海里，我不想再让自己留下和埃莉诺·罗斯福同样的遗憾，所以让司机停下了车。我摇下车窗说："奥纳西斯太太，我是阿诺德·斯嘉锡，我是否可以搭载您和卡罗琳一程？"杰姬听了一下子开心起来，咧开嘴露出了她招牌性的可爱笑容，对我说："哦，斯嘉锡先生，

---

1. 杰奎琳的昵称。

你真是太善良了！我原本还以为我们几年前就能到家，没想到这么费劲。"我记得我当时很惊讶，就像我曾经对罗斯福太太产生的疑问那样，为什么每个人都认识的杰奎琳·肯尼迪·奥纳西斯没有自己的司机和专车？我走下出租车，卡罗琳先跳上了车，蜷在座位的角落里，然后是肯尼迪太太，最后是我，我们三个全都挤在后排座位上。

在开往城区的途中，我们聊了一下共同的朋友帕梅拉·唐诺尔，然后奥纳西斯太太问了一个我认为非常奇怪的问题。

"阿诺德，你是一位出色的设计师，我一直非常热爱你的时装。事实上，我有很多你的衣服，我非常喜欢它们。请你告诉我，"她用著名的带有嘶嘶喘气声的声音问道，"如果有一天早上你醒来，发现自己的脑子里再也没有任何新灵感了，这会怎么样？你会怎么办？"嗯，我当时大吃了一惊。以前从未有人问过我这样的问题。我当时觉得这个问题挺傻的，拿它来问一个以创造力为生的人是一件很奇怪的事情。我有点儿困窘，结结巴巴地说："啊，当然了，我会不停地画下去，直到出现一个新灵感。"她大笑起来，说："很可能任何一个优秀的设计师都会像你那样做。"

我们继续前行，来到了公园大道。我到了七十一街上的目的地。我说："奥纳西斯太太，我不得不离开您了。"随即我叫出租车停了下来。"不过请您继续乘坐，我知道您想去的地方是前面的住宅区。"我准备下车时我们又客套了一番。那个问题自然永远地留在了我的记忆里。

杰奎琳·奥纳西斯当然掏得起坐出租车的钱，不过我觉得作为一个绅士我必须支付车费，所以我就像对任何一位朋友那样对她说："我掏钱您介意吗？"她说："噢，不，不，不能让你出钱，你是这么善良地让我们搭车，请不要再有那个念头了，绝对不可以！"那一瞬间我觉得我还是离开的好，所以我说："能再见到您真是太荣幸了。"然后我转身离开。当我打开门的时候，出租车司机突然按了一下喇叭。"嘿，我看你是个挥金如土的有钱人，却让一个女士付车费，你是怎么回事？"我被激怒了，冲动地表达了一下抗议，然后想要塞给司机一些钱。很明显，司机并没有认出那张本世纪应该最为人所熟知的面孔。奥纳西斯太太惊慌地说："噢不，请您，请不要那样做——请求您，您能让我们搭车已经太好了。如果没有您的好意我们现在还站在那个街角上。"唉，我顿时不知道该如何是好，杰姬已经显得稍微有些歇斯底里了，与此同时卡罗琳蜷缩在出租车座位的角落里，努力使自己消失在别人的视线之外。

我觉得最好的办法还是离开这里。我向她们道别后慌忙离开了——去度过一个充满更多惊喜和欢乐的夜晚。

倒叙——1959 年的一个傍晚，伯德福·古德曼精品百货店的高级女装导购小姐打电话给我，用最兴奋的声音说："斯嘉锡，猜猜现在谁在这里？杰奎琳·肯尼迪。她定下了两件你的晚礼服。她非常喜欢，穿上去的时候真是美极了。我们都太兴奋了。"我知道肯尼迪太太是马萨诸塞州参议员年轻美丽的妻子，她的丈夫约翰·肯尼迪当时正在竞选总统。

杰奎琳选中的裙子是那一季我最喜欢的一款。它有着长长的钟形裙摆和紧紧的长袖，以及船形领口。那条裙子是用华丽的红宝石色丝绸制作的，完美地衬托出肯尼迪太太光亮的黑色头发和奶油色皮肤。

红宝石色缎子裙

那个春季里，除了那条裙子，肯尼迪太太还挑选了一条配有流苏披肩的白色酒椰蕾丝裙，裙摆前面稍微短些，后面稍稍曳地，裙子上身前方直接就是紧身胸衣，宽绸带在赤裸的背部十字交叉，末端打成了两个蝴蝶结。这条裙子非常美丽，后来我知道这是肯尼迪太太最喜欢的一款。这的确是"杰姬型"风格——简约、奢华，

而且带着某种青春的锐利，这就是这位未来的第一夫人精髓之所在。

　　当然，我们都知道肯尼迪太太喜欢法国设计师的时装，主要是曾经师从克里斯托瓦尔·巴黎世家[1]的休伯特·德·纪梵希[2]的设计。纪梵希创造了无袖简约款，这在 1954 年的电影《龙凤配》（*Sabrina*）中成为奥黛丽·赫本风格的代名词。杰姬·肯尼迪也非常喜爱弗朗克斯·克雷，他是莲娜丽姿[3]的设计师。她也热爱皮尔·卡丹[4]的衣服和格蕾丝夫人[5]经典的褶皱礼服。这位参议员的妻子能够选择这么多我的衣服，并且在伯德福告诉人们她有多么喜欢它们，赞美它们多么为她增光添彩，这简直让我太荣幸了。

　　1960 年初，我在伯德福·古德曼的朋友再次打电话对我说："杰奎琳·肯尼迪马上要来了，她来试穿我们刚收到的你那条淡蓝色裙子。我对在胸衣上要作的修改感到很紧张。斯嘉锡，万一还要做什么的话，你能不能这个下午来一趟，看看她穿这条裙子的效果？""没问题，"我回答说，"三点见。"当时我住在第五大道西边的五十六街上的斯坦福·怀特公寓里，伯德福·古德曼的入口就在五十七街上，我过去很方便。

　　我到了以后，有人告诉我肯尼迪太太已经进入为她特别准备的贵宾试衣间。我敲门后走了进去。她已经脱去了外衣，穿上了那件淡蓝色的紫貂皮丝绸晚礼服。裁缝蹲在她的膝盖前正忙着缝边。杰奎琳·肯尼迪耐心地站在那里，那面三向大镜子映出了六个她的身影。她的脸上绽放着明朗的笑容，露出洁白的牙齿，这个笑容后来为整个世界所熟知。

---

1. 克里斯托瓦尔·巴黎世家（Cristobal Balenciaga, 1895-1972），著名西班牙时装设计师，他创建了以自己姓氏命名的时尚品牌。西班牙内战爆发后，巴黎世家搬到了巴黎发展。
2. 休伯特·德·纪梵希（Hubert de Givenchy, 1927- ），著名法国时装设计师，1952 年创立时尚品牌"纪梵希"。他有两位著名的女客户：奥黛丽·赫本与杰奎琳·肯尼迪。
3. 莲娜丽姿（Nina Ricci），法国最大的时装公司之一，经营高级女装、精品时装、男装系列、香水系列、保养彩妆用品、皮件等。莲娜丽姿与她的儿子 1932 年创于巴黎。
4. 皮尔·卡丹（Pierre Cardin, 1922- ），法国著名时装设计师，创立了以自己名字命名的时尚帝国，这也是第一个进入中国市场的著名时尚品牌。
5. 格蕾丝夫人（Madame Gres, 1903-1993），三十年代崛起于巴黎的女设计师，1934 年开设第一家小型店，其女装设计风格追求浪漫与无拘无束，尤以礼服上"希腊褶"的运用闻名。

"斯嘉锡先生，见到你我真是太高兴了。"她说，伸出了她的右手。"我喜欢你的裙子，它真漂亮！"我赞美她穿着这条裙子的样子。她继续说："我知道，我们决定把袖子修改得比最开始稍微长一些，但是你看，现在它们几乎都要到我的手腕了。你是否认为如果我们把它弄得再短一些，到肘关节下面，看起来效果可能会更好？"我把袖子向上别住，看了看镜子里的形象；这样确实带给这条裙子更好的比例感。

"我觉得你一定要戴上手套，那样看起来效果很好。"我向她保证。裁缝给裙子缝边的时候，我们讨论起她在即将到来的总统竞选战役中繁忙的日程表，以及那时我正在制作的一些新款式。最后，裁缝结束了工作，我告辞了。离开商店的时候我很高兴，因为我知道这位参议员妻子穿着我这条裙子的样子漂亮极了。

随后，她走进了白宫，不久我接到了从她办公室打来的电话，问我是否可以寄去一份当季新产品的草图目录。我无法告诉你我当时有多兴奋，我想我就要为另一位第一夫人做衣服了。

帕梅拉·唐诺尔经常和我通话。我建议说，因为我马上要到华盛顿为专业商店伍德沃和洛斯罗普做一场时装秀，我们不妨在时装秀结束后把肯尼迪太太在目录里看中的衣服送往白宫。她答应了。于是我们决定派一个人把衣服给第一夫人送去。那一晚我先离开了华盛顿，把衣服留在了那里。

今天我意识到，如果从总统官邸的安全来考虑，那件事情不应该那么轻易就被允许。但那是在1961年，人们几乎随随便便就能走进宾夕法尼亚大街，而且人们也确实这么做了。从早到晚都有人参观白宫，而且极少受到限制。年轻的第一夫人在艾森豪威尔夫妇之后做了一项令人惊异的工作，她重新装修了这栋房子，我想她一定很为自己的成就而自豪；她希望每个人都能看到这种变化。

几天以后，衣服被送回了纽约，附带着一张便笺，上面的文字表达了第一夫人有多么喜欢它们。我随即打电话给杰奎琳·肯尼迪办公室的人，再次确认她喜欢的衣服。接电话的年轻女士说："现在，斯嘉锡先生，请问制作这些衣服需要多长时间？你会来这里亲自量身吗？”我说我们讨论之后回电答复。

“好的。”她说。

“顺便，”我继续说，“我想让你知道我将为肯尼迪太太提供最低的优惠价格，就像我以前为艾森豪威尔太太所做的那样。我想这很合理，是不是？”

电话里出现了一阵长长的沉默。

“哦，斯嘉锡先生，我不知道我们对此该怎么办。据我所知，第一夫人不应该为她的衣服付钱。我不得不让你明白这一点。”电话那端说道。

我感到强烈的震惊。我坐在瓦列里安·利巴尔为我设计的那间漂亮的新古典主义风格的办公室里，虽然刚刚才到六点钟，但因为是秋天，外面已经完全黑了。所有人都离开了屋子，那一刻我真的感到了孤独和彻底的不知所措。我不知道该如何是好。我只有二十几岁，我的生意仅仅开展了四年。我曾经对自己立下一个承诺，我永远也不免费送出任何一条裙子，但现在有人正在要求我白白出让几打衣服，而且只有上帝才知道这样的日子会有多久。我的生意不错，但我还有买这栋房子欠下的债务要还，还有其他的经济负担。

整个晚上我都被这个问题痛苦地折磨着，辗转反侧。到了第二天早晨，我打电话给第一夫人的办公室说：“我非常抱歉，我很愿意为肯尼迪太太做衣服，但是如果我接受，我也恐怕只能做到向她提供最低的价格，我已经尽我最大努力给了最大优惠了。请务必向第一夫人解释这一点。”从那以后，我再也没有接到白宫的电话。

这也许是我一生当中做过的最不明智的决定。

这里要提到一件很有趣的事情：今天，如果没有一张证明已经付费的发票，衣服就无法邮寄。如果接受无偿提供的衣服，第一夫人必须申报这一礼物并且支付一笔礼物税。1978 年的《政府行为规范》中规定高级政府官员和他们的配偶必须申报任何价值超过 35 美元的礼物。我们怎能忘记里根总统的夫人南希·里根因为接受设计师比尔·布拉斯[1]、阿多夫[2]、奥斯卡·德拉伦塔[3]、詹姆斯·加拉诺斯和吉恩·路易丝[4]赠送的价值几千美元的时装和珠宝而引起的骚动和不满呢？新闻界用整整一天来讨论第一夫人失检的行为，这是一场给里根政府带来很大困窘的严重风波。

当然，我们都知道1961年发生了什么。凭借她不可思议的风度和著名的迷人魅力，杰姬·肯尼迪成为玛丽·安托瓦内特[5]之后最具人气的时尚偶像。奥莱戈·卡西尼[6]被称为她的官方设计师，尽管她在白宫岁月里的打扮通常都和以前一样建立在法国时装的基础上，但卡西尼还是因此成为世界最著名的设计师之一。第一夫人全权委托他打理自己的服装。我常常想，如果那时我对世事更练达一些的话，这些殊荣原本可能会降临到我头上。

说实话，对这个工作来讲卡西尼并不是一个靠得住的候选人，但是他在肯尼迪成为总统以前就是杰姬和约翰的朋友。卡西尼工作室做了必须做的一切，成功地给第一夫人树立起法兰西风格，很明显他和肯尼迪太太合作得很愉快。

另一个解释，很有可能正如肯尼迪派系内部流传很广并被新闻界所暗示的那样，总统很赞同第一夫人在晚礼服上的偏好，最主要的原因是每次礼服到达白宫，总会伴随着漂亮的模特儿。按照私下的推测，这些年轻的女孩子有时会被引荐给等候在楼上的年轻总统，以满足他的欲望。最近刚刚披露的肯尼迪的医疗记录证实，总统长期服用的那些治疗

1. 比尔·布拉斯（Bill Blass, 1922-2002），美国时装设计师，裁剪技艺高超，他创造性地将织物的纹理与图案结合起来。
2. 阿多夫（Adolfo,1933- ），古巴裔美国时装设计师，曾经为夏奈尔、巴黎世家工作过，后自己创立时尚品牌。
3. 奥斯卡·德拉伦塔（Oscar de la Renta, 1932- ），世界上最顶尖的时尚设计师之一。
4. 吉恩·路易丝（Jean Louis, 1907-1997），出生于法国，曾获奥斯卡最佳服装设计奖，他最著名的作品是丽塔·海华丝在《吉尔达》中那套黑色的礼服。
5. 玛丽·安托瓦内特（Marie Antoinette, 1755-1793），奥地利帝国公主，后嫁给法国王储路易十六，以生活奢侈而闻名。
6. 奥莱戈·卡西尼（Oleg Cassini, 1913-2006），出生于法国的美国时尚设计师，上世纪六十年代，他负责主理杰奎琳·肯尼迪的衣橱。

他剧烈背痛的药物会导致他一直处于性冲动的状态，这种冲动必须得到频繁的满足。

杰奎琳·鲍维·肯尼迪·奥纳西斯不是你身边那种普通的妇女。1968 年她嫁给阿里斯托尔·奥纳西斯[1]后，人们对此有了更充分的认识。她发生了令人瞩目的转变；对她来说，她拥有了与当第一夫人不同的另一个广阔空间。她变得非常喜爱社交，这一点很可能是因为她觉得自己被笼罩在奥纳西斯的长期情人——魅力非凡、常常出镜的玛丽亚·卡拉斯[2]的阴影之下。

七十年代早期的一个晚上，帕克和我坐在艾尔摩洛哥夜总会里，和我们在一起的还有格蒂和图蒂·韦瑟里尔。那是一个愉快的夜晚。我们坐在印着斑马条纹的软沙发上，和周围的每一个人闲聊家常，喝了好多香槟，在干净的舞台地板上跳舞。大约十一点半的时候我们决定离开。就在往外走的路上我们看见了杰姬和阿里，并向那一对著名的夫妇挥手致意。杰姬也微笑着向我们摆摆手。她穿着一条粉色的丝绸无带裙，看起来容光焕发。

就在我们刚刚在韦瑟里尔的轿车里坐下来时，奥纳西斯夫妇走出了夜总会的大门。等待已久的狗仔队的照相机闪成一片。杰姬微笑着，她的丈夫走在她前方。这位前第一夫人对摄影记者说了些什么，然后重新走进了俱乐部，这次仅仅是为了重新亮一次相，对着照相机刻意摆出些漂亮的姿势。我们等在那里，出神地看着。这个夜晚让每一个人对这位不平凡的女士有了更深刻的认识，她曾经一直抱怨被曝光的次数太多，但事实上她好像并不介意是否被别人拍到。当然，第二天，报纸上的照片非常完美——杰姬表现得像一个职业明星，而她也确实是的！

被誉为美国时尚界教母的戴安娜·弗里兰德[3]，那个艳丽的杂志主

---

1. 阿里斯托尔·奥纳西斯（Aristotle Onassis, 1906-1975），世界船业巨头，被称为"希腊船王"。
2. 玛丽亚·卡拉斯（Maria Callas, 1923-1977），二十世纪最著名的歌剧女演员之一。
3. 戴安娜·弗里兰德（Diana Vreeland, 1903-1989），美国著名时尚专栏作家，她被称为时尚界偶像人物。

编，是年轻的肯尼迪太太的好朋友，而且曾经帮了她很多忙，在白宫岁月里是她为肯尼迪太太的衣橱出谋划策。

弗里兰德太太是典型的矛盾综合体。她也许是世界上最时髦的女人之一，但相貌相当丑，一双对她的脸来说实在太小的凶恶的眼睛，还有一个大鹰钩鼻子。她有一头浓密光亮的黑色披肩卷发，发梢向内拳曲。她的嘴唇通常都涂着耀眼的红色。尽管她的皮肤很苍白，脸颊和耳朵却擦了鲜艳的胭脂。身材苗条的她通常穿一身黑色，上面点缀着一抹其他颜色——她尤其热爱红色——还有大大的人造珠宝。每当她走进一间屋子，她就立刻成为这个空间的主人。她的思想相当睿智，说话时声音低沉，使用的词汇五花八门，非常不同寻常。她可以让最平凡的话题听起来有趣又通俗，也可以让它变成一通庸俗的黄色笑话。作为《哈泼芭莎》的编辑，后来又成为《时尚》的主编，她雇佣了最先锋的摄影记者，并要求他们使用最捕风捉影的方式拍摄日常生活中的时尚信息。在这个最圆滑世故的身体里居住的是一个完全讲求实际的灵魂。而且，尽管她非常奢侈，却有着讲效率有条理的好头脑。

因为想要采用我的一件宽大的淡蓝色马海毛大衣为 9 月份的《芭莎》拍摄封面，弗里兰德打电话给我，问那个料子是哪里制作的。"它是法国莱塞尔工坊出品的。"我回答说。她说："噢，阿诺德，他们太了不起了。我真崇拜他们所做的一切，我们为那件大衣着迷！但是，因为我们这期是美国专刊，你能不能找到一种美国布料来做这件衣服？无论如何我们都想用这件大衣，如果你能做一下这个改变对我们来讲是莫大的帮助。"我说我当然乐意效劳，我会立刻找我的布料商来解决这个问题。但是经过了几次尝试，我还是没有找到一样哪怕稍稍能跟最开始那种料子贴点边儿的东西。我打电话给那个编辑，向她解释了这个情况。

"噢，不要让这个问题困扰你，亲爱的小男孩，"她说，"我已经告诉了楼上的那些男孩子们（那些卖广告的男人们）。我们非常喜欢那件大衣，著名摄影师迪克（理查德·艾夫登）下个星期就会拍它。"

她经常斟酌字句，让它们对时尚人群来说更有吸引力。一个著名的例子就是，她刚开始推销一个重要的广告客户（德国的塞拉尼斯化工公司，他们在五十年代生产一种摸起来很不舒服的人造纤维）的产品时，一开始实在不知道怎么在她高贵的杂志上来推销这种委实很一般的产品。突然弗里兰德灵光一闪，召开了一个会议，兴奋地吼道："我找到了！ Chella-Nayzee, Chella-Nayzee——就是这个词，我们会让整个世界都使用这种材料！"在她从克什米尔归来后写的另一篇时尚报告中，她宣称："粉色就是印度的深蓝色。"

她经常保护那些她所关心的女职员，对待那些姑娘就像是母鸡保护小鸡。一天，她去看望她的一位秘书。这个姑娘刚刚结婚，住进了一间非常简陋的公寓。她异乎寻常地沉默了很久，并试图找一些好听的话说给小女孩听，突然她观察起电话来。

"佩姬，"她热情洋溢地说，"你有一部黑色电话机，多么与众不同，亲爱的孩子！"

在《哈泼芭莎》和《时尚》之后，弗里兰德太太成为纽约大都市博物馆服装协会的特别顾问。1974 年她筹备了一场叫做"浪漫迷人的好莱坞设计"的时尚表演。她找了很多设计师，来重现那些曾经出现在许多令人难忘的电影里、但现在却已被湮没的衣服。她让我重新制作阿德里安为嘉宝在《茶花女》里设计的服装，那些衣服让那个著名的瑞典人看起来如此脆弱如此娇柔。我要求专门制作这几件衣服。弗里兰德对我的提议喜出望外。我开始去寻找布料和装饰品，认真地完成这两三条要在表演上亮相的裙子。

过了一阵，我手中有了几个样品，于是我去她的办公室里谒见这位显要的贵妇。她热情地赞美了我所做的一切，直到我们来到了一件绣花的蝉翼纱样品前。我对它如此接近 1936 年电影里使用的材料而欣慰。她却激烈地反对说这个料子不对劲，然后还给我出示了一张原件的照片。

"戴安娜，"我把两样东西放在一起，"看，它们已经非常相似了。我认为我可以使用它。"

一阵长长的沉默过后，她用一种喉咙里发出的刚刚能被听见、几乎被她的喘气声掩盖住的低语声，轻轻地说（我相信对她来说的确是轻轻地）："好吧，伙计，你真有种！"我看得出来，很明显，她对这样一个事实非常不满：我居然在质疑她（用另一种形式）发布的时尚宣言！我还是使用了那料子，裙子看起来非常美，所有人都认为和原件一模一样。

我知道她可以像一个骑兵那样铿锵地宣誓，但是在她的灵魂深处，她却是多愁善感的。为了那场好莱坞秀盛大的开场礼，我寄给她一束白色茶花，那是茶花女总佩戴着的花朵。那一晚她穿着黑色天鹅绒露肩晚礼服，拿着那束花，看起来非常像米高梅电影公司 [1] 出品的电影中一个浪漫的角色。

她天生有一颗善良的心，这对于处在她那样显赫位置的女人来说是不常见的。她有时会做些特别的事情，比如突然到得克萨斯州旅行。那一次是和她的助理卡丽·多诺万同行，事实上是因为卡丽一生未婚，却又不得不去那里做一次心脏搭桥手术。戴安娜不想卡丽独自去面对这样一个危险的时刻。

这位个性张扬的女编辑，用一个勇敢的先锋女性最务实的优雅包容了时尚最浅薄最俗气的一面。戴安娜·弗里兰德身上确实表现了语言自诞生以来最原始的魅力。

1977 年一月，我和弗里兰德以及奥纳西斯太太在牛排很出名的科隆尼饭店共进午餐。这位特殊顾问刚刚在大都市博物馆时装协会筹划了一场名为"俄罗斯服装的辉煌"的时装展览。这个活动极其令人惊叹！戴安娜·弗里兰德和杰姬·奥纳西斯之前特意前往俄罗斯，去说服其政府将衣服借给纽约，这是一项空前的功绩。展览在 1976 年 12 月盛大开幕。我记得那是那个冬季里最令人兴奋的夜晚。每个名人都应邀前往，到处都弥漫着弗里兰德所说的"不可思议的神秘"。

---

1. 米高梅电影公司（Metro Goldwyn Mayer Studios, MGM），始建于 1924 年，该公司 1939 年拍摄的《绿野仙踪》《乱世佳人》均美国电影史的杰作。

两位令人敬畏的美国人努力去争取（并实现）的最令人惊讶的成果是俄国女沙皇叶卡捷琳娜二世用金线织成的结婚礼服，上面镶满了钻石。它被套在死气沉沉的模特儿身上，阴森地树立在长长的玻璃柜里，孤独地站在陈列室的中央。俄罗斯音乐回荡在整个大厅里，俄罗斯鱼子酱和几加仑的冰伏特加高高地堆成了山……那是怎样的一个夜晚啊！

我到达科隆尼饭店时，发现戴安娜已经坐在桌子前。我首先祝贺她的展览取得了不朽的成功，然后说："那个精装目录真棒，《在俄罗斯时尚里》，它本身也体现了这种时尚。"

"你真的这样认为吗？"弗里兰德问。

"是的，我喜欢它，全都喜欢，照片很美，内容也很棒，"我回答说，"我还收藏了它。"

"噢，阿诺德，杰姬来的时候一定要告诉她。这非常重要，亲爱的，如果她从你这里听到这些就太好了；这是她编辑的，她做了所有的工作。这是她第一份有薪酬的工作，你知道，她对自己很没有信心。她不相信这目录真像人们说得那么好。你一定要向她强调这一点。"

当然，奥纳西斯太太到的时候，我立刻把我对这本书的由衷赞美送给了她。她有一点窘迫，但最后弗里兰德和我一起说服她不要这么谦虚时，她接受了，笑得非常开心。

后来，奥纳西斯太太离开了那本目录的发行公司——维京出版社（Viking Press），然后在纽约双日书局（Doubleday）一份重要的评论岗位上干得非常出色。她工作极其努力，很快成为一个成功的职业编辑。每天工作结束的时候，人们都会看见她走路回家，沿着公园大道，穿着一件简单的丝绸上衣和一条宽松的裤子，看起来像世界上任何一位职业女性一样。这是那个时代典型的纽约服饰。

然而，一直到今天，人们还会把杰奎琳·肯尼迪当成一位完美的第一夫人，她散发着独特的魅力与优雅，头上戴着一顶我们永远不会忘记的特殊光环。

塞琳娜·拉塞尔·巴尔夫在布伦海姆宫，1962 年

第八章

非比寻常的社交新星
SPECIAL DEBUTANTES

2003 年 6 月 6 日，星期五。帕克·莱德和我一起去拜访我们的新朋友，可敬的彼得·沃德和他金发碧眼的太太，美丽的莉兹。他们的家在柯恩威尔庄园，那是一座壮观的石头大厦，始建于十七世纪晚期，从那以后每个世纪都会增建一部分，直到二十世纪一个非常富裕的美国夫人将它粉刷一新。

庄园坐落于英格兰牛津郡科茨沃尔德丘陵的奇坪诺顿镇附近。主楼和周围的建筑以及一大片村庄，占据了大约四千英亩美丽的土地。

尽管我们经常来伦敦，却从未参加过英国乡村的周末家庭聚会，对这一点，帕克已经抱怨了几年。现在，莉兹·沃德邀请了我们，我们得到了最好的机会。莉兹把房子装饰得美轮美奂。它原本可能被装修成阴沉又小家子气的英国风格，但事实上它色彩亮丽。宽敞的门厅，又被称为"冬季起居室"，被粉刷成温暖明亮的红色。从它开始，每个屋子都有一套专门的颜色。整个房子到处都是粉红色和生气勃勃的绿色，给人带来最大的欢愉，让你从跨进那扇巨大的前门开始就从心底里高兴起来。

帕克和我的卧室是蓝色的，那种蓝色里明显带着奶油般的质感。屋子里有一张华美的带顶篷的大床，最妙的是透过三扇大窗户可以俯瞰整个花园。

我们是通过好朋友宝琳·皮特[1]在棕榈海滩[2]结识沃德夫妇的。我们在那里和长岛都招待过他们，并为他们这个周末回请我们兴奋不已。

---

1. 宝琳·皮特（Pauline Pitt, 1948- ），其曾祖创建了纽约第一国家银行（花旗银行前身）。宝琳·皮特本人是室内设计师，她活跃于曼哈顿与棕榈海滩社交圈。
2. 佛罗里达的度假胜地。

聚会一共有十二个人参加，其中包括我们的老朋友简·斯宾塞·丘吉尔女士，她是英格兰最出色的室内设计师之一；还有她的丈夫查尔斯·斯宾塞·丘吉尔爵士，我对他的仰慕已经超过三十五年，他是现任马尔伯勒公爵[1]的兄弟。

英格兰乡村果真不同寻常。你在画册里见过的所有花都可以在花园里找到：你能想象到的任何一种玫瑰、飞燕草[2]，以及一垄垄的薰衣草。沃德夫妇还拥有爬满整整一大面墙的紫藤，一条长长的由灯笼海棠和芍药花组成的篱笆。在花园里散步真是一种莫大的视觉享受。

星期日早晨，查尔斯开车带我们去参观他的家族城堡布伦海姆宫，距离柯恩威尔庄园仅仅二十分钟车程。他的兄弟，马尔伯勒第十一任公爵，苏尼，负责带领我们参观。进去的时候，我环顾巨大的门廊，它让我回忆起一生中最特别的一个夜晚。当我进到这个四十年未见的屋子里，回忆潮水一般涌来，这种感觉很奇妙，好像时光倒流，所有的经历都重来了一遍。让我向你讲述这个故事吧……

1962 年我飞去伦敦待了一个星期，在这星期里最精彩的就是在布伦海姆宫举行的一场令人难忘的派对，庆祝查尔斯·斯宾塞·丘吉尔爵士，马尔伯勒第十任公爵的儿子二十一岁生日。我之所以会来到这里，完全是因为我的朋友、同时也是特别主顾——莎拉·斯宾塞 - 丘吉尔女爵士，问我是否可以为她的女儿塞琳娜·拉塞尔这一晚在布伦海姆宫里的社交界初次露面制作晚礼服。

塞琳娜十八岁，是个身材高挑、金发碧眼的优雅的美国美人，我为她做的裙子是一件长长的无肩带晚礼服，裙摆的荷叶边飘拂起来的样子

---

1. 他们都是英国名将约翰·丘吉尔（1650-1722），即第一任马尔伯勒公爵的后代。这一家族在今天也是英国最显赫的家族之一，二战"三巨头"之一的温斯顿·丘吉尔爵士也出身于这个家族。
2. 一种草属植物，特别是指那些具有掌状叶形，长而醒目的总状花序，色彩各异的短植花蕾的高大植物。

非常优美。裙子的布料来自瑞士的绣坊，是一种美丽的白色凸纹重磅蕾丝。我们还为她这次在英格兰的露面做了一些其他服装，那里将举行许多快乐的宴会，有午宴、茶会，以及一个非常重要的日子——她将参加7月举行的阿斯科特赛马会[1]的开幕式，和英国女王以及玛格丽特公主一起坐在贵宾席上。

为了这个场合，我为塞琳娜做了一件有六片裙摆的蓝色轻磅羊毛外套，再配上一条裙子；为莎拉女爵士做了一件大翻领的羊毛大衣，那种料子上有一种非常美丽的黑色格子花纹。

按照那个时代礼节上的要求，两个女士都戴上了白色小山羊皮手套。就像六十年代早期所有的时尚女性一样，杰奎琳·肯尼迪在做第一夫人的时候也几乎一直戴着白色小山羊皮手套。某些时候你也可以戴黑色小山羊皮手套，甚至用其他颜色的手套来搭配你的穿着。有趣的是几年以后女性不再戴手套，整个手套行业几乎因此而破产。时尚总是变化无常的。今天，我经常看到穿着晚礼服的年轻女孩子戴着露出指头的手套，这被认为很性感——也确实很性感。

还是让我们回到查尔斯·斯宾塞-丘吉尔二十一岁生日的欢宴和塞琳娜·拉塞尔的初次社交活动上来。我很高兴自己受到了邀请。毕竟，我还是一个社交新手，而且以前从来没有参加过在真正的宫殿里举行的舞会。当时我住在卡多根大道上的卡尔顿城堡酒店，这是一个非常现代化的旅馆。以下是我喜爱它的原因：非常时尚，有伦敦最好的牛排餐馆，而且还不限制你邀请客人来房间。那个年代大多数的豪华旅店，像萨沃伊[2]，康诺特[3]和克拉瑞芝都只有在你订套间的情况下才允许你邀请朋友上来，而我又从来没订过套间。我在酒店里过得很愉快。

---

1. 皇家阿斯科特赛马会（Royal Ascot）是英国体育界和社交界的一项盛事，英国皇室成员是赛马会的常客。
2. 萨沃伊酒店（Savoy Hotel），位于伦敦，是世界闻名的豪华五星级酒店，始建于1889年，2007年该酒店暂时关闭重新装修，预计2009年重新开业。
3. 康诺特酒店（Connaught Hotel），始建于1897年，位于伦敦梅菲尔地区，著名的豪华酒店。

除了要参加一些这样的盛大宴会之外，我来伦敦也是为了和我的朋友比尔·普尔一起工作，他是李伯蒂[1]的设计师。李伯蒂的历史已经超过一百年了。比尔发掘到了"装饰派艺术"和"新艺术"的所有旧印染辊。（请容许我向读者们介绍这两个名词："装饰派艺术"是 1925 至 1940 年期间盛行的一种装饰和建筑艺术风格，主要特征为广泛运用几何形，色彩明亮粗犷和使用塑料与玻璃；"新艺术"是十九世纪后期和二十世纪初期的一种建筑和装饰艺术风格，主要特征为用流动的曲折的线条绘出叶子和花卉。）我们花了很多时间给这些旧印染辊着色，它们最初的颜色是柔和的灰色和棕色。我却要使它们变成最甜美的颜色，像桃色、杏黄色、绿松石色，甚至是国旗那种红色、白色、蓝色。过了一阵子，我搬到了比尔·普尔迷人的带马厩的小房子里，在那里我们能够工作得更有激情。

最后，到牛津郡布伦海姆宫附近的城镇参加舞会的日子终于到来了。我预先和米兹·纽豪斯谈过了，她是拥有康泰纳仕集团和《时尚》杂志的萨姆·纽豪斯的妻子。米兹小巧玲珑，长得像洋娃娃一样，她喜欢我的服装并且经常光顾我的生意。当她听说我要去参加布伦海姆的舞会时，说："希和我也要去牛津，我们已经租了一辆漂亮的劳斯莱斯。你要不要和我们一起乘车去？"希·纽豪斯是萨姆和米兹的大儿子，现在已经成为康泰纳仕的商业领袖，他是一个无懈可击的商业天才。

按照约定的日子，他们来比尔·普尔那栋小巧的两层楼来接我。看到车子时我忍俊不禁，那辆劳斯莱斯几乎和房子一样长。米兹坚持要下车参观一下房间。她从这个屋子走到那个屋子，嘴里啧啧称赞，最后得出结论：它非常迷人。尽管这里和她在公园大道居住的那个富丽堂皇的、由一大堆屋子组成的跃层公寓相比，差距实在很大。

最后，我们三个人（米兹、希，还有我）在轿车后面坐了下来，那

---

1. 李伯蒂（Liberty of London）的创始人是阿瑟·李伯蒂，自 1875 年始，这个牌子以奢华与设计精美而著称。

个彬彬有礼的英国司机坐在前面。我不记得我们谈了什么，不过肯定和时尚有些关系。希看起来非常年轻，尽管那时他已经三十岁了。他的身材几乎和他妈妈一样矮小，有时看起来非常腼腆，但其实很有幽默感，在开往牛津的路途中，我们在葱翠的英国乡村小路上留下了很多笑声。

途中停下来吃午饭，我们三个没有一个人了解英国货币，我想这一点实在很奇怪。米兹不停问我她应该给侍者和餐厅领班多少小费。这样的问题居然来自于一个世界闻名的金融奇才的妻子。

到牛津后，我们被安排进了一家漂亮的十七世纪的旅馆。我的房间就在纽豪斯一家的楼下。大约五点半的时候，我开始穿上燕尾服，系上白色领结。七点钟开始牛津周围会有几场小型的晚餐派对，我知道舞会将在九点甚至更晚才能开始。

穿衣服的过程中，我接到了米兹打来的一个电话，她好像快要发疯了。

"阿诺德，阿诺德，你知不知道怎么打蝴蝶领结？我们遇到了大麻烦。你能不能上来帮助我们？"我说："我马上就到。"我穿上裤子，冲上楼去，发现希站在屋子中央，非常无助的样子，胳膊上挂着浆过的礼服衬衫，没穿鞋子也没穿裤子，套着黑袜子的腿从衬衫下摆里伸了出来，他看起来滑稽得很可爱。我帮他系上衬衫的纽扣，他羞怯地笑了，然后我打好了一个白色的蝴蝶领结。"我想他们应该寄给我一个打好的领结，我只需要系上就行。"他说。不过这可不是伦敦萨维尔街[1]上那些高档时装店的风格。

下一个轮到米兹为难了，她那条漂亮的钻石项链上竟然没有那个橡子大小的珍珠装饰。某些人必须用它们勾住项链的底部才能戴上项链。当然，我已经习惯于帮助妇女梳妆打扮，所以对我来说这算不了什么问题。把珍珠钩上项链之后，我把它绕过米兹的脖子戴好，她非常快活，

---

1. 萨维尔街（Saville Row）位于伦敦市中心，这条街上的裁缝店以男装裁剪水平之高闻名于世。

看起来也非常美丽，尽管那时她只穿着粉红色长睡衣。

我回到自己的房间继续准备。大约二十分钟以后，米兹打电话来说他们已经准备好可以离开了。我下楼来到休息室，看见纽豪斯妈妈和儿子从楼梯上走下来。她穿着一件白色雪纺绸裙子，配上那条美丽的项链，真是美极了。希穿着一身高雅又保守的服装，似乎有些浑身不自在，不过看起来也非常帅，完全可以被称作一个英国绅士。

我们出发去参加晚宴。那次活动在牛津一间餐厅的楼上举行，举办者是位女士，我实在想不起她的名字了。至少有一百人出席，每个人都盛妆打扮。我记得我度过了非常愉快的一个夜晚，还喝了很多香槟。

大约九点钟的时候，米兹决定应该离开了，我们下楼坐上了劳斯莱斯。通往布伦海姆宫的道路非常宏伟。穿过庄园庄严的大门，驶上宽阔的道路，我看见了一面小小的湖，美丽的黑天鹅和白天鹅在湖面上畅游。这座宫殿建于十七世纪早期，被当时在位的君主安妮女王作为礼物赐给了第一任马尔伯勒公爵，为了表奖他在西班牙王位战争——在巴伐利亚一个叫做布伦海姆的小村庄里进行的战役——中对法国人作战取得的胜利。宫殿也因此得名。这座宫殿很宏伟，而且非常豪华，里面有超过一百间屋子。我们所参加的舞会是布伦海姆宫自从第二次世界大战以来举行的第一个盛大派对，当然一定会是一个值得铭记的夜晚。

当我们进入大门的时候，发现已经来了很多辆轿车，而我们只能在队伍里耐心地等待着侍从将前面那些盛妆打扮的人们从轿车里迎接出来。这是一个可爱而温暖的夜晚，当你靠近大门的时候，宏伟宽阔的石头台阶引领你走向前门的平台。门前站着莎拉·斯宾塞 - 丘吉尔女爵士，生日主角的姐姐，身着娇柔而美丽的斯嘉锡晚装，戴着耀眼的珠宝以及王冠头饰，站在她高大英俊的美国丈夫爱德文·拉塞尔身边，极其光彩夺目。

我们的劳斯莱斯一寸寸地向前挪动，前面还有几辆轿车。最后，只剩一辆了。突然，世界一下子安静了下来。我们看见仆人和司机从车里走出来，当他们打开后车门，从车上下来的竟然是玛格丽特公主，她穿着一条黑色丝绸晚礼服，领口和裙边都镶着耀眼的金色刺绣，看起来容光焕发。她戴着一顶闪亮的王冠，还戴着一些美丽的皇家珠宝，我估计它们可能是从伦敦塔展览馆里借来的。她走上台阶，迎接她的是两边人群爆发出的热烈欢呼声。当她走到台阶顶点的时候，莎拉女爵士走上前来行屈膝礼，爱德文则向公主鞠躬。

我们坐在轿车里兴奋地目睹了这一切。突然米兹·纽豪斯发出一声轻轻的尖叫，说：“我现在要出去。”我说：“米兹，我想你必须等到公主进去以后才行。”她说：“没关系。”说完，她猛地打开车门，跑到公主的轿车前，冲上台阶，向玛格丽特公主行礼。我们目瞪口呆地看着，简直不敢相信小巧玲珑、性格开朗的纽豪斯太太确实这样做了。毕竟，管它多还是少，她为这次晚会花钱了，爱德文·拉塞尔受雇于纽豪斯家族，他的主要收入可能都来自于康泰纳仕公司。很明显，莎拉女士要她的女儿塞琳娜初进社交界时拥有一个最为美好的宴会，而且她确实做到了，尤其有了她祖传的房子布伦海姆宫殿带来的光彩。

玛格丽特公主的轿车驶离车道之后，棕色的劳斯莱斯随即向前，希和我走下车。我们上台阶走向宫殿大门，莎拉女爵士和爱德文·拉塞尔仍然等在那里。我对莎拉说她看起来美极了。爱德文祝贺了今天我在裙子设计上的成功。然后我进入了宫殿的大厅，发现里面已经有几百人了。

大厅里竖立着巨大的雕花石头圆柱，六十七英尺高的天花板上画着第一任马尔伯勒公爵的形象，他跪在大不列颠女王面前，给她看布伦海姆战役的计划。这幅画于 1716 年由詹姆斯·松希尔爵士[1]绘制。大厅二楼是一座露台，很多人站在那里，微笑着，注视着下面。我认为他们一定是这座宫殿雇来的职员和他们的朋友们。毕竟，这是一个重大的夜晚，宫殿战后已经有二十多年没举办过这样的活动了。

---

1. 詹姆斯·松希尔爵士（Sir James Thornhill, 1675 或 1676-1734），英国巴洛克风格画家，擅长历史题材。

正如你能想象的那样，气氛非常愉快。穿着制服的侍从端着银盘子到处分发香槟。我惊讶于我居然认识这么多的人。有许多常来这种场合的美国人。美国人和许多欧洲人穿着最时髦的衣服，但有趣的是你会发现一些英国绅士和女士穿着非常老式的服装。我觉得他们中的一些人简直像回到了三十年代。更有趣的是，尽管他们的穿着一点也不时尚，但是很明显他们从家庭保险柜里取出了最不寻常的珠宝。大多数女士都戴着冠状头饰，因为当她们接到邀请函的时候，上面规定："冠状头饰和白色领结。"大多数欧洲人，包括所有的英国绅士，都遵守了这一规定。最惊人的是每位女士身上都佩戴着令人难以置信的全套首饰珠宝。许多女士都戴着一个头冠和一条美轮美奂的项链，有的戴一条胸链（就是我们常说的那种长长的一直垂到腹部的项链），一条贵重的腰带（也许是钻石的），还有手镯、耳环、戒指，简直是全套家庭珠宝小展览。目光所及之处，大厅里到处闪烁着钻石的光芒。

人群以外站着杰奎琳·德·莱比斯子爵夫人。这位非凡的黑发美女穿着一条别致的粉红色塔夫绸裙子，到膝盖以上都非常紧身，膝盖以下突然散成宽宽的荷叶裙摆，这给这条裙子带来了弗拉门哥舞蹈风格。杰奎琳是我在纽约认识的，那个时候她还没有开始她的成衣生意。我们一起漫步，走到了挂满祖先肖像的接待室。

就在那时，杰奎琳停下来说："看，那是费雯丽。"这个光彩夺目的女演员在电影《乱世佳人》中创造了郝思嘉的不朽形象，现在她正径直向我们走来。她穿着一条绿色的塔夫绸舞裙，这肯定不是塔拉[1]的窗帘制成的。她戴着一套钻石和祖母绿首饰，真是令人印象深刻。尽管距离她获得学院奖已经超过了二十年，她看起来仍然非常美丽。她被四个英俊的年轻男人众星捧月般跟随着。有那么一瞬间她的眼睛呆滞了一下，差点儿被绊倒，那一刻我很想知道她酗酒的传闻是不是真的。不过她是

1.《乱世佳人》中斯佳丽家庄园的名字。

如此迷人，已经成了银幕上的传奇，就算那传闻是真的也没什么关系。

我相信大厅里的客人已经超过一千五百人。包括许多年轻人，是为了查尔斯和塞琳娜而邀请的；以及老一些的客人，是马尔伯勒公爵的朋友。这是个所有年龄段的大集合。

对我来说一个格外悲伤的细节是那些坐着轮椅拄着拐杖的年轻人，他们是战争的幸存者。还有很多人面部受到了损伤，戴着被我称作"丝绸脸"的东西——就是按照他们原来的面部特征浇铸而成的面具，用一种粉红的皮肤颜色的丝绸制做的。在蒙特利尔长大的我真的不知道战争意味着什么，但是在那一晚，我从一个直观的角度体会到了英国人民有多么勇敢无畏。

午夜，莎拉女爵士在宫殿周围步行所及的范围内打开了一个巨大的帐篷。最流行的迪斯科舞曲点燃了气氛，所有的年轻人，以及其他不想再跳华尔兹和狐步舞的人们，被闪烁的灯光和强劲的迪斯科节拍吸引了过去。

凌晨两点钟的时候，又一个大帐篷被打开，为人们提供了一顿令人愉快的英式早餐，一盘盘炒蛋，一碗碗鱼子酱，苏格兰熏三文鱼，香肠，培根火腿，各式各样的面包卷和蛋糕，以及一个人所能想象的豪华早餐该有的一切东西。没有一个人能真的像英国人那样文雅地吃这顿早餐。我和德·莱比斯子爵夫人以及其他来自巴黎和美国的朋友坐在一起。现在已经将近清晨了，又喝了一些香槟之后，我们决定离开。

我们漫步出门，几步就走到了下面的草坪上。现在已经是黎明时分，太阳开始升起，薄雾笼罩在宫殿的底部，眼前绝对是一个激动人心的景象。如果时间能倒流，人们就会发现，十八世纪布伦海姆宫刚刚建成的时候，第一任马尔伯勒公爵在黎明时分从战场回到他的宫殿时，所看见的景色一定就和眼前一模一样。

我对我的朋友——美丽的杰奎琳道了晚安，然后找到一个年轻的朋友搭他的车回到旅馆。驶离这里时，我再次回头看了一眼布伦海姆宫，此时它耀眼得就好像被初升的太阳点燃了一般。我知道这一定是我记忆中最难忘的夜晚。

我收到了大西洋两岸传来的许多关于塞琳娜服装的评论，尤其是那条她在初次社交场合穿的裙子。很自然地，大约一年半以后，塞琳娜带来了她的朋友吉莉安·福勒，让我为她在社交界初次露面的沙龙做衣服，那是 1964 年。

吉莉安长得很可爱，有着一头蓬松的金发和一张天使般的面孔。当她脱下外衣，只穿着胸衣和连裤袜的时候，我发现她有着完美的比例，相信我们为她做的任何东西效果都会很棒。她是杰拉尔丁和安迪·福勒的女儿，将会继承她妈妈的斯普莱克斯糖业公司[1]。

吉莉安虽然只有十七岁，却非常自信，清楚地知道她要的是什么。她挑选了两条非常美丽的裙子，作为她即将到纽约出席的一系列重要社交舞会的服装。为了在 Plaza 酒店举办的舞会，我们做了一条白色羽毛裙。它飘动起来的样子非常美丽，羽毛裙摆上面是饰着亮片的高腰无肩带丝绸紧身胸衣。第二条裙子是公主风格的白色丝绸薄纱晚礼服，点缀着小小的银珠和透明的亮片。吉莉安穿着它出席格罗夫纳酒店的舞会，这是初登社交场的巡回舞会中最奢华的一个夜晚。

很多人都猜测吉莉安·福勒和查尔斯·斯宾塞-丘吉尔阁下订婚的声明很快就要发布了，然后这个来自布伦海姆宫的二十一岁男孩即将在 1965 年——在吉莉安穿上那件白色羽毛裙一年以后——迎娶斯普莱克斯糖业公司女继承人。对某些人来说这个世界很小，尤其是对那些热爱交际、喜欢坐喷气式飞机到处旅游的五六十岁的富豪们来说。吉莉安即将和马尔伯勒家族成员举行的这场婚礼被新闻界与另一场婚礼相提并论：第九任马尔伯勒公爵和富有的范德比尔特家族的女继承人、光彩夺目的康斯薇洛在 1895 年举行的婚礼。

婚礼计划一敲定下来，杰拉尔丁·福勒马上就给我打电话讨论婚

---

1. 斯普莱克斯糖业公司（Spreckels Sugar Company）创建于 1881 年，其创始人为克劳斯·斯普莱克斯，该公司在相当长一段时间控制着美国西海岸的糖类加工业。

礼的服装。现场大约会有十六个
女傧相和一些侍者。婚礼将在秋
季举行。我记得杰拉尔丁和我特
意到麦迪逊大道上的教堂看那里
漂亮的彩色玻璃窗，为婚礼服装
的颜色方案寻找灵感。我们决定
给女傧相使用一种特殊图案的黄
褐色塔夫绸，因为这是秋天的颜
色；又因为教堂窗子上有一种特
殊的品蓝色，我为杰拉尔丁做了
一套品蓝色天鹅绒套装，还有一
件配套的雪纺绸罩衫。为典礼预
备的夹克衫都是用俄罗斯紫貂皮
镶边的。十八岁的新娘将要穿着
纯洁的白色。我立刻从法国定下

吉利安·弗勒和她的父亲安德鲁

了一百码的黄褐色塔夫绸，在巴黎它们将经过特别染色加工。

　　所有的事情都进行得很顺畅。安德鲁和杰拉尔丁·福勒带着他们的
女儿在 6 月前往英格兰出席阿斯科特赛马会，并在那里确定 9 月份的
婚礼计划。7 月初，我接到了伦敦来的一个电报。上面说：

　　　　亲爱的阿诺德，吉莉安和查尔斯今天早上结婚了。所有人都非
　　常开心。不要担心婚礼的费用，你将得到全部的偿付。

　　　　　　　　　　　　　　　　　　你的，杰拉尔丁。

　　当然了，当时我愣住了。但是这个电报确实摆在那里，我记得我当
时在想：一位多么友善的女士，杰拉尔丁·福勒在报纸上出现消息以前，
特意来通知我并一再使我安心。

　　不久以后，吉莉安·斯宾塞 - 丘吉尔夫人又一次穿上了那条白色的

127

羽毛裙。查尔斯阁下说它是他见过的最美丽的裙子。她穿着它出席了亨廷顿侯爵在查塔努加庄园——这是他在英国西南部的德文郡的一处不动产——举办的一场非常盛大的舞会。吉莉安比她在社交圈初次亮相的时候丰满了一点，当她登上来接他们的特别列车时发现她的拉链裂开了。到达查塔努加庄园后，一个女仆缝好了裙子的背部。她仍然很担心裙子是否能挺过整个晚上。

晚餐以后，她坐在英国首相哈罗德·麦克米伦旁边。他们相处得很愉快，他被这个美丽的美国人吸引了。就在那时，交谈中出现了一个暂停，麦克米伦打起了瞌睡，他的雪茄掉在了羽毛裙上，把它点着了！吉莉安尖叫起来，一阵混乱之后，裙子被泼上了好多水，火焰终于熄灭了。

那一晚她还是维持着她的贵妇人风范回到了火车上，手里紧紧抓着她湿透的羽毛裙，仍然忐忑不安地担心它是不是会掉下来让她走光。第二天的报纸大肆刊登吉莉安和她的湿羽毛裙的照片，她勇敢地微笑着。

还有一个细节，吉莉安的母亲用原本为女傧相预定的几百码的丝绸装饰了她的客厅，那些可以俯瞰派克大街的长窗子上都挂上了漂亮的黄褐色塔夫绸。

第九章

芭芭拉·史翠珊
BARBRA STREISAND

芭芭拉·史翠珊(BARBRA STREISAND, 1942-),美国多栖女明星,事业横跨音乐、电影、电视和百老汇的戏剧舞台,同时又具有演唱、作词谱曲、表演、编剧、导演、制片等多方面才能。她是唯一赢得过奥斯卡奖、托尼奖、格莱美奖、艾美奖、金球奖的女演员,并且被电影和音乐界分别授予终身成就奖。她同时还是一位女性主义者。

和芭芭拉在 1969 年奥斯卡派对上，她戴着一条粗粗的
大卫·韦伯金项链，那是二十世纪六十年代许多男士常戴的装饰品

　　1963 年的一个早晨，卡丽·多诺万，《时尚》杂志编辑黛安娜·弗里兰德的助手打电话给我，她很兴奋，为了前一天晚上她在格林尼治村[1]"晚安"酒吧看见的一个年轻女孩芭芭拉·史翠珊。"她是上帝的宠儿，"她颤抖着说，"尼基·德·古兹伯格说她会成为一位巨星。你一定要为她做衣服，亲爱的，快去看看她，你将为她倾倒！"德·古兹伯格是《时尚》杂志的"特约编辑"，就和今天的安德鲁·里昂·泰雷[2]差不多。

　　我对她说很高兴他们会想到我，不过很明显那个年轻的女孩肯定不会有钱，而我从不免费为人提供服装。这是我在职业生涯早期就做出的商业决定之一，因为我知道我只会设计衣服，不会唱歌跳舞或者教烹饪，所以我必须让我所创造的东西真正获得回报。这是为了尊重我的专业。朱迪·嘉伦[3]在六十年代中期曾经给我打电话，问我是否愿意为她的一场音乐会做衣服，她的声音在电话里非常迷人。我 1961 年在卡耐基音乐厅看过她的演出，她的表演很惊人，连唱带跳，充满活力，你简直会觉得她好像是刚刚从电影的摄影棚里跑出来。诺曼·诺维尔[4]和雷·阿戈晏[5]一直负责她的服装，但是，"这一次，"她说，带着特有的

---

1. 格林尼治村（Greenwich Village），十九世纪末到二十世纪中期，格林尼治村变得举世闻名，成了波西米亚之都，垮掉的一代也诞生于此地。它是纽约知名的文化和商业区域。
2. 安德鲁·里昂·泰雷（Andre Leon Talley, 1949-），《时尚》杂志的特约编辑，他二十五年来始终是各大时尚秀场观众席的前排人物。
3. 朱迪·嘉伦（Judy Garland, 1922-1969），美国电影演员兼歌手，曾经获得过金球奖、托尼奖和格莱美奖，晚年陷入经济和精神危机。
4. 诺曼·诺维尔（Norman Norell, 1900-1972），美国服装设计师，曾经为派拉蒙公司工作。
5. 雷·阿戈晏（Ray Aghayan, 1934-），美国服装设计师，曾三次获得奥斯卡奖提名。

朱迪式的大笑，"我要斯嘉锡！"

我打电话给我的朋友弗雷迪·菲尔德，波利·伯根[1]的丈夫，他是很成功的经纪人。我询问了一下他的意见。

"你要知道，她一毛钱也没有，"他告诉我，"而且有时她可能很难伺候。"弗雷迪非常了解嘉伦，他曾经代理过电视里广受欢迎的"朱迪·嘉伦秀"。据说嘉伦总是把她赚的所有钱都像流水一样花出去，到最后甚至没有办法支付她的账单。而且，我最近刚刚开了时装工作室，资金周转情况不是很好。我没有办法免费提供服装。我不得不对二十世纪最伟大的天才之一朱迪·嘉伦小姐说不。这让我很沮丧，但是有时生意的本质就是这样残酷，利润至上。

因为卡丽迫切的要求，我最终还是去了市区，"晚安"是我最喜欢的酒吧之一，那算是个半同性恋的音乐酒吧，有一个小小的舞台和一支小爵士乐队，暧昧的气氛，昏暗的灯光，还有一群群鱼龙混杂、来自市区和郊区的人们。那里总会有一个有趣的歌手在表演。六十年代我为拉维伊·鲍威尔在那里的演出做了几件时髦的露背丝绸裙，后背一直裸到腰部，颈部系带，再围上五颜六色的羽毛披肩（非常符合现在的时尚）。我也曾经为凯·巴拉德[2]在同一家俱乐部的演出提供服装。所以我想：我为什么不去看看史翠珊小姐呢？我确实认为她的嗓音和演唱风格引人入胜，但是她的衣服太古怪了，很不适合她。我既想了解她的品位，又很想知道她实际长得什么样。

在我知道这一点以前，芭芭拉·史翠珊已经在她的百老汇处女作 *I Can Get It for You Wholesale* 里推出了她轰动一时的特色演出——坐在一张办公室座椅上环绕舞台；紧接着她通过银幕处女作《妙女郎》（*Funny Girl*）在百老汇取得了巨大的成功。随即，她的经理人马蒂·厄里克曼打电话给我说他很希望我能为他年轻的明星设计一些服装。

---

1. 波利·伯根（Polly Bergen, 1930- ），美国女演员兼歌手，曾获得艾米奖。
2. 凯·巴拉德（Kaye Ballard, 1925- ），美国舞台剧与电视演员。

1964 年 5 月，我举办了第一个定制服装回顾展。这不是女式定制时装的黄金年代，每个人都转去买成衣了。很多时装工作室，比如说曼波谢尔、切兹·尼侬和伯德福·古德曼，都处在艰难的时刻，而且开始考虑关闭。虽然如此，我们还是在瓦列里安·利巴尔为我装修的位于东五十六街的工作室举办了精彩的开幕式。许多纽约年轻的社会名媛都出席了，她们中间有吉恩·范德比尔特、小威廉·伦道夫·赫斯特太太（非凡的奥斯汀）、布鲁克·阿斯特、纽约银行家萨缪尔·里德的太太（现在她成了时装设计师奥斯卡·德拉伦塔的妻子）、图蒂·韦瑟里尔、艾琳·奎尼斯女爵士、玛丽·洛克菲勒，以及很多其他的贵妇。出席的还有琼·萨瑟兰[1]和芭芭拉·史翠珊。我在这场秀的结尾展示了一条带头巾的修女式白色绸缎紧身结婚礼服，长长的裙摆前方缀着一百个小巧的丝绸纽扣，看起来就像是《音乐之声》里修女梦想中的样子。

史翠珊小姐来了，她穿着一条过大的黑色斗篷式雨披，完全掩盖了她曲线优美又苗条的好身材（这一点我也是后来才看出来的），一顶大大的邋遢的毡帽挡住了她的脸。她看起来很不怎么样，尤其和那些身着精致套装、戴着白色小山羊皮手套的时髦名流贵妇们相比起来。但是她是一颗耀眼的新星，而且只有二十二岁。她能来让我很兴奋。

表演结束之后大约一个小时，所有人都离开了之后，我的一个重要的女指导者，我特意从切兹·尼侬雇来的莫莉·马卡多，向我走来。她已经七十多岁了，对社交圈了如指掌。"芭芭拉·史翠珊来电话了，她想要知道那条结婚礼服是否可以做成黑色，这简直太荒谬了！需要我告诉她你已经走了吗？"

我想那的确是一个很酷的主意。"我来跟她说吧。"这就是我们交往的开始。

史翠珊认为那件结婚礼服可以做成一件美丽的晚装大衣，她是正确

1. 琼·萨瑟兰（Joan Sutherland, 1926-），澳大利亚著名女高音，二十世纪最富盛名的女歌剧演员之一。

的；她还提到了其他几件她喜欢的衣服。我记得其中有一件铁锈色无肩带蕾丝缎带礼服。我仔细倾听着她在看完展览之后种种变化多端的想法，并深深被吸引住了，然后接下来我做了一件我对所有我想要为之服务的女性都会做的事情——我邀请她一起吃午饭。她爽快地接受了，我们约好第二天十二点四十五分在"21"俱乐部碰面，然后一起回到我的工作室来试衣服。

"21"的经理和我很熟，他把我安排在餐厅前部最好的桌子旁边。我等啊等，不停打电话回我的办公室询问是不是史翠珊的计划出现了变化，她是不是有可能不来了。大约一点半的时候，侍者告诉我史翠珊小姐刚刚打电话来说她有事耽搁了，但是她正在赶来的路上。两点钟了，我仍然找不到这位初出茅庐的女歌唱家的影子。最后，直到大约两点二十的时候，这家餐厅已经满了又空，芭芭拉·史翠珊终于到了！

带着羞涩的笑容，她向我道歉，并问我我们是否可以往餐厅里面坐一点，离剩下那几个吃饭的人远一些。我们挪了位置。后来我开始越来越多地了解到这个带着惊人天赋从布鲁克林来的非凡女孩身上的怪癖。她并不是假装，而是真的非常害羞，她总是不停地四处张望，那样子就好像一头被急驰而来的轿车车灯吓坏了的小母鹿。她穿着一件很没特色的淡蓝色泡泡纱套装，头发直直地披下来，几乎盖住了两边的脸颊。她的鼻子非常惹眼，但是脸上绽放着小女孩一样的纯真微笑，看起来非常漂亮。出乎我意料的是，她比照片里显得高一点，大约五英尺七英寸。

我不记得我们最开始谈了些什么，只记得有很多紧张的笑声。当我们点完菜之后，她问是否可以用一下电话。侍者把离我们桌子最近的电话位置指给她，"21"的电话员告诉她怎么拨电话。过了一会儿，她满脸惊讶回到了桌子旁边。

"你说怎么回事，他们没有让我为这个电话付钱。你是不是认为我应该来这里把我所有的电话都打了？"她充满疑惑地问。

"芭芭拉，你的照片登上了《时代》封面。我想从现在开始你可以尽情地打电话，他们不会让你付一毛钱的。"她还是不能相信。（1964年一个电话要一毛钱。）

我们都是金牛座的，所以我们一见如故。她又自然又迷人，有时有些过于敏感，但是非常可爱，有时又非常非常风趣，是那种毫不做作的天生的风趣。午餐继续，我非常享受她的陪伴。

我们回到工作室，芭芭拉开始试穿她喜欢的衣服。当我看到她脱掉衣服，只穿着胸罩和衬裙的样子（四十年以前，女孩子们还都穿衬裙），我发现她非常瘦，可能只有六号。我先让她穿上那条白色丝绸修女式"结婚礼服"，尽管她很喜欢它，但那个时候我并不觉得她穿上之后真的有晚装大衣的效果，所以我把那个想法枪毙了。我记得那时她很惊讶于我并没有想把这件衣服卖给她。我想这慢慢地给她灌输了这样的信心，就是我不会把任何不适合她的东西卖给她。你还要知道的是，史翠珊喜欢质量和做工都非常好的衣服。她会拿着裙子，把里面翻出来，细细欣赏边缘处细致的手工缝线或者精心缝合的接线口。我由此意识到她是一个完美主义者，她之所以会在她职业生涯的早期购买二手衣服（现在我们把二手衣服冠冕堂皇地叫做"vintage"，本意是葡萄收获，实际上就是旧衫再造），是因为她没有钱但又热爱它们的精致和完美，尽管那个时候它们可能已经不再时髦。有趣的是，她的歌迷好像并不在乎她看起来什么样子；他们只是要倾听她独一无二的声音，并将之视为奇迹。用传统的眼光来看，她并不漂亮，但这好像无关紧要。确实，她的鼻子太长，眼睛离得太近，可那又怎样？她说："我是一个来自布鲁克林的小女孩，我很特别。"这显示了她谦虚又好强的个性，让你不得不喜欢她。她拥有无与伦比的想象力和美妙的声音。她用一种全新的方式演绎那些我们听过无数遍的老歌，并带给我们全新的感受。除了重新回到事业巅峰的朱迪·嘉伦，从未有人做到这一点。而且她和那位米高梅巨星唱得完全不同。

史翠珊继续试穿不同的衣服，有些非常华丽，她好像很喜欢盛装演出。每件衣服都让她给人的感觉为之一变。她穿着那件紫貂皮镶边的大衣时是俄罗斯公主；穿上那件镶满珠子的迷你裙又变成了格格笑着的年轻姑娘。很明显，她是天生的演员。眼前的她真让人着迷。当她脑子里冒出一个主意的时候，她很少改变看法。最后她又拿起那件铁锈色缎带蕾丝裙，就是她在公开表演那天最开始选择的裙子，配上她像桃子一样的奶油色皮肤，真是美极了。（她的皮肤非常好，虽然有一点点婴儿肥，但这只让她看起来更加温柔更加性感。）

我们又定下了另两件衣服，然后她微笑着，高高兴兴地到剧场去了。毕竟，她只有二十二岁，拥有模特儿身材和百老汇最明亮的光芒。我也很高兴，我知道我刚刚遇见了一个相似的灵魂。

自从第一次会面以后，我们几乎每天都通电话。她会在电话里打听我那些即将面世的衣服的情况，然后做一些细节上的建议（"也许我们应该把蝴蝶结往左移四分之一英寸"）。我一点也不介意这个，事实上，我很高兴她对设计能如此感兴趣。不过一般来说，我不会改变什么。随着时光的流逝，我经常在一条裙子底边做一些只有她才知道的小细节，比如用一条特别的蕾丝或刺绣做个漂亮的镶边。芭芭拉喜欢这种隐藏在里面的特别触感，而这些东西也带给我很多灵感。我只是被这一点深深吸引：每个小小的细节对她都意味着很多，我以前从来没有遇到过像她这样的顾客。她总是尽可能地让所有的事情都做到最好。

当然了，我后来发现她这种对完美的追求有些过分狂热，最后她把那些没有办法忍受她的过分紧张的人们都从身边赶走了。但我真的不怎么介意，有时我会发现我在做某一项工作中也有同样的感受，我也努力想让一切都变得完美。我的座右铭（我猜芭芭拉的也是）就是："做一件错误的事和一件正确的事花费同样多的时间，所以让我们第一次就做到最好。"然而，随着年纪渐长，我现在比以前多了一些耐心，我不再像三十年前那样苛刻地要求所有细节了。也许我亲爱的芭芭拉也已经放松了一点。

从我们第一次会面以后，我一直为这位明星做衣服。我们的友谊渐渐变深。我发现她的不安全感很大程度上来自于她不寻常的外貌。一天晚上，帕克与我在演出和晚餐之后漫步百老汇。那时差不多已是午夜。我们很惊讶地看到一大群人聚集在正上演《妙女郎》的那家剧院的后台入口。我们在那群乱七八糟的年轻人当中奋力挤出一条道路，然后把我们的名字告诉了门卫。他打电话给她的化妆间，芭芭拉问我们是否能上来。艾略特·古德，她的丈夫，和她在一起，她看起来好像并没做什么特别的事情。她仅仅是很高兴看见我们。

"为什么你还在这里？演出一个小时以前就已经结束了。"我问道，"你不累吗？为什么不回家呢？"

"阿诺德，我刚才也这样劝说她，可她不肯走。"艾略特回答说。

"芭芭拉，"我继续说，"后台入口外面有一大群你的崇拜者，我觉得你不下楼他们就不会走。"

"我知道，他们都很丑陋，是不是？"她忧郁地说。

"嗯，也许他们不是外表很高贵的那种人，但毫无疑问他们热爱你。除此之外，你也应该回家了，"我劝说道，"你不能整晚都留在这里。现在，来吧，我们一起下楼，不会有那么坏的，轿车和司机就在门外等着。"

"好的，"她说，"但是在外面的为什么只有那种人，因为他们把我看成和他们一样，不是吗？为什么漂亮的人都不在那里？"

在那个时候，我没有弄明白她的不安全感有多严重，即使获得了巨大的成功，她也花了很多年的努力来证明她很棒，证明自己不一定要像拉娜·特纳[1]那么漂亮。

我想，精心的修饰，穿漂亮的衣服，塞西尔·比顿[2]把她和历史上的著名美女娜菲尔蒂王后[3]相提并论，理查德·艾夫登[4]以及其他著名

---

1. 拉娜·特纳（Lana Turner, 1921-1995），美国著名女演员，舞台上光彩照人，舞台下命运多舛。她前后共有七任丈夫，以及数不清的情人。
2. 塞西尔·比顿（Cecil Beaton, 1904-1980），英国著名时尚与肖像摄影师，也曾为剧场和影片设计服装。
3. 埃及法老阿肯纳顿的妻子。
4. 理查德·艾夫登（Richard Avedon, 1923-2004），美国著名时尚摄影师，并通过时尚摄影进入艺术大师殿堂。

摄影家都想要给她照相，所有这些才帮助她获得了巨大的自信。每一本时尚杂志都在为她喝彩，毫无疑问，这样会让任何一个人都自信起来的。她不再去强迫自己认为自己不美丽。她已经成为"我们这十年里最美的人"。所有的年轻女孩都想模仿她，她给了她们希望，她们相信自己也能够获得成功。

1966 年底，芭芭拉进军好莱坞，拍摄了电影《妙女郎》和《你好，多莉》。一个星期五，我走在回我长岛房子的路上。我住在中央公园南边，所以对我来说，到她在中央公园西边的二层公寓说声晚安很容易。我肯定她没搬家，作为一个已经根深蒂固的纽约人，她肯定会在那所大公寓里待上十年八年。到了以后，我发现那里居然一片混乱。房子里的装修主要是维多利亚风格，到处都是包装盒。芭芭拉正在试图让她的小婴儿杰森安静下来，同时对看来还不打算离开的她妈妈说再见。保姆好像正在找什么东西，女仆正在问一大堆各式各样的问题。艾略特在那里想让自己尽可能地起点作用……总之完全是一片可怕的混乱。我想，我的上帝，他们肯定不需要我出现。我尽快地道了晚安，看了看眼前的窘境，我礼貌地询问是否可以送芭芭拉的妈妈回家。她就住在我回家的路上，我反正要到那里去接帕克和我们的两只爱尔兰小猎犬。对她妈妈即将离开这件事，芭芭拉明显松了一口气，显得很高兴。

她的妈妈是一个唠唠叨叨的卷头发小个子女人，对于我把她从芭芭拉公寓里的吵闹中拽出来显得很恼怒。我们坐上轿车后，我转过头来看着她。

"你不觉得发生在芭芭拉身上的事情很美妙吗？你一定要为此骄傲，她是一个令人惊讶的天才，现在又即将成为好莱坞大银幕上的一颗巨星。这太令人兴奋了！"我热切地说。

"是的，我想是这样的，"她闷闷不乐地说，"但是你要知道，我的另一个女儿有着真正优美的声音，当然，我也有一副好嗓子，都要比芭芭拉的好得多。"我实在太震惊了，差点在回家路上出了事故。我简直不能相信我的耳朵。这个人是这些年来最伟大的天才（而且还是一个犹太人）的妈妈，她却没有为此而赞美她的女儿。好吧，现在我能找到让史翠珊小姐变得如此没有安全感的另一个理由了。如果你不能从你自己的妈妈那里获得赞美，你还能指望谁呢？

随着电影事业的不断稳固，芭芭拉在贝弗利山买下了原本属于乔治·艾克塞罗德和他妻子琼的富丽堂皇的房子。和以前在纽约的公寓里塞满维多利亚古董的习惯一样，她开始认真地为西海岸的住处收集新艺术品和装饰派艺术家具以及室内装饰品。等到她收集完毕，房子看上去几乎就是一个博物馆。乔治·艾克塞罗德是阿琳·弗朗西斯的电影《带上感觉，再来一次》的导演，也是《再见查理》中和劳伦·巴考尔一起工作的剧作者，这两部戏我都为之服务过。世界真小！

芭芭拉经常回曼哈顿，我们联系很密切，当时我继续为她的个人衣橱和许多她必须出席的特殊场合添置衣服。那个时候我尤其喜欢为她出席电影首映式做的那些无与伦比的精美服装。

1968 年 5 月，史翠珊去出席《妙女郎》的洛杉矶首映式，她穿的是一件和美洲驼绒很类似的绒面羊毛白色晚装长大衣，下面是一套明亮的绛红色罗缎连身衣。在纽约百老汇的首映式上，四十三大街和四十四大街之间都被封锁了，以便出席晚会的人们可以徒步走过剧场和阿斯特大酒店（酒店里正在举行一场盛大的晚餐宴会）之间那条铺着红地毯的宽阔大道。在她家乡的首映式上，这位《妙女郎》里的明星穿着一条肉色薄纱曳地长礼服，披着斗篷，全身缀满色彩斑斓闪闪发光的透明亮片。

我和芭芭拉、艾略特，以及她的经纪人马蒂·厄里切曼一起坐在车里去了首映式现场。人群非常拥挤，人们如此渴望能看一眼这位超级巨星以至于他们跳上了轿车顶并开始来回晃动它。我们全被吓坏了，芭芭拉大喊着："快开车，快开车，快点，我们快离开这儿！"司机加速离开了。我们最后从剧院后门进到里面。正像你能想象的那样，这起突发事件在芭芭拉心里留下了阴影，我相信，这就是她严重排斥公开露面的开始。那个夜晚属于芭芭拉和她无与伦比的角色范妮·布莱思。当我们那一晚穿过百老汇的时候，她看起来就像一个高贵的公主，并且毫无疑问，她是纽约最快乐的女孩。

《妙女郎》首映式上的闪亮礼服

1968 年 9 月，我接到了一封信，来自于极具争议性的传奇人物罗伯特·伊文斯，著名的派拉蒙制片厂的头头。他说芭芭拉希望我能为她在电影《晴朗的日子里你永远能看见》里的表演设计现代服装。在我刚来纽约的时候我就听说了鲍勃[1]和查尔斯·伊文斯，那时这两个兄弟在第七大道做家族运动服装生意，他们的品牌叫做埃文 - 皮考恩。鲍勃向我表示他很高兴芭芭拉最后选择了我为她设计衣裳。当然，我也很荣幸。芭芭拉从未告诉我这件事，所以这是一个惊喜。当时她正在西海岸，我立刻打电话给她。

"我刚接到要为《晴朗的日子》制作衣服的消息，你能让我设计真是太好了。"

"傻瓜，"她笑着说，"我不相信你居然这样过分惊讶，我还能找其他人吗？他们已经把剧本寄给你，你读完之后再打电话给我。"

我为这个职业生涯的新突破而感到高兴，迫不及待地要开始设计。我打电话给我的朋友，非常优秀的戏剧经纪人格洛里亚·萨菲。我知道格洛里亚曾经和几个为电影与舞台设计衣服的设计师一起工作过。她还有一个在百老汇和好莱坞工作的女演员的名单。从派拉蒙拿来合同的时候，我们一起检查，并作了一些必要的修改，尽管并不是很多。正如格洛里亚说的："芭芭拉·史翠珊指定的是'你'，所以他们会对你很友

1. 鲍勃是罗伯特的昵称。

善的，因为他们不希望他们的明星不高兴。"

我为电影做现代衣服，塞西尔·比顿制作古装部分。故事的一部分发生在 1815 年，那时正是后来的乔治四世——当时还是威尔士亲王担任英国摄政王的时期。那个时代正好符合比顿的兴趣，他曾经为其他表现同一时期的电影和戏剧漂亮地制作过同类型的服装。另一方面，能做些现代服装让我非常高兴，因为让芭芭拉摆脱在《妙女郎》和《你好，多莉》中穿的旧式服装一直是我的愿望。这一次，我可以把她打扮成时髦的年轻女性。

格洛里亚拟订了合同，回来之后她对自己的表现很满意，对我说："嗨，我让你比我以前代理的那些设计师得到了更多好处。你将立即得到两万五千美元作为设计费（大约相当于今天的二十万美元）。当然了，衣服本身的花销是另计的，而且将直接从派拉蒙公司划账。另外，在好莱坞你将住在贝弗利山庄旅馆（那个时候它是最豪华的好莱坞旅馆）。而且你来回坐头等舱！阿诺德，我无法告诉你这些安排有多么慷慨。芭芭拉一定是太想要你了。"

不久以后，1968 年 10 月，我飞到洛杉矶去和芭芭拉讨论现代服装。我有了几个灵感，它们全都让那个当代的戴西·盖姆博（她银幕角色的名字）显得年轻又漂亮。

孩子们，我太幸运了！六十年代和七十年代早期正是时尚的转变期。是的，每件事情都在发生着真正的转变。政治气候转变，文化和性观念转变，五十年代保守的风气、女性化的、回归家庭的，等等，这些理念也都在转变。以前的时尚都成为过去了。每个人都希望自己站在时代前端，或者成为一个嬉皮士。裙子变得很短，有图案的长袜大行其道。出现了长及膝盖甚至到大腿的靴子，还有可爱的"小女孩"式酒盅跟高跟鞋。化妆喜欢野性和夸张，最流行的是伊丽莎白·泰勒在那部耗资数百万美元的电影史诗里扮演克利奥佩特拉女王时的埃及艳后妆。发型也更加野性，了解潮流的女人们有时候会带着三顶假发以表现自己有足够时髦。所有这些都是新鲜和前无古人的，人们想要表现得并且确实变得与众不同。这是一个夸张的时代。最后，最能体现这一点的就是，很多很多人抽大麻。

我一幕一幕地阅读了剧本，列了一个表，写上我觉得芭芭拉应该穿的衣服，然后开始着手寻找布料样品并设计草图。因为我非常了解她的喜好以及她在银幕上穿起来会好看的衣服和颜色，灵感来得很容易。

在《晴朗的日子里你永远能看见》真正开拍以前我还为芭芭拉做了几件在纽约穿的衣服。之后，我几乎每个星期都飞往洛杉矶，在那里我们为新的设计量尺寸、做试穿。派拉蒙服饰部门的负责人一般都和我们一起。如果改动不是太大，我们就把衣服留在那里直至完工。

在电影拍摄过程中，我每周往返于纽约和西海岸。我总会让我的司机停在珍珠中国餐馆，买一个美食盒带到飞机上，几个小时后送给芭芭拉。每当我坐飞机到达的时候都会引起一阵巨大的骚动和欢喜。她总是为家乡的纪念品感到开心，她喜欢里面柠檬鸡、花椰菜牛肉、猪肉卷饼和幸运点心。她为这些食物欣喜若狂，而我也因此成为好莱坞最昂贵的外卖员。

在故事里，戴西·盖姆博最初亮相是在查伯特医生的催眠术研究班里。所以那些服装的风格必须符合 1969 年的大学校园风格。（伊夫·蒙当[1]饰演查伯特。）我做了很多前面用纽扣装饰的无袖迷你连衣裙，有些还缝着口袋。这些和纯棉质地的白衬衫搭配在一起。其中我最喜爱的，事实上也是我们看见戴西穿的第一件衣服，是一件巧克力色的薄羊毛裙。那些裙子都剪裁得非常好，让女演员显得又苗条又年轻。还有一件是黄绿和红色交织的格子呢裙，裙摆非常短，配着同样质地的紧身裤和一顶贝雷帽。

随着银幕剧情的不断发展，戴西变得越来越复杂，我设计了一件下摆张开的高腰灰褐色大衣，淡粉色丝绸衬里，穿在一条淡粉色羊毛

---

1. 伊夫·蒙当（Yves Montand, 1921—1991），法国著名歌手兼演员。

绸缎裙外面，这条裙子芭芭拉在一场很长的戏里一直穿着。那些灰褐色布料经过了三次染色，以求达到最符合要求的效果。差不多电影里的每一件衣服，芭芭拉都配上单色手袋、手套和鞋子，它们通常都来自佛罗伦萨。有一件把我们折腾来折腾去的关键衣服，就是那条她唱挽歌"过去有什么是我现在没有的？"时穿着的裙子。我觉得它必须是一条黑色的裙子，以强调这首歌的情绪。但是因为这场戏在查伯特博士颜色很杂乱的办公室里拍摄，所以它不可以是黑色或者棕色。我决定使用一种非常适合芭芭拉的深绿色，胸部下面有两条弧线，最后加上白色领口和袖口，以及黑色的绸缎软蝴蝶结（后来这成为这位明星的个人标志）。

因为大多数表演都发生在戴西公寓的屋顶花园里，我设计了很多不同的上衣用来配喇叭裤。在一场和年轻杰克·尼科尔森[1]的对手戏里，衣服是明亮的深蓝色。另一场和医生的对手戏发生在晚上，他的办公室里，在戴西要赶赴她未婚夫的晚餐约会的时候。为了这场，我设计了一条白色蝉翼纱短裙，料子上绣着五彩缤纷的花朵。那条裙子袖子很短，显得非常青春靓丽。当戴西离开办公室，她穿上了一件衬里是相同绣花料子的白色外套。芭芭拉坚持要戴上一顶白色的贝雷帽。外套和裙子在今天穿起来也会非常合适，尽管时间已经过了三十几年。但是贝雷帽看起来很傻。

有一场戏，离电影结尾不远，是一段

在《晴朗的日子里你永远能看见》中充满野性的七十年代服装

---

1. 杰克·尼科尔森（Jack Nicholson, 1937- ），美国著名演员，奥斯卡奖获得者，代表作有《唐人街》、《飞越疯人院》等。

闪回镜头，叙述了女主人公在 1815 年的另一段生活。为了让 1815 和 1969 这两个时期关联起来，我和塞西尔·比顿在纽约进行了一次会面，发现他已经设计了一件对 1815 年来说非常暴露的低胸露背的桃红色雪纺绸礼服。为了将角色带回到 1969 年，我设计了一件轻柔的桃红色绉纱丝绸短裙，高高的领口，小小的白色圆点泡泡纱袖。除了这个，我还给了史翠珊一大块正方形的桃红色雪纺绸丝巾，从一个年代到另一个年代她全都能用得上，这个道具的效果非常好。

在电影的结尾查伯特医生唱"回到我身边"的地方有一组长长的蒙太奇，摄影机在纽约各处不停地移动，记录了戴西的"逃亡"。这组蒙太奇里至少有六个场景：戴西在烹饪班上，戴着一顶厨师帽，白色和深绿色相间的格子裙外面套着一条白色围裙；从烹饪班里跑出来，身着一件装饰着深绿和白色格子的藏青色大衣，戴着一顶配套的帽子；从佛罗伦萨商店跑出来，穿着一套漂亮的斜系扣亮绿色套装，还有一顶绿色的列车员式的帽子；然后是一件棕色女式紧身外套，领口和袖口都是白色的；接着，一件粉色和藏青色的格子花呢高腰紧身外套和宽檐藏青色草帽；最后在时代 - 生活大楼前，穿着一套野性而古怪的紫红和白色相间的印花丝绸套装。史翠珊在全长两分钟的蒙太奇里看起来真不是一般的迷人。

在最后一场戏里，她离开查伯特，说："一会儿见，医生。"（这句话意味深长，指的是在另一段生活里见。）她穿着一条风格很迷幻的橘色羊毛绉纱裙，戴着一顶大大的满满罩住她后脑勺的白色帽子，帽子上面也有橘色彩条。在这里，她最终唱起了迷人的"晴朗的日子里你永远能看见"——影片结束。

这位明星穿着比顿那个时代的服装时非常迷人，穿着我设计的现代服装则绝对华丽。《每日新闻》的记者旺达·黑尔写道："阿诺德·斯嘉锡为史翠珊小姐设计的现代服装给她带来很丰富的多面性。"这家报纸尤其喜欢我制作的一件和戴西的墙纸以及床单是同一种料子的短睡衣。评论棒极了，而我又是多么高兴啊！我已经实现了刚开始这个工作时定下的目标——把芭芭拉·史翠珊带入二十世纪七十年代的时尚世界。

有趣的是，直到今天这部电影还在全世界的设计学院里面放映，向学生阐释七十年代早期年轻女人的时装是什么样子的。

拍摄过程中，有一天，我们听说了芭芭拉因为她在《妙女郎》中的角色而获得了奥斯卡奖最佳女演员的提名。我们都欣喜若狂。其他提名者还有凯瑟琳·赫本[1]、帕特里夏·尼尔[2]、范尼莎·雷德格雷夫[3]，以及乔安妮·伍德沃特[4]——所有令人敬畏的女演员。不过，毕竟我们的芭芭拉曾经出色地饰演了传奇的范妮·布莱斯。

我们开始讨论这位明星应该如何在奥斯卡颁奖典礼上亮相的问题。我不知道那是谁的主意，但是有一天我在摄影棚里芭芭拉的化妆间发现她穿着一件宽松的带帽子的黑色塔夫绸披风，不仅挡住了她美好的身材，还挡住了她半张脸。一个女人躲在一旁，带着鼓励的笑容站在《晴朗的日子》的制片人，和蔼可亲的霍华德·科赫旁边，十分像一只刚刚吃完奶油的小猫，她是芭芭拉的长期女仆。

"你觉得怎么样，斯嘉锡？"史翠珊问我，在我面前转了个圈，让我看她的斗篷在空中飘动的样子。

"很棒，"我说，"但是我想你在1815年布赖顿游乐场舞厅的那场戏里应该穿白色。"

"不，阿诺德，"科赫说，"这是我们希望芭芭拉在奥斯卡典礼上穿的衣服。"我被吓着了。那时的我还不够圆滑，立刻就表明我的观点。

---

1. 凯瑟琳·赫本（Katharine Hepburn, 1907-2003），美国著名电影女演员，曾四次获得奥斯卡最佳女主角奖。
2. 帕特里夏·尼尔（Patricia Neal, 1926-），美国著名女演员，曾获得过奥斯卡奖、艾米奖、金球奖等。
3. 范尼莎·雷德格雷夫（Vanessa Redgrave, 1937-），出生于伦敦演员世家，曾以《摩根》和《绝代佳人》两度获戛纳影后，在1978年凭《朱丽娅》获得奥斯卡最佳女配角奖。热衷政治活动。
4. 乔安妮·伍德沃特（Joanne Woodward, 1930-），美国女演员，1957年凭《三面夏娃》获得奥斯卡最佳女主角奖，曾主演《浪女泪》、《雨过天晴》。她是美国巨星保罗·纽曼的妻子。

"你一定是在开玩笑，"我说，"她看起来就像是从《乱世佳人》中走出来的！"芭芭拉大笑起来，但其他人的脸马上像石头一样沉下来。

"我认为，"我看着芭芭拉继续说，"很重要的一点是，因为全世界仅仅在两部电影里见过你，在里面你全都盛装打扮，穿着过分讲究的旧式服装，你在奥斯卡颁奖典礼上应该表现得像一个当代年轻女人，这才像是真正的你（那年她二十五岁）。我们得做一些时髦的衣服，它们必须真正符合今日潮流，我想斗篷这一类的东西完全不对劲。"听了我的话每个人都很不满，除了芭芭拉。但那件斗篷却从此消失了。

我立刻开始按照一种现代的思路绘制草图。我很喜欢自己刚刚为波利·伯根的夜总会表演设计的一套裙子。黑色珠罗薄纱的料子，上面装饰着一角硬币大小的多棱透明金属片。我们给这裙子加了肉色网眼衬里，里面还有一件肉色丝绸衬裙。波利穿着它的时候真是美极了，非常性感，同时又非常优雅。芭芭拉的身材不是波利那种类型；而且，芭芭拉看起来的确只有二十来岁。所以这套服装必有一种更年轻的视觉感。我确实很喜欢那种光芒四射的黑色透明效果，同时，因为喇叭裤正在时兴，我在想为什么芭芭拉不能穿一条裤子出席典礼呢。这个念头在我头脑中不断盘旋。

芭芭拉和我最后一致同意了我设计的一幅草图，它使用了黑色网眼并镶嵌着光彩夺目的亮片的透明料子，喇叭裤的形状很夸张，膝盖以下铺散得很开，当她安静地站着的时候，那条裤子看起来就像一条大喇叭裙。上衣是一件整洁的女式长罩衫，透明的刺绣纱料，胸前有两个口袋。最后是基础款式的白色领口和袖口，以及脖颈上的黑色丝绸蝴蝶结。整套服装没有任何暴露的性感。事实上，它带着一种漫不经心的颓废感。

在出席奥斯卡颁奖典礼以前，弗兰和雷·斯塔克，《妙女郎》的制片人，在他们充满艺术气息的好莱坞庄园里开了一场盛大的宴会。伊夫·蒙当还在贝弗利山庄旅馆，所以他成为我的赴宴伙伴。我们一起去斯塔克家，乘上公司派来接我们的加长豪华轿车。芭芭拉是最后到的，穿得看起来就像那时的名模——吉恩·史瑞普顿[1]。她完全就是优雅的代表，戴着白色小山羊皮手套，拿着和她晚装、鞋搭配的黑色手袋。弗兰·斯塔克，这个曾经几次登上过最佳着装名单的人，在我耳边低语："阿诺德，你太了不起了，她看起来如此迷人。"

我们一行车队前往颁奖典礼，芭芭拉以及艾略特·古德坐前面的轿车，伊夫·蒙当和我坐第二辆，这位法国明星一路上一直在想如果法国推荐的影片获得最佳外语片奖他该怎样发表获奖发言（那次法国没有得，得奖的是意大利电影）。尽管才加利福尼亚下午四点，道路两旁已经挤满了数以百计的人群，希望能在通往奥斯卡颁奖典礼固定场所多萝西·钱德勒剧院的路上看一眼他们喜爱的明星。

当我们到达的时候，为了迎接史翠珊，红色地毯两旁的露天看台上爆发出一阵巨大的欢呼声。我走在那个非凡的明星后面，你无法想象像我这样一个蒙特利尔来的犹太男孩在那一刻所感受到的快乐与激情。

当最终宣布芭芭拉·史翠珊（二十六岁）和传奇的凯瑟琳·赫本共同分享了最佳女演员奖时，观众沸腾了——这样的情形以前从未发生过。

芭芭拉从观众席里走出来，迈上了通向领奖台的台阶。她跌跌撞撞绊了一下自己，差点趴在地上，几百架照相机的闪光灯亮成一片，照下了她的臀部。年轻的明星稳住了自己，继续向领奖台走去。（赢得了她一生中四座奥斯卡奖中第二座的凯瑟琳·赫本那一晚没有出席典礼。）芭芭拉·史翠珊表情可爱地注视着那座小金人，说了一声："你好，多漂亮啊！"这是她在电影《妙女郎》中的开场白。这是一个非常特殊的时刻。

颁奖结束以后，我们都去贝弗利山饭店参加了奥斯卡舞会。芭芭拉非常高兴，她不断地被记者包围，闪光灯闪耀在每个角落。尽管我们已经考虑到了那套闪亮衣服的每一个细节，但是我们还是没想到报纸的闪

---

1. 吉恩·史瑞普顿（Jean Shrimpton, 1942- ），英国上世纪六十年代的超级模特兼演员，上过《时尚》、《名利场》等杂志封面。

光灯照到了黑色网眼，第二天报纸的头条宣布：史翠珊，透明服装下的裸体！当然了，并没有那样的情形发生。第二天芭芭拉打电话给我，为这个插曲大笑不止。这一耸人听闻的头条标题让她这身打扮成为学院奖有史以来最著名的一套服装。

直到很多年以后，在巴黎著名的米克斯夜总会里看到一段精彩的女性模仿秀时，我才知道它有多著名。这套节目由很多名人模仿秀组成，伊迪斯·皮亚芙[1]、朱迪·嘉伦、黛德丽[2]、梅·惠斯特[3]，当然还会有芭芭拉·史翠珊。当那个"女孩"身着那套做得很不错的透明装复制品，戴着一顶可能曾经是芭芭拉戴过的假发出现在舞台上，跟着她"过去有什么是我现在没有的？"的唱片对口型的时候，我太惊讶了，这让我发现我们居然真的这么有名。

有趣的是，在那个伊夫·圣·洛朗[4]为他在巴黎的时装秀做了许多真正透明的服装（里面毫无遮拦）的时代里，新闻界却都自然而然地接受它们，拍摄它们，所有人都不动声色！

1969年对女演员和设计师来说都是疯狂

著名的奥斯卡颁奖典礼上的透明装

---

1. 伊迪斯·皮亚芙（Edith Piaf, 1915-1963），法国歌手和文化偶像，她被认为是法国历史上最伟大的女歌手。
2. 玛琳·黛德丽（Marlene Dietrich, 1901-1992），出生于德国，后到美国发展，成为银幕上最著名的性感偶像之一。
3. 梅·惠斯特（Mae West, 1893-1930），美国女演员、剧作家、性象征。她以擅长说与性有关的双关语和俏皮话而知名。
4. 伊夫·圣·洛朗（Yves Saint Laurent, 1936-2008），法国著名设计师。他在二十一岁时即担任了迪奥的首席设计师，1962年创立了自己的品牌YSL，设计极其前卫，模特不戴胸罩展示薄透时装正是他开的先河。

的一年。为《晴朗的日子》工作的同时，我们也在讨论学院奖颁奖礼的服装，以及为芭芭拉在拉斯维加斯国际饭店的开幕式上的演出准备那条美丽的纱丽。这种主要由印度或巴基斯坦妇女穿着的裙子，由一定长度的轻质布料织成，一端绕于腰部做成裙子，另一端从肩部垂下或盖住头部。

在 1969 年 7 月初，史翠珊因为那座巨大的新饭店——拉斯维加斯国际饭店的开幕式占据了整整四个星期的头条。报纸上登满了关于她将因为在这座"最大、最奢华的新赌场"现身而获得超过一百万美元的报道。最大的娱乐室被命名为"国际歌"，可以同时容纳一千六百人观赏晚餐表演，一千九百人观赏深夜表演。尽管我并不认为她在这么多观众面前表演这么久是一件过于疯狂的事，但很明显，年轻的明星是因为没有办法拒绝那笔数目巨大（在那个年代里确实算很大）的酬劳才接受了邀请。如果到了今天，按照通货膨胀率来算，她这份的酬劳至少应该是那个数目的十倍，还没有包括在那里买房子获得的一个很好的折扣。

我开始寻找一些不同于我们在拉斯维加斯舞台上常见的那种浮华风格的布料。一天，吉尔姐妹来到我的沙龙，她们带来了印度本地生产的最美丽最华贵的纱丽，上面镶满了珠子。料子耀眼到极致——四码长的雪纺绸（在经典的纱丽中都用这种大小的料子）上面分布着三种对比极其鲜明的颜色，缀满了金色的小亮片和小珠子。在这些美丽的奇迹般的布料正中央还分布着独出心裁的设计图案，绣着大量的花。

最后我决定，一条纱丽应该是带着三个隔开的巨大深绿色圆点的白色雪纺绸，圆点直径大概十六英寸，镶边是红色的。白色与红绿搭配，还带着金色的闪光，这会让这件东西有不可思议的迷人效果。另一条应该是红色的，上面是黄色的佩斯利[1]涡旋花纹，全身都镶满金色的小珠

---

1. 佩斯利（Paisley）是苏格兰西南部的一个自治区，在格拉斯哥的西部，它自十八世纪早期以来就是一个纺织中心。十九世纪佩斯利以各色螺旋图案的围巾而闻名。后来也将具有这种图案特征的纺织品称为佩斯利。

子。还有一种非常优良的、几乎是透明的薄亚麻布，呈现有金色格子图案的粉紫色，我用金线在上面织出了小小的闪光。裙子被裁成了低胸露肩的款式，露了芭芭拉乳白色的胸部，显得非常性感。事实上，我一直发现这个明星绝对能带给人一种性感的美。我也设计了紧身无肩带或者露出一个肩膀的款式，裙子一边有高高的开叉，当史翠珊斜靠在凳子上唱歌时，就会露出修长优美的大腿。每种料子我们都做了一顶高高的圆筒形帽子，芭芭拉把它戴在后脑勺，头发都塞在帽子里面。从侧面看她就像是娜菲尔蒂王后。礼服的款式都是当代最时髦的，没有任何印度风味，无袖的小小上身，轻轻薄薄的大裙摆在舞台上飘动得非常优美。穿着它们她感觉很舒服，裙子也很美丽，很快这成了"史翠珊风格"。

她出席开幕式时我不在美国，但我从法国一回来就立刻给她打了电话。她接电话以前，我和她的长期女仆说了一会儿话，她在拉斯维加斯感到很兴奋。然后，芭芭拉来了。

"我听说开幕式很棒，你吸引了很多人，你高兴吗？"我问道。

"是的，"她说，"而且衣服确实很美，为什么你不来这里看表演呢？"我告诉她我之前在欧洲，刚刚回来。

"那你什么时候会来呢？"

"唉，我也不知道，"我回答说，"我在长岛，你要知道，现在还是星期日，和拉斯维加斯有三小时的时差，而且……"

"那么明天就来吧，好吗？我希望你来看演出，看到你我会很高兴。所以请你马上坐飞机过来吧。马蒂会为你订房间，再见。"她挂了电话。

好吧，从欧洲旅行归来我累得要死，但我确实很想去。我发现第二天下午有一趟航班可以让我赶上表演。问题是现在我在长岛，我没有平时穿的旅行服装。（那个时代里，一个人旅行的时候要穿衬衫、夹克衫，并且打领带。）我检查了一圈我的衣橱，找到了一套白色的亚麻衣服，我觉得很适合穿在阳光灿烂的拉斯维加斯。我还有一件很不错的藏青色夹克衫可以在飞机上穿。帕克第二天晚上来和我会合，他会帮我从市区把我的套装带来。

一到拉斯维加斯，我就去了专门为我预备的套间。我换上白色套装，到城区里去找芭芭拉。我美滋滋地想，我穿得很得体，看起来真的很老练。那一刻，我把自己当成了亨弗莱·鲍嘉[1]，优雅而神秘，我嘴里甚至还叼着一根雪茄。我敲门进入了化妆间。史翠珊看见我非常惊喜，然后，她往后退了几步，打量我的全身，用她独一无二的史翠珊式鼻音说："嘿，伙计，你觉得你是谁，穿白西装，你以为你是查理·陈[2]吗？"我大笑了起来，她总是能让我大笑。但是，我这身梦幻造型不得不令人伤感地退场了。

当然了，我马上回去换回了我的藏青色夹克衫。套间非常大，有一间大客厅和四间卧室，全都装饰成白色，让人感觉到愉快而清新。空调太强了，以至于我确实感觉到有点冷。我打开一扇门去找帕特·纽康博，史翠珊的公关经理。我穿着一件薄薄的印花大衬衫和白色短裤；而让我吓一跳的是，她当时穿着我的白色夹克衫，因为我们身材差不多。帕特是一位娇小而可爱的金发美人，富有幽默感，而且非常非常聪明，她还是玛丽莲·梦露的公关经理，她有办法让玛丽莲·梦露的私生活逃避开媒体的监视。

我们一起下楼去看芭芭拉的表演。表演当然很棒，芭芭拉也非常美，她穿着那条露单肩的红色佩斯利纱丽裙，戴着围巾。那些金色的亮片在闪光灯下无比璀璨。她好像把自己的声音当成了乐器，与乐队完美地融为一体。当帕克听到第二晚她责备一个乐师慢了两拍时，感到特别震惊。

"她怎么知道的？"他问，"她怎么能从那么多同时演奏的乐器中听出来的？毫无疑问，她本身就是一件最好的乐器。"

---

1. 亨弗莱·鲍嘉（Humphrey Bogart, 1899-1957），美国著名演员，以擅长塑造硬汉形象著称。
2. 查理·陈（Charlie Chan），侦探小说中著名的侦探形象，美国作家厄尔·德尔·比格斯1926年开始创作的六部侦探小说的主人公，有"中国第一神探"之称。他的故事衍生了很多舞台剧、电影、电视剧、广播剧、漫画等。

芭芭拉经常回纽约。她热爱这座城市。我很高兴能一直看见她。我们一起为拉斯维加斯的演出服做修改，我不时在其中增加一些纱丽不会用到的小设计。其中我很喜欢的一个很特别的设计是一条深蓝色的丝绸绉纱长裙，黄色和白色相间的几何装饰图案，我用一英寸见方的蓝色亮片和小莱茵石勾勒出图案的轮廓。它是那种高腰的款式，胸部下方有两条交叉的弧形缝合线，弧线的延长线在背后则渐渐向下倾斜到本来的腰部位置。它让芭芭拉更加美丽，而且很好地掩饰了芭芭拉一直很担心的一点点小肚子。另一条是差不多同一款式的明亮的紫红色缎子绉纱裙子，有着宽大的主教袍式的袖子，全身缀满了五彩缤纷的一寸半见方的小亮片。这些裙子非常有趣，和那个时代其他任何表演者穿的都不一样。我们不停地做这种"史翠珊款"裙子。它们确实让这位明星越发光芒四射。

然后我们开始准备 1970 年的学院奖颁奖典礼。因为去年我们用透视装已经创造了足够大的轰动，我决定应该选择另外一种完全不同的方向！我想芭芭拉应该穿一些真正漂亮并且能衬托出她的美丽之处的衣服。她喜欢粉红色，所以我们选择了轻柔的粉红色丝绸绉纱，仍然是"史翠珊款"。礼服很长，小小的袖子和"U"字型

1970 年奥斯卡奖，为约翰·韦恩颁发最佳男演员奖

的低胸领。裙子上绣满了一角硬币大小的小镜片，镜片边缘缀了一圈好像种子一样的小颗粒珍珠，裙子全身都闪闪发光。还有一顶必不可少的同样缀满小镜片和小珍珠的粉红色圆筒帽戴在她头上。充满青春气息，又精致又美丽，和 1969 年正好完全相反。当她为约翰·韦恩[1]颁发奥

---

1. 约翰·韦恩（John Wayne, 1907-1979），美国著名男演员，以扮演西部片中的硬汉角色著称。

斯卡最佳男演员小金人的时候，她迷住了所有人。第二天的报纸当然清楚地表明了他们对这种反差的震惊。《女性每日服饰》 把她这身衣服称为"新娘母亲的礼服"。好莱坞从来没有真正对芭芭拉表示过友好，他们经常对她的独特个性、完美主义和自由的灵魂苛刻地挑刺，完全对时尚世界的规则视而不见。一个该死的洛杉矶时尚女记者写道："她看起来就像是她要赶着去参加她儿子的十三岁成人仪式。"

为了参加 1970 年春天《你好，多莉》的纽约首映式，我们制作了一条白色的紧身半长羽毛大衣，底边是蓬松的白色小鸡羽毛和带着小亮片的印度绣花带子。一顶永远都会出现的圆筒帽和长及膝盖的白色羽毛长靴搭配得非常美妙。

在纽约的一个晚上，我告诉她我将要去她的公寓检查一些为新服装准备的草图和料子。我大约九点钟到达那里，发现这位明星正在楼上卧室旁边的起居室兼书房里，她穿着一条旧浴衣，头上包着毛巾，那形状很像一顶穆斯林小帽。她把脚泡在一盆水里，一个美容师正在为她护理她向来很爱惜的美丽的手指甲。这并不是一个很美丽的画面。我开玩笑威胁她说，我要抓拍一张照片然后寄给《纽约时报》。甚至连芭芭拉都为她那晚的造型大笑。我们看了看草图，然后讨论这些纸上的裙子该怎么做出来。

突然电话响了，女仆进来说皮埃尔·特鲁多 [1]，非常有魅力的加拿大总理，打来了电话。（必须要提到，史翠珊已经和艾略特分居了一段时间了。他们在 1971 年离的婚。）芭芭拉格格笑着拿起了电话。我不知道电话那一端说了些什么，但是我听见芭芭拉带着鼻音说："那么，你怎么知道我号码的？" 我觉得拿这个问题来问一个美国邻国的首脑实在是可爱又天真。交谈进行过程中芭芭拉的脚一直泡在水里，通话结

---

1. 皮埃尔·特鲁多 (Pierre Trudeau, 1919-2000)，1968 至 1979 年、1980 至 1984 年两次出任加拿大总理，带领加拿大走过了最混乱的日子，并且与周恩来一起促成了中加建交。他叛逆的生活，如穿着拖鞋去参议院，以及和芭芭拉·史翠珊的浪漫故事等等，使人们对他充满了争议。

束后芭芭拉漂亮的手抬起来在空中做了一个大大的手势，她说："请叫我总理夫人。"我们一起大笑起来。

她和那位博学多才的特鲁多约会了，我想她确实过得很愉快。这一定把她带向了另一个世界。一次访问中，她偷偷去参加了渥太华的一个表演，当时她穿着一条漂亮的白色羊毛绉纱长礼服，那礼服有一个围巾式的白色貂皮立领，以及同质地的袖子。为了让整体更加和谐，我们还做了一顶白色的貂皮圆筒帽和一个圆圆的可爱的貂皮手笼。在芭蕾舞开场前，她挽着英俊的总理的胳膊，看起来非常美丽。这个月的早些时候她穿着这套衣服出席了《你好，多莉》在好莱坞的格劳曼中国剧院的首映式，同样引起了一

在渥太华和总理皮埃尔·特鲁多约会时的穿着

阵轰动。为了她在加拿大下议院的亮相，我设计了一套相似的佩斯利风格棕色印花丝毛料短衣服，装饰着黑貂皮，非常整洁。毕竟 1 月份的渥太华很冷，我不想让我们的超级明星感冒。

尽管我不常去洛杉矶，但芭芭拉和我经常通电话，她回到纽约公寓时我也会去看她。1970 年 4 月，我们都在纽约，大都会博物馆正在举办一场盛大的夜晚庆典，庆祝建馆一百周年。帕克·莱德与我要和朋友们去参加其中一个要求穿正式礼服的聚会。我建议史翠珊和我们一起去。

"噢，阿诺德，"她说，"那儿会有那么多人，我会在人群里走丢的。"（聚会预计有两千人参加。）

　　"别傻了,"我回答说,"你会和我们待在一起,我们会过得很高兴。而且,这是你家乡一个有历史意义的夜晚。你应该在那里。"好说歹说之下,她勉强同意了。

　　"好吧,好吧,但是我要穿什么呢?"她问我。

　　"为什么不穿一件你在拉斯维加斯穿的裙子?你穿着它们真是美极了。那件带金色披肩的粉紫色纱裙怎么样?它很宽松,你可以尽情地吃东西。"我取笑她说。

　　"别那么厚脸皮,"她说,大笑着,"我刚减了五磅。"芭芭拉一直很担心她的体重,尽管这是毫无道理的,她的身材简直符合模特儿标准。

　　那个聚会她迟到了。她的轿车到达时保安通知了我。我和托马斯·霍温,拥有大胆创新意识的博物馆负责人,一起走下博物馆门前那片壮观的石头台阶去迎接她。她看起来好像神话一般美丽,头上戴着金色绣花圆筒帽,那件宽松的裙子在她身上飘动。她甜甜地微笑着,向我们行屈膝礼——就像《国王与我》里面那样。我们都笑了,一起走上台阶。

　　我们把她带进博物馆,上百个闪光灯立刻亮起。满足了摄影记者的要求之后,芭芭拉要求参观博物馆里一些当晚对公众关闭的重要展区。霍温领着我们走上了长长的台阶,在那里,在那个重要的夜晚,史翠珊小姐在那间惊人的艺术堡垒里对那些珍贵的财富进行了一次私人的瞻仰。

　　为了《晴朗的日子里你永远能看见》的首映式我设计了一条高腰露肩的白色蝉翼纱裙,装饰着浆挺的白色府绸玫瑰花结。我们把它叫做"结婚蛋糕"。它的设计很复杂,也很性感。芭芭拉最后还穿上了一件披风,同样的白色薄纱料子,带着一个宽大的兜帽,松松地盖在她头上,衬托出她美丽的脸。她制造了一次真正美妙的亮相。

　　芭芭拉在《晴朗的日子里你永远能看见》里扮演的角色获得了一项金球奖。她穿上一件绿色天鹅绒长裙和一件紫貂皮夹克——这身就是她在加拿大穿的那套白色长裙和夹克的翻版，接受了她的奖杯。

《晴朗的日子》杀青之后的一段时间，我在好莱坞和才华横溢的文森特·米尼利[1]一起在好莱坞共进午餐。霍华德·科赫和我的朋友阿兰·J.特纳一起制作了这部电影，他和他的妻子露丝，还有他们的孩子，都成了我的好朋友，当我一个人待着时他们经常邀请我去他们在贝弗利山庄的家吃晚饭。那两个男人一起讨论着未来的计划。我插话说："霍华德，你认为我为你设计新电影的服装怎么样？毕竟它就要开始了。"

"斯嘉锡是很合适的人选，霍华德，"米尼利说，"这是个好主意。"科赫，一个友善而可爱的男人（和他那个行业里的很多人不一样），看着我，羞怯地露齿而笑。"你要知道，阿诺德，我不得不直接对你说，你对我们来说实在太贵了。《晴朗的日子》那次合作是因为我们不想因为拒绝你而让芭芭拉不高兴，你又确实做得很出色，但是那实在花了我们很多钱。我不觉得你会很快拿到一个大制作电影。你要知道，好莱坞是一个小地方，消息传得很快，所有人都知道你是最昂贵的设计师。"

唉，他是对的，不管格洛里亚·萨菲有多努力，她都很难再给我找像《晴朗的日子》这样的好工作了。不过，我并没有真的太在意这个事情，因为我的时间已经全部被在纽约设计服装的事情给占据了。定做服装的工作室生意蒸蒸日上，我还在设计成衣、童装、睡衣和毛皮服装。

后来，我又回到了好莱坞为我的朋友、制作人大卫·萨斯金制作的电影《可爱夫妇》设计服装。这部电影的预算不像《晴朗的日子》那么高。那个时候，好莱坞的电影里什么都有，可就是总取消设计师的服装预

---

1. 文森特·米尼利（Vincent Minnelli, 1903-1986），美国著名歌舞片导演，他曾与著名演员朱迪·嘉伦结婚，他们的女儿丽莎·米尼利后来成为著名的歌手兼演员。

算，转而选择在那些很高兴在电影里露一面以提高声望的商店里"买"衣服。我喜欢做电影服装，这样我就能看到我在西海岸的所有朋友，但是在创造性方面这项工作并不怎么让我满意，而且无论如何都不能像和我的好朋友芭芭拉一起工作时那样有乐趣。

史翠珊的时间主要在加利福尼亚度过。她开始打网球，告诉我说："我真的很爱这里，天气总是阳光灿烂，能做这么多户外活动，你应该试一试，伙计。"那可没门儿，我的生意成几何级数地增长，我完全没有时间去海岸，即使是为了量尺寸。如果我去了哪儿的话，只可能是欧洲，因为我要为我的服装采买布料。

芭芭拉继续完成了一些好电影，比如说经典电影《一个明星的诞生》的翻拍，并因她自己写的歌曲《常青树》赢得了第二座学院奖。我给她寄去了我正在设计的复古式褶皱衣服的草图，最后她穿着一件美丽的紫铜色缎子绉纱褶皱晚礼服接受了奥斯卡奖。这条裙子是在西海岸制作的，她穿起来很漂亮。1983 年她自导自演了受到评论界青睐的《杨朵》，又在 1991 年完成了《潮流王子》。她的儿子杰森在电影里扮演了她那个角色的儿子，显得迷人又英俊，后来他成为一个成功的演员。

1992 年底，我被诊断为神经系统紊乱，我的医生为我开了波尼松，一种药效强劲的类固醇，它会造成我脸部浮肿以及烦躁易怒。有时我会为一些难以解释的事情大发雷霆。药起了作用，最终治好了我的的病，1994 年，我又恢复成了原来的自己。感谢上帝！

在这段严酷的考验中，1993 年 9 月的一天深夜，芭芭拉给我打电话，当时我正在长岛，听见她的声音让我惊喜万分。我们聊了一会儿天，交流了一下彼此的生活。然后她说："我要重新举办现场音乐会了，我希望你能为我设计服装。我将在 11 月到纽约，我们在拉斯维加斯举办纽约前夜的试演；我找回了以前的全体人员，马尔文·汉姆利希会担任经理和音乐导演。"我们约定了 11 月初在第五大道上我的工作室里会面。我很高兴她又回到了我的生活中。

芭芭拉准时赴约，尽管我很高兴看见她，但令我惊讶的是她拿来了很多大塑料袋，里面装着我们谈话中提到的旧衣服。我们最开始重新做了一条我在七十年代设计的黑色缎子绉纱长袖长裙，以及一条六十年代末的粉白色褶皱绣花蝉翼纱宽松晚装。我们谈了很多关于她在这次世界巡回演唱会中打扮的事宜，但是她不确定我是否能应付这件事情，好像我们都很为此沮丧。在量尺寸的时候，我发现我不再有耐心去十次八次地忙叨肩膀上的缝合线是不是该靠前一英寸，而这以前是我最在乎的事情。现在我没有办法回到我们三十年前的工作方式了。

尽管我恨这一点，我还是建议芭芭拉的朋友唐娜·卡伦[1]帮忙做这些衣服。我感觉自己在 1993 年时的精力没有办法满足这位超级巨星的要求。芭芭拉表示了赞同，然后开始了她的世界巡回演唱会，伦敦是第一站，最后在纽约结束。对节目的评论再次提高了这位明星在服装界的声望。

几年以后的一个夜晚，我们因为一件事情在纽约相遇。我们彼此拥抱，芭芭拉突然对我说："你要知道，阿诺德，在我心里永远为你保留了一个特殊的位置。"当然，我和她一样。

我们一起分享了很多美妙的时刻，我真的很喜欢和她一起工作。我了解她，有趣的是，从职业上来说我们几乎是一起成长的，她在《妙女郎》里开始成为一个明星，而我从那时起开始成为服装界的明星。我能想象出她想要穿什么，她也听我的，我们都为能在一起工作而兴奋，我们彼此融洽无间。她是一个最好的顾客，一个值得纪念的朋友，当然她穿上斯嘉锡服装时总是美极了。即使在今天，芭芭拉都是最棒的。

---

1. 唐娜·卡伦（Donna Karan, 1948- ），著名时装设计师，创立了 DKNY 品牌，热心慈善事业。

另：许多年来我曾经向她借过好几次那套著名的奥斯卡透明装，因为我想在我的职业生涯全国巡回回顾展上展出，可总是被拒绝。一个秘书告诉我说："它收在了某处，找不到了。"2003 年 10 月，史翠珊在 eBay 上拍卖她许多私人物件，所得款项将捐给"史翠珊基金会"。突然它又被"找到"了，我花了几千美元买下了它。带着芭芭拉身上的芳香，这件有争议的服装最终回到了它的创造者手中。

Scaasi

第十章

女修道院长
THE MOTHER SUPERIOR

　　七十年代中期一个星期日的下午，有个事吓了我一跳。我的女主管玛乔丽·里德来找我，对我说："你知道吗，我刚才在电话里经历了一番最不寻常的谈话。宾夕法尼亚州天主教修女修道院院长的秘书打来的。女修道院长很想见见你。请问，你想过改变信仰吗？"毫无疑问，她在开玩笑。

　　"当然不。我身为犹太人，要继续保持犹太信仰，告诉她们我没有兴趣。"我板着脸回答说。

　　"好吧，但是我觉得你最好还是亲自给她回个电话，那不会影响你的决定。这是号码。"

　　说完，她塞给我一张纸片，上面简单地写着"女修道院长"和一个电话号码。我打了电话，接电话的是早些时候打电话来的助手。"噢，斯嘉锡先生，非常感谢您回我的电话，"她说，"我想为院长和您安排一次会面。有一天晚上，她看了《在晴朗的日子里你永远能看见》，非常喜爱您为芭芭拉·史翠珊设计的衣服。"我脑中立刻出现了一张女修道院长穿着她飘扬的黑色修女服逃出修道院，然后穿着斯嘉锡的曳地长裙，成为一名夜总会歌手的画面。

　　"很抱歉我并不十分清楚院长为什么想见我。"

　　助手解释说："院长认为我们的衣服样式过于陈旧了，她希望您能为我们设计一些更为新式的衣服。您感兴趣吗？"

　　我立刻毫不犹豫地说："当然。我很想看看我们能做些什么。"

　　这个主意确实激起了我的兴趣。毕竟，我生长在传统的犹太家庭，对修女或女修道院长没有一丁点儿了解。在这个问题上我最沾边的经历就是在电影《圣玛丽钟声》里看过英格丽·褒曼[1]扮演的修女。对于一个来自蒙特利尔的犹太孩子来说，这是全新的领域，它肯定会是一项有趣的挑战。

按约定的时间，女修道院院长来到了我的工作室。玛乔丽迎接了她。院长从穿着制服的女仆杰奎琳手中接过咖啡，坐在套着缎子的米色软凳上，凳子上方是镜子，旁边是一个和真天鹅一样大的银天鹅花盘，里面装满了白色花朵。屋子里摆满了白LG和竹子做成的小咖啡桌，上面放着蒂芬尼银制烟灰缸。轻盈的白色窗帘和豪华的米色地毯给沙龙蒙上了一层法国式闺房般的暧昧气氛。宽敞的房间里还有一盏银质枝形吊灯，那是瓦列里安·利巴尔坚持要为我安装上的。我不得不说，这个房间和修女通常出现的地方相比，完全是两个极端。

有人通知我女院长已经坐了下来，正在阅读《哈泼芭莎》上的一篇文章（那里面有我一些裙子的照片）。我走进屋子说了声"你好"。在我眼前的是一位矮矮胖胖的女士，皮肤很好，一双明亮的眼睛，自然是没有化妆的，但是有着令人愉快的笑容和表情。她至少有六十岁了，穿着宽大的长袍，一条黑色的修女头巾罩在她头上，下巴底下是浆挺的白色头巾，很难猜出她的实际年龄，因为她只露出了自己的脸。但是，她身上笼罩着一种确定无疑的优雅与端庄，完全不同于那些经常出入我工作室的社交名媛。她看起来非常轻松，这让我也放松了下来。几分钟以后，我就和她熟络地交谈起来，好像她是我的老客户一样。

我说："我非常高兴您能来找我，一定还有其他和您有着同样信仰、可能更为合适的设计师人选。"

"当然，很可能有，"她回答说，"但是我们都特别喜欢您的作品。您的衣服传达出新潮却又不是太出格的感觉。我觉得您能理解我们需

---

1. 英格丽·褒曼（Ingrid Bergman, 1915-1982），出生于瑞典，后到美国发展，被评为美国电影史上最伟大的女演员的第四名，三次获得奥斯卡奖，代表作有《卡萨布兰卡》、《真假公主》等等。

要什么，而不会把我们弄得看起来过于时髦。"她笑着说，"您觉得您能做到吗？"我说我当然尽力一试，然后问她和她的修女们到底想要什么。

"斯嘉锡先生，在我们开始以前，"她严肃地说，"您必须了解一些非常重要的东西：我们和其他女人不同。因此，我们在聚会中不能看起来和其他女人一样。我们过着完全与世隔绝的生活，我们是特殊的。我们经常在这个城市里走来走去，帮助人们以完成我们的责任，对我们来说整天带着这身行头实在是一件困难的事情。"她一边说一边站起来，在屋子里吃力地走着，给我演示她走起来有多么费力气。我看着她穿的那一层层长长的沉重的衣服，立刻清楚地了解到她的需要。

"为你们设计一件新长袍很容易。很幸运的是，我们处在一个长裙流行的时代。"我说着拿起画板开始勾画草图。

"好吧，"她大笑着说，"我从没想过我们还会处在潮流之中，但是我猜，只要有人敢这么做，你肯定会是其中一个。"我给她看了我的画板，我在上面画了一个人，穿着一件到小腿中间的黑色裙子，长度在膝盖以下，脚踝以上。"中长"是七十年代末大多数衣服的长度。我已经给很多穿这种长度裙子的顾客量过尺寸了，所以我知道它几乎对每个人都适用。它必须和上衣的比例协调一致。如果你增加了裙子的长度，就必须降低上衣的腰线，使它看起来比较协调。六十年代迷你裙风靡的时候，你就不得不把腰线提高让上衣短一点，来和短裙子配合。只要你有一双正常的眼睛，你就能明白这是很简单的道理。

某种程度上裙子本身像一件无袖连衣裙，有一个高高的方型领口和一条柔软的腰带。衣服上没有腰线，上衣部分一直延续到腰部以下大约四寸的地方，每个人都可以把腰带放在任何合适的地方，腰带以下开始变成褶皱的裙摆。它看起来很漂亮，我看得出女修道院长变得兴奋起来。随即，我画了一件简单的长袖白衬衫，和那件黑色的无袖裙搭配在一起，非常好看。

"这件衣服是不是很难制作？"那位老妇人问道。我说只要有一个剪裁的好纸样它相当容易制作。为什么她要这么问？

"因为，你知道吧，我们自己做衣服。"好吧，我以前并不知道，但是考虑到这个问题，我说："像我说的，只要有一个好纸样，你们又有自己做裙子的经历，我相信你的女孩子们有足够经验，当然能把它做出来。告诉我你们从哪里买布料，你们能拿到不同重量的料子吗？我希望料子不要太沉。"

"有很多工厂为我们提供布料，我保证我们能找到一种不那么沉的料子，但是我们穿它不会冷吗？"她问。

"不，"我解释说，"我会为你们设计一种同款式的斗篷，可以罩在所有衣服外面，就像军队里救护队的女孩子们的衣服那样，但是没有那么大那么笨拙。同时，你们还要采用一种比冬天衣服更轻的布料来做夏天的裙子。"我简直不能相信，她竟然高兴得拍起手来。

"那太完美了，噢，斯嘉锡先生，谢谢你。我能不能再问你一个问题？像你这么善良的一个人，可否为我们做一个纸样模型？当然我们很愿意为此付钱，我们确信价格会非常合适的。"她甜蜜地微笑着。我心里说：女士，你也太得寸进尺了。但是我没有说出口，只是简单地说："好的，我想我工作室的人会为您做模型。现在，让我们看看她们应该在头上戴些什么。你觉得这种怎么样？稍长一点的女式三角头巾，系在脑后，某种程度上来说有点儿像杰姬·奥纳西斯参观意大利卡普里岛时戴的那样。它不会像修女原来的头巾那么长，但是又和其他女人看起来很不一样，而且很像修女的风格。"

"噢，杰姬·奥纳西斯，我不知道那是什么样子……"她惊讶道。

"嗯，她当时戴了一条包住整个头的头巾，看起来非常漂亮。当然，黑色是比较适宜的。"我保证说。

突然，我意识到我接下来必须要问一个让人难堪的问题，很可能让我们两个人——反正肯定是会让我为难，我居然要问一个虔诚的女修道院长这么个问题。但是，这是必须的。我想：她可能会扇我一巴掌然后离开，她也可能会回答我然后留下来讨论这个问题。这个问题肯定会对修女们的这个订单有好处，也会对我的设计有所帮助。

"我很抱歉要问下面这个问题，我绝对没有冒犯您的意思，但是，当您脱掉衣服的时候您穿什么……我是指所有衣服的下面？唉，也许我能省略掉这一步。"

"啊，"她说，迟疑了一下，脸色有些发红，但仅仅是一点点，"我希望一切都按常规进行，我只是以前从来没有讨论过这个问题——肯定没有和一个男人讨论过。"

我直截了当地问道："当我还是小孩子的时候，我妈妈总是穿着一件装着鲸骨的紧身内衣。我想知道您是否也是这样？"

"是的，正是，完全一样。"她简单地回答说。

"那么，出于这个原因，妈妈还不得不穿着长袜、吊袜带、胸罩、衬裤和衬裙。"我继续说，努力让一切尽可能快点儿结束，早点儿让自己摆脱掉这种尴尬。（从本质上说，我正在扒掉眼前这位神圣的人的衣服。）这位善良的女士坐立不安，把脸转了过去，我想我确实做错了。但是她并不是无缘无故地被称为修道院长的。后来她直接看着我的眼睛，然后说："是的，就是这样，全部也就是这些，现在我可以喝杯水吗？"我的女仆杰奎琳给我们倒了水，一人一杯。

我努力振作一下精神，大胆地问道："你也知道，现在并不是每个人都需要把所有这些东西全穿在身上。院长，我和很多女士一起工作过，当然了，还有所有穿我衣服的模特儿们，所以我对这种事情很有经验。我认为你们应该都穿上连裤袜——当然是黑色的。那会让每个人活动起来更加方便。它可以淘汰掉长袜、吊袜带、紧身胸衣，以及其他的内衣裤。没错，"我果断地继续说道，"除了您的订单里我设计的新衣服，我现在说的就是您的修女们还应该配套穿的东西。当然，她们还要穿胸罩，可能还有衬裙，如果她们愿意的话。"（不过据说在这个国家里，女人们都开始轻蔑地把她们的胸罩付之一炬。）

"好吧，"她说，"我来这里是为了寻找一些不同的东西，你确实让我如愿以偿。"

"而且，如果你们穿上这些的时候，"我继续说，"你们必须换鞋子。穿着那些沉重笨拙的鞋子到处走，你们肯定觉得很麻烦。我想真正舒服又简单的矮跟黑色单皮鞋是最好的选择。我会让玛乔丽给我带过来一双刚从意大利收到的最新矮跟单鞋，还会有一条黑色连裤袜。"可怜的修道院长，到这个时候开始有些发蔫了，但是我硬着头皮继续说。

"院长女士，你将会看到，城市里每一个女孩都会抢着加入到您的队伍里的。"我一边说一边大笑起来，但是心里实际上在想：我大概做得太过分了。"现在请告诉我，亲爱的女士，我们将要为这个头巾做些什么？之前的头巾和这套新衣服一点儿也不搭配！"

"噢，不，斯嘉锡先生，"她态度很激烈地回答，"我们不能改变头巾。你也一定不希望看到头巾下面的皱纹和下巴。不，不，我要把这个部分取消。"

好吧，我想，今天我已经做得足够多了，所以我说："您是对的，让我考虑一下，我会提出一个更简单的选择。我保证，我不会让您失去您宝贵的头巾。"我记得《圣经》里说：没有价值的东西是一种罪恶。但是当时我什么都没再说。

我们做了三种尺寸的纸样：小（S）、中（M）、大（L）。秋季里的一天，女修道院长带着一个修女回到我这里给我展示新衣服的效果有多么成功。那个年轻的女孩子确实很高兴，她也是这样对我说的。尽管表面上修道院长没有改变她原来的形象，但是她换上了新鞋子，并且暗示说她也换上了新的内衣。

我们经常通信，我很高兴我让这么多女人感到了快乐，由此对自己的外貌和内心都感觉到更大的信心。这就是我想要的结果。

第十一章

琼·萨瑟兰
JOAN SUTHERLAND

琼·萨瑟兰（Joan Sutherland, 1926- ），澳大利亚女高音，1954年与指挥家波宁吉结婚，并在其指导下改唱花腔女高音，1959 年在考文垂花园剧院的成功演出使她成为世界最著名的女高音之一，1963 年被认为取代卡拉斯成为"美声女王"，从六十年代后期到七十年代，她与帕瓦罗蒂在波宁吉指挥下录制了一系列歌剧唱片。

六十年代初，纽约的歌剧爱好者中发生了一个重大事件。古老的大都会歌剧院（最早建于 1883 年，坐落在三十九街和第七大道）即将被拆除，值得尊敬的歌剧公司将搬到林肯中心，1966 年重新开业。歌剧爱好者的一个新时代即将开始。

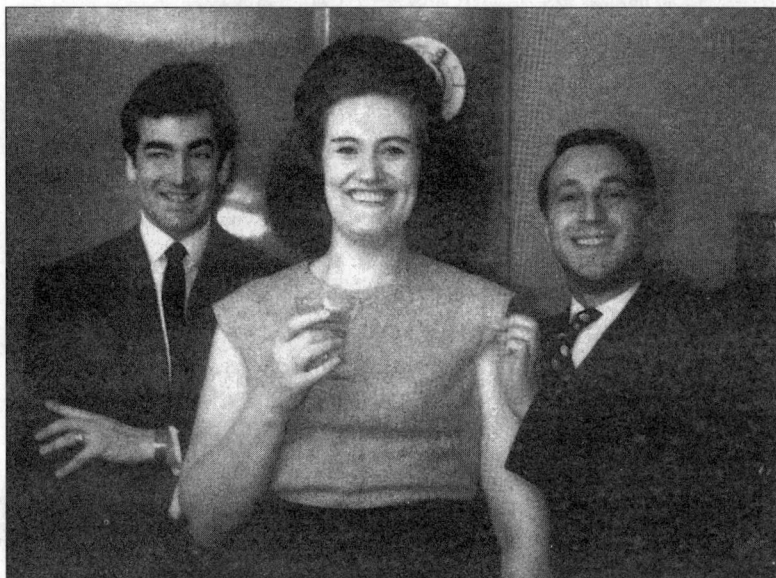

和琼·萨瑟兰以及理查德·波宁吉，1961 年

1960 年 11 月的休业典礼是一个格外欢乐的夜晚。旧舞台上安装了一段豪华的阶梯，大约二十英尺高，几乎和古希腊剧场舞台一边宽。每个著名的歌剧演唱家都将在阶梯顶端亮相，在万众瞩目之下走下台阶，来到舞台上。

当小巧玲珑又活泼开朗的法国著名花腔女高音莉莉·庞斯出现时，

人群中爆发出雷鸣般的掌声。我为这位很受欢迎的歌剧演员做了一条非常美丽的嫩粉色缎子晚装披风。她黑色的眼睛闪闪发光，踏着管弦乐队奏响的《拉克美》中最著名的《钟之歌》的旋律走下台阶，这也是她在大都会歌剧院的成名曲目。莉莉被夹在两位穿着警卫队制服的高个子临时演员之间，这两个人被雇来专门陪伴这位首席女高音。当她到达舞台的时候，用炽热的眼睛看了看观众，然后猛地张开了那件披风，露出了白色鸵鸟毛的衬里，衬托出里面那件美丽的粉红色缎子无肩带晚礼服。

那一晚她的声音状态极好，唱出了难度极高的颤音，这对一次《拉克美》咏叹调的精彩演唱来说是必不可少的。观众疯狂了。

之后，1961年，琼·萨瑟兰的经纪人为这位年轻的女高音和我作了一次预约，她将来到我在第七大街550号的服装工作室。还是十几岁的少年时，我在澳大利亚墨尔本的一次音乐会上见过这位红头发的歌剧演唱家。那个时候她非常年轻，我对她华丽的声音肃然起敬，这种崇敬一直维持到现在。

萨瑟兰小姐和她丈夫，著名指挥家理查德·波宁吉，来到我这间装饰着珊瑚色丝绸和镜子的工作室。我出来迎接他们，她立即给我留下了深刻的印象。当我们互道"你好"时，她六英尺高的个子耸立在我面前。她有着令人愉快的笑容，眼睛里闪耀着光芒，一头明亮的红头发恰到好处地搭配了她奶油般的白色皮肤。

我们开始讨论她表演的时间地点问题。我了解到她即将进行纽约的第一次演出，那是在林肯中心的一个音乐会上，指挥是伦纳德·伯恩斯坦。她需要为那个特别的夜晚准备一件礼服。我很高兴这位才华横溢、个性独特的女性选择了我。

"那太棒了！不过你为什么会想到找我呢？"我问道。

"我们只是非常喜欢你为莉莉·庞斯在大都会歌剧院休业典礼上设计的那身衣服。"她热情地说。

　　我顿时目瞪口呆。这位高大的伯伦希尔[1]式的红头发女孩站在我旁边，说她喜欢我为那位小巧玲珑的法国女高音庞斯小姐做的衣服。

　　"你希望我为你设计些什么？"

　　"一条黑色的裙子，领口不要太低，长袖，你知道，只要是高雅、简约，还有黑色就行。"萨瑟兰回答说。

　　"但是你有着如此美丽的肤色。为什么只要我设计一条单调的黑色裙子？"

　　"因为，它会让我看起来……瘦一些矮一些，你知道我的意思，就是显得没这么庞大。"她回答说。

　　"但是你确实挺庞大的。我没有办法让你看起来小一些。不，我们将让你看起来更巨大、更壮丽、更醒目。一句话，我要让你看起来非常惊人。"

　　你可以说那个时候我非常粗鲁和年轻，我从不害怕说任何一句话。萨瑟兰和波宁吉大笑起来。我也笑了，因为我的鲁莽。但是，由此我发现她很有幽默感。这种品质非常令人愉快，对一个年轻的设计师来说，和她工作起来更容易相处、更有乐趣。我们两个人都正处在漫长职业生涯的开端。

　　从那个时候起，我开始为她做一些最好的衣服。在她的服装上我永远坚持着这样的观点：她是有着一头炽热红头发的富有魅力的女歌唱家。我立刻把她带到了肯尼思——那个时候最好的理发师那里，他为她做了一种奇异的蓬松的新发型。像我所说的那样，她的皮肤白里透红，在舞台上看起来非常美。她的身材在林肯中心巨大的舞台上显得很正常。那个舞台有时甚至让她显得很矮小。在给她量尺寸的过程中我发现，尽管她非常高，可能有十八号，可是胸部对她这个身材的人来说算是非常平的。我们立刻开始制作一种紧身胸衣，我那个时候（现在也会这样）决定把它放进我做的晚礼服里面。那些用鲸骨支撑的紧身胸衣确实勒细

---

1. 伯伦希尔（Brunhilde）为北欧神话中九位女武神之一。

了她的腰，并让她的背挺得更直了。我们在她的胸罩里加上衬垫使胸部显得更丰满，来和她的身材相配。我们为她做了一些非常美丽的衣服，我从没有想过用"极富魅力"以外的词为她定位。在某种程度上来说她很像梅·惠斯特，但是更年轻，也更纯净。

我们也做了一些白天穿的衣服，比如说一套灰色的粗花呢套装，一件明亮的黄色上衣和几条羊毛绉绸裙子，让她在大都会的日间会议上穿。我从没看见她显得过于庞大的时候，这是因为她的身材比例很合适。当然，你也可以通过服装实现这一点，这是时尚的秘密所在。我们根据顾客的身材制作合乎比例的服装。我们既制作华丽的衣服，也做简单的衣服。我记得最深刻的是其中一条裙子，黑色蕾丝覆在黑色缎子上，无肩带的，有着小小的鱼尾裙摆。想象一下为超过六英尺高而且健康壮硕的女孩子做一条无肩带礼服是什么感觉！她把它叫做她的"小钻石"，非常喜欢穿它。她穿着那条裙子的样子简直就是魅力的化身。

为了她在纽约的第一次公开演出，我们制作了一条黑色底子上印有带绿叶的杏黄色玫瑰图案的礼服；一件巨大的丝绸披风罩在她的肩膀上，明亮的橘红色，衬里是和礼服同样的花朵图案。当她出现在交响乐大厅的舞台上时，观众发出一阵清晰可闻的赞叹声，然后是疯狂的喝彩。伯恩斯坦大师跳出指挥台准备向她致意，当他看着这团火焰沿着舞台向他走来时，很明显他惊呆了，对比之下他显得如此矮小。他立刻跳回到自己的指挥台，简单地向女歌唱家鞠躬并微笑。萨瑟兰突然变得令人惊叹的镇静，然后就像莉莉·庞斯一样，肩上披着漂亮的橘红色披风站在那里，向着观众微笑。这是一个让人屏息的时刻。音乐突然响起，她气势惊人地张开了披风（我们排演了很多次），当花朵礼服展现在观众面前时，观众席再次响起了一阵热烈的欢呼声。然后就是那灿烂的声音！萨瑟兰歌唱的时候就像一个天使，看起来令人惊奇。她完全从几个月以前来到我工作室的那个没有安全感的澳大利亚女孩的身体里脱胎换骨了。

这是一个什么样的夜晚啊！我哭了。后来在后台她拥抱着我说："谢谢你，阿诺德。我一生之中从未感觉自己如此美丽。今晚我真的觉得自己很美。谢谢你，谢谢你。"

随着时光流逝，琼·萨瑟兰在大都会歌剧院的地位越来越稳固，她也在其他城市举办了演唱会。她和波宁吉在第九十街和麦迪逊大道上拥有一座漂亮的房子。他们正在成为真正的曼哈顿人，在这个城市里寻找家的感觉。毕竟，在这个热爱明星的城市里，他们是一对引人注目的夫妻。

我在中央公园南边的小巢非常舒适，很适合招待客人，所以我决定为我的朋友波宁吉夫妇举办一场正式的超级舞会。我那间拥有可以俯瞰整个中央公园的大窗子、二十二英尺高的客厅里能容纳四十个人。瓦列里安·利巴尔在屋子里摆了一圈垫着棕色天鹅绒垫子的独家制作的不锈钢长凳。在暗色的红木地板上铺了一张由二十四块浅棕色狼皮拼成的大正方形地毯，这是毛皮商本·卡恩（我曾经为他设计过衣服）送给我的。壁炉的两侧是费尔南德·莱热[1]的作品，屋顶中央用一条天鹅绒绳子吊着一盏法兰西水晶枝形灯。这真是一个迷人的地方。

琼、里基和我草拟了一张囊括朋友和纽约歌剧界同事的客人名单。我那时的新朋友，帕克·莱德，也被邀请了。还有，阿琳·弗朗西斯和她的丈夫马丁·贾贝尔；迪安娜·卡罗[2]；南茜和她的丈夫银行家亨利·伊特尔森；大西洋唱片的创始人阿迈特·厄蒂冈；阿尔弗雷德和吉恩·范德比尔特；小威廉·伦道夫·赫斯特和他美丽的妻子奥斯汀；生气勃勃的艾琳·梅尔（闲话专栏作者"苏西"）；利兰·霍华德和帕梅拉；我的模特儿朋友吉利斯·麦克吉尔·阿狄森和她的丈夫布鲁斯；安迪·沃霍尔[3]；还有约翰·麦克休和特拉姆博·巴顿，他们俩是波宁吉夫

---

1. 费尔南德·莱热（Fernand Leger, 1881-1955），法国画家、雕塑家以及电影制作人。
2. 迪安娜·卡罗（Diahann Carroll, 1935- ），美国歌手兼女演员。
3. 安迪·沃霍尔（Andy Warhol, 1928-1987），美国画家、雕塑家和观念艺术家。他改变了当代艺术的面目，是波普艺术的领军人物。

妇的朋友，是一对同性恋（这在那个时候很罕见），有一所很出名的房子和一座豪华的周末别墅。大都会的负责人鲁道夫·宾和他的妻子也在被邀请之列。经常和琼一起演唱的玛里琳·霍恩[1]也受到了邀请，同时受到邀请的还有很受欢迎的节目主持人大卫·萨斯金以及他金发碧眼的漂亮妻子乔伊斯，后来她也成为一名节目主持人。伦纳德·伯恩斯坦同样在被邀请之列，还有埃里西亚·马科娃[2]，英国芭蕾舞女王，以及我们都很喜爱的令人钦佩的音乐和舞蹈评论家约翰·格鲁恩。

客人们到达了十二楼，把他们的外套扔在了卧室里，然后走过由卢塞特树脂扶手和不锈钢柱子制成的狭窄的红色楼梯。（利巴尔有一种对金属的迷恋！）我雇了一个五人小乐队，他们坐在那间开放式的阳台间里，从那里可以看到楼下的客厅。那间小阳台的一面墙上有几扇法国式房门，可以向外眺望中央公园；另两面墙则蒙着黄色和白色的壁纸。公寓里所有的大窗子旁都放着像树一样高大的绿色植物，给人感觉好像是坐在中央公园里。每间屋子里都摆着大量的白色马蹄莲和蜡烛，营造出节日一般的氛围。萨瑟兰穿着我为她做的闪闪发光的绿色长裙，精神抖擞地向每一个走下楼梯的人致意。这时，一个系黑色领带的英俊男人向我走来。

"我是约翰·格鲁恩。"他说。我一时震惊得说不出话来。这个站在我面前的人和我们认识的那个独一无二的约翰·格鲁恩毫无共同之处。

"当我接到邀请的时候我就觉得搞错了，"他继续说，"但我是琼·萨瑟兰的崇拜者，所以我不能不来。如果能和她说一分钟话，我会立刻离开。"于是我带着另一个格鲁恩先生去找琼，向她解释了这个误会。和这个冒名顶替者谈了几分钟话以后，他们发现他们有着共同的朋友，因为她的这个崇拜者也从事音乐行业。

"他看起来很正派，穿得也很正式，为什么不让他留下来吃晚餐呢？"

---

1. 玛里琳·霍恩（Marilyn Horne, 1934- ），美国著名次女高音歌唱家，擅长演唱亨德尔与罗西尼的曲目。
2. 埃里西亚·马科娃（Alicia Markova, 1910-2004），英国著名芭蕾舞演员、导演。

琼对我耳语说，她是一个最富同情心的女人。

那一晚我计划提供两道我最喜欢的菜。这个决定是自然而然的。从剧场或者歌剧院出来以后，我们经常去 Plaza 饭店下面的"橡树屋"餐馆，它就在我公寓旁边的街上。饭店的领班马里奥经常把我们安排在最好的位置，从那里我们可以看见很多在百老汇或者林肯中心的表演结束之后到这里来的名人。帕克和我总是点上两道我们最喜欢的晚餐菜肴：酒店做得最好的鸡丁杂烩，或者是薄煎饼裹鱼子酱。当我为超级宴会计划菜谱的时候，我就决定从 Plaza 预定鸡肉杂烩，买一些最好的鱼子酱，再配上自制的小煎饼。我对马里奥说我要为大约四十人预订这些。

"斯嘉锡，我们肯定会为您做到这些，"他说，"只要在前一天提醒我一下，我会很高兴地在第二天下午为您把东西准备好。不过，不管是谁来拿，请先确认你们有足够大的容器。"

我为这次宴会雇佣了一群很有能力的服务人员。一位令人愉快的瑞典绅士，那个时候以"煎蛋卷的鲁迪"的名号闻名纽约，据说能做出最好吃的薄煎饼。我还雇了三名漂亮的女服务生，全都穿着白色领口白色袖口的黑色小制服和镶褶边的白色围裙；一个技艺高超的调酒师；以及迈克尔，我认为他是这个城市里最出色的管家。当他那天晚上六点钟到达的时候，我派他到 Plaza 取鸡肉杂烩。我想我已经给了他一个足够大的容器，但是很快高效率的饭店领班来电话了。

"斯嘉锡，您拿来的容器无论如何都装不下那些鸡肉杂烩。"那时，为了使这个专门为高贵的女歌唱家举办的宴会尽可能完美无缺，我正在为最后关头的所有细节忙得焦头烂额。

"马里奥，不管什么东西，只要能把菜放下就行了，我不在乎它看起来什么样，我们肯定会在我这里把它们放进合适的盘子里的。求你了，马里奥，只要做到您能做的，我知道它就一定会很好。"十五分钟以后，倒霉的管家回到公寓的门口，拎着两个人们用来擦地板的金属桶，里面装着我们美味的鸡肉杂烩！不管怎么说，一切看起来还好，我们有了一顿最不可思议的晚餐，还有几夸脱的香槟。音乐响起，我们在夜晚翩翩起舞。这次宴会是一次光彩夺目的成功。

大约在这个时期，我决定放弃我在第七大道上的成衣工作室，搬迁到东五十六街，瓦列里安在新工作室里同样发挥了魔力。在这里我开办了第一个专业服装设计店，开始了定做生意。在搬迁过程中的短暂间歇，我们必须完成为萨瑟兰设计的衣服。萨瑟兰要求到另一个地点试穿衣服，于是她来到了我中央公园南边的公寓里。我们在小阳台上一边看着公园里优美的景色，一边做着工作。一天，当我们向外看的时候，琼突然转向我。

"阿诺德，看那些骑着自行车的年轻人们，是不是很棒？你知道吗，里基和我在澳大利亚一直骑自行车，我们总是那么高兴。现在，当然了，已经不再有做这事的时间了，你说是不是？"她的声音如此悲伤，我意识到，不管你变得多么成功（上帝知道，她是我们这个时代最伟大的歌唱家之一），你在这个过程中一定会遗失些什么。

"噢，好吧，"她叹息着，"让我们继续试穿吧，亲爱的男孩，我们今天肯定没有时间骑自行车。"

我们为琼作了很多美丽的衣服。我记得其中有一件高贵的暗棕色曳地缎子长裙，上面带着一条宽宽的絮得厚厚的镶边，粉红色的毛巾料衬里，这件衣服是特别为她制作的，用来在更衣室里穿，好接待那些表演以后冲到后台的人们。你要了解，女歌唱家要在舞台灼热的灯光下待上三个小时或者更长时间，出来的时候都有些汗津津的。我们还做了几件晚上穿的宽松睡衣、几条短裙和一件装饰着羽毛的暗绿色中长缎子大衣——它非常可爱。我们还为她做了很多穿在音乐会上的礼服，通常都带一件曳地的披风罩在衣服外面，当她走出来张开披风露出下面的礼服的时候，她可以带给观众很大的震撼，很明显，这是我对她在纽约第一次表演时穿的那套服装的不断模仿。主要是因为我认为用这种方法会让萨瑟兰感觉到快乐和安全。

史翠珊搬到了加利福尼亚，萨瑟兰后来也搬到了伦敦，我不可能再继续为她亲自量身和试穿了，因为她很少回纽约。当然她来这里的时候我会去看她，主要是在大都会的演出季节里。

六十年代末，帕克和我到伦敦去，我们被邀请到琼和里基家里吃午饭。这是一座迷人的英式房子，房子周围环绕着许多郁郁葱葱的树和一座可爱的花园。我们先进到客厅里，下几个台阶就能走进厨房边上的餐厅和花园，这三个地方在一条直线上。我记得萨瑟兰女士亲自下厨为我们准备午餐，菜肴非常美味。她穿着简单的裙子和开司米毛衣，带着一条小珍珠项链，完全就像是一位英国的乡村主妇。在伦敦的那天，帕克和我，与他们、他们的儿子还有其他一些朋友，相处得非常愉快。这成为我一直珍爱的一段回忆。

快进——2003 年 9 月 29 日，星期一，我们的好朋友彼特·沃尔夫邀请我们去参加纽约大都会歌剧院的开幕夜，这是一场非常别致的晚会，出席者都穿着正式礼服。蕾妮·弗莱明[1]在此初次登台，她唱的是威尔第的《茶花女》，舞台监督和导演是了不起的意大利人法兰克·切菲耶利[2]。晚上六点半，庄严的金色大幕拉开了，我们第一次看见了年轻的女歌唱家，她扮演心烦意乱的女主角维奥莱塔。她真是太棒了。一副几乎像模特儿一样的好身材，一张可爱的脸，毫无瑕疵的声音，毫无疑问她是一个好演员。角色的感情在舞台的灯光下精彩地流泻出来。她的这场演出就是完美这个词语的精彩例证。

我坐在第三排椅子上，思绪却飞回了三十五年前我第一次听见琼·萨瑟兰演唱这个角色的时候。当我想起那一刻，我仍然能感觉到骨头里的颤抖：她穿着美丽的长裙，裙子映着她明亮的红色头发，她是最为醒目的存在。她安静地站在舞台上，只是让她不可思议的美丽声音回响在歌剧院里，回响在观众耳畔，飘得很远，很远……清晰得，清晰得像钟声一样。哎，她并不是无缘无故地被称为"神奇的女高音"的。

---

1. 蕾妮·弗莱明（Renee Fleming, 1959- ），美国著名女高音歌唱家，她的歌声富于变化，充满了力量。
2. 法兰克·切菲耶利（Franco Zeffirelli, 1923- ），意大利歌剧和电影导演，主要作品有电影《驯悍记》《罗密欧与朱丽叶》等，曾获奥斯卡最佳导演提名。

玛丽·桑福德（左）和罗丝·肯尼迪（右）以及她年轻的儿子爱德华

第十二章

罗丝·肯尼迪
ROSE KENNEDY

罗丝·肯尼迪（ROSE KENNEDY, 1890-1995），美国前总统约翰·F. 肯尼迪的母亲。

　　我是在棕榈海滩通过好朋友玛丽·桑福德认识罗丝·肯尼迪的。玛丽是一个很特别的女人，非常自然而优雅，喜爱交际。当她还很年轻的时候，在纽约的舞台上是著名的"过分美丽"的玛丽·邓肯；后来在好莱坞，地毯大亨约翰·桑福德的儿子，家财万贯、喜欢玩马球的花花公子拉迪·桑福德遇见了她，立刻对她展开了疯狂的追求，并最终娶了她。他们是三四十年代最引人瞩目的夫妻。拉迪经常自己驾驶私人飞机，也是著名的赛马爱好者，在佛罗里达的桑福德拥有一批赛马和一个赛马场。他们在棕榈海滩有一座叫做"洛印加"的宏伟大厦。1967 年我在那里的时候，玛丽·桑福德被称为"棕榈海滩的女王"，她将这个称号一直保持到八十岁。

　　拉迪·桑福德的父亲在上个世纪之交于萨拉托加建造了这座赛马场。玛丽和拉迪在萨拉托加也有一座专门用于避暑的小房子。它毗邻一个美丽的高尔夫球场，人们都以为那是他们花园的一部分，人们称赞那片草地的时候她从不纠正，反而觉得很有趣。"如果那些该死的笨蛋不知道有什么不同，我为什么要告诉他们！"她哈哈大笑地说。桑福德赛马场里的小房子是这里的主要建筑，正好坐落于终点线旁边。玛丽对什么事都满不在乎，对自己和对她所过的生活都充满极强的幽默感。毕竟，她是一个演员，只要她想，她就能成为最高贵的上流社会中的一员，她永远都把她的嗓音降低一个八度，称呼每一个她喜欢的人为"亲爱的"，当然，如果她不喜欢这个人，则又是截然相反的态度了。

　　她喜欢成为场面的主导者，我们为她做了一些特别的衣服，其中很多都镶满了亮片、珠子和羽毛。她什么都可以接受，就是不愿意被人当成只能陪衬别人的普通人，不愿意做美丽的壁花小姐。那些日子里，在棕榈海滩有很多服装派对，某个晚上她的样子可能像稀奇古怪的日本艺妓，第二天就变成了郝思嘉。为了一场充满想象力的印度风情主题派对，我设计了一件漂亮的紫红色雪纺绸纱丽裙，全身绣着金线和闪闪发亮的小金珠。她戴着一条紧紧贴住脖颈的红宝石金项链，外面又加了一条镶着祖母绿和钻石的金项链，形成了一圈厚重的珠宝做的领口。玛丽和拉迪·桑福德以前经常去印度和一位当地王公一起打猎，并住在他的宫殿里。她告诉我，在一次拜访中，王公邀请拉迪进入"珠宝室"，一间像豪华珠宝商店一样专门用来陈列珠宝的房子，桑福德先生买下了这两条漂亮的项链。当女人们故作神秘地说她们的珠宝是从某位君主或者元首那里获得的，暗示这是一份私人礼物时，玛丽总是大笑，要知道桑福德太太对此更有发言权。在那个特别的夜晚，我和玛丽一起出席了印度派对，玛丽用镶着钻石的皮带牵着一条活蹦乱跳的美洲幼豹走了进去。自然，她引起了一阵轰动。

　　肯尼迪家族在棕榈海滩的建筑很有名，罗丝是玛丽·桑福德多年的好友。我们一起出席宴会，肯尼迪太太和我变得熟悉起来。罗丝·肯尼迪是一位娇小的女士，非常时髦，打扮得体，总是穿着巴黎时装。即使我们只是午餐时间在某一个庄园潮湿的土地上散步（可能是企业家和金融家帕特里克·兰南的庄园），肯尼迪太太也永远穿着又高又细的高跟鞋。她经常陷到土里面去，鞋子黏在地里，她会大笑着说："噢，斯嘉锡，请帮我弄出来，看来我得去买些糟糕的平跟鞋了。"但是，当然了，她一双平跟鞋也没买过。

　　我过去曾经为罗丝·肯尼迪做过一些东西。有一天，她打电话给我，"斯嘉锡，我需要一件晚装大衣，我想你是唯一能为我做好它的人。我没时间去巴黎了。你曾经为玛丽·桑福德做了那么多美丽的衣服，我相信你会给做我一件漂亮的大衣。"嗯，我们做得很好。我们给她做了一条长长的白色斜纹丝绸双排扣哔叽大衣，这件衣服她穿了又穿，非常喜爱，直到最后才用一件相同款式的极淡极淡的粉色大衣取代了它。她是一个既迷人又有趣的爱尔兰女人，说话完全不经过仔细思考，脑子里突然想到什么她就会立即说出来，一般来说，或者非常有趣，或者非常实在、直接。

1972 年罗丝的女儿尤妮斯[1]的丈夫萨金特·施莱孚[2]竞选副总统的时候，肯尼迪太太给我打来了电话。

"我希望你能为尤妮斯做些衣服。我们能在星期四八点半到你的工作室来吗？"她问道。我们的工作室上午十点钟才开，因为那个时候那些社交名媛们才会来这里试穿和预订衣服。

"啊，肯尼迪太太，那对我们来说实在太早了。"

"我知道，阿诺德，但是你们能不能帮我这个忙？因为尤妮斯实在很忙。如果我能早点儿带她来一切就好办了。"我理所当然地妥协了。我想，如果是你，对罗丝·肯尼迪，美国上一任总统的母亲，你也会这样做的。她迷人而亲切，你没有办法对她说不。

她如约而来。那天早晨我费了很大劲才起来，和我一起的还有裁缝，工作室的负责人玛格丽特，以及其他那些应该在这里和我们一起为她服务的人，我们都很高兴。这就是定制时装的精髓所在：对顾客的优质服务，为女人提供一些无法在成衣商店里买到的衣服。她到的时候，我觉得她看起来真的很棒，我也是这样对她说的。

"真的吗？我不敢相信。你知道吗，阿诺德，我在今天早上五点半就化好了妆，然后六点半就出发了。我要出租车司机载着我在附近转悠到八点半，因为我不想来得太早打扰到你。我看起来一定很糟糕。"她打开了一个漂亮的小粉盒，补了补她的唇膏。

"现在让我们看看衣服吧。我们要给尤妮斯选些什么呢？"

---

1. 尤妮斯·肯尼迪·施莱孚（Eunice Kennedy Shriver, 1921-），她一直热心于残疾人事业，1968 年创立了国际特殊奥林匹克委员会和特奥会运动基金——肯尼迪基金，并且一直担任特奥总部负责人。
2. 萨金特·施莱孚（Sargent Shriver, 1915-），美国民主党人士、政治活动家。

　　我们走进样品室，所有的衣服都挂在那里，我们挨个儿看。因为我知道尤妮斯必须在萨金特·施莱孚竞选副总统过程中和他一起做全国巡讲，我建议做一些套装、一件大衣和一些宴会用的短裙，她可以在不同的城市里穿，感觉也很舒适。在场的所有人都挑中了一件美丽的紧身长裙，我觉得它很适合施莱孚太太高挑纤细的身材，她可以在很多场合里使用它。挑完衣服后，肯尼迪太太和我回到沙龙，在等待她女儿的过程中喝起了咖啡。

　　"现在，请记得，阿诺德，你应该把我们看过的和我们放在一边的衣服都拿给尤妮斯看，但是不要告诉她我选择了哪些，否则她会非常沮丧，然后把它们全都扔开。你知道女儿都是什么样子的，她们永远不希望母亲为她们选择任何东西。她们只想要自己的选择。如果你给她看那些衣服然后说你觉得那些衣服适合她，我肯定她会接受，然后会把大多数我们选的东西预订下来。"

　　嗯，这对我是一个启示，因为在蒙特利尔时，我妈妈也曾对我的姐姐伊莎贝尔做过同样的事情。我意识到所有的妈妈某种程度上都和犹太妈妈一样，对孩子像母鸡护着自己的小鸡。罗丝·肯尼迪，这个令人钦佩的拥有无与伦比的精彩人生的女人，她的儿子曾经是总统，她的丈夫曾经是美国驻英国的大使，但是现在她在告诉我一件和我妈妈为女儿所做的一样的事情。我很惊讶。

　　她被她的孩子们所爱戴，她经常从巴黎给她的儿子约翰·肯尼迪打电话。他们会聊一些他的近况，她看见了什么衣服之类的琐事，她还会给他详细解释一些她从设计师——巴黎世家之后主要是纪梵希——那里定的衣服的细节。如果鲍比在旁边，他也会听着，并和他妈妈交谈。这件事让我对罗丝·肯尼迪有了一个特殊的看法：她关心她的孩子们想些什么，她为他们和他们所取得的成就自豪；同时也对肯尼迪总统有了特殊的认知：他会在他百忙之中抽出时间来陪母亲聊天，很明显他也非常关心她。我并不认为她曾经对总统有过什么政治上的干涉，但我相信罗丝·肯尼迪确实深深影响了她的儿女，他们为此深爱她。

我们之间有一种让人愉快的联系，我经常能看见她。我当然很高兴有她陪伴，同时觉得她也很高兴和我相处，因为无论什么时候我看见她，尤其是在棕榈海滩，她都会主动向我走来。

我记得有一次，帕克和我正在棕榈海滩沃斯大道上一个画廊的开业典礼上，肯尼迪太太进来了，她直接走向我们。

"哦，斯嘉锡，请一定要和我说英语。你想说什么都行，只要是英语，求你了。"她紧张地说。

"好的，肯尼迪太太，当然可以，你想谈些什么？"

和宝琳·皮特以及帕克在棕榈海滩的印度主题派对上

"噢，我并不怎么在乎谈什么，今天一整天我都在和一个日本代表团说话，我完全要崩溃了。我简直迫不及待地要喝点儿什么，找个人说说我的母语。"帕克递给她一杯酒，我们看着那些画聊了起来。那是七十年代，正处在女权运动高峰期。我很想知道她对这个问题的看法。

"告诉我，肯尼迪太太，你对女权运动有什么看法，你是支持还是反对？"

"噢，亲爱的，我完全支持它。事实上，它来得太慢了，但是我真的相信到了二十一世纪美国会发生巨大的变化，我们会有一个黑人同性恋修女在白宫里做我们的总统。记住我的话，这一天一定会到来的。事情正在发生，我为妇女们所做的一切感到非常兴奋，我也知道所有这一切都将实现。"帕克和我大笑起来，她也格格笑着。我们都被这位"第一母亲"的话震撼了，但是她看起来却又非常认真。我惊讶于这种想法和这种情况会发生在这个小巧玲珑的女人身上，别忘了她可是在波士顿天主教家庭的严格教育下长大的，后来还成为了国际舞台上的显赫人物。

我非常喜欢她，而且我怀念这样的女人。她们好像是六十年代和七十年代的产物，那段时期里，我们的生活发生了巨大变化，生活的视角改变了，关于人类本质的观点也改变了。所有这些问题好像都有了另外一些答案。极端保守的五十年代消失了，那些卓越的、强大的、在历史上留下位置的女人们对她们的想法畅所欲言无拘无束，罗丝·肯尼迪无疑就是这些富有洞察力的女性中的一员。

玛丽·卢·惠特尼，同样在棕榈海滩、萨拉托加和肯塔基州有很大影响，她的丈夫是萨尼·惠特尼，美国最富有的人之一，曾经参与制作了电影《乱世佳人》。惠特尼家族有着古老的血统，十九世纪就来到了这片海岸。玛丽·卢喜欢玩得开心，她带给她丈夫四十年的愉快生活。她是活泼的南方人，金发碧眼，卷头发，我相信她认为自己是个公主。她有很多品种优良的赛马，在她七十多岁的时候她把这些马场和她财产的管理权交给了她的新丈夫，英俊的约翰·汉杰克森，他比她年轻三十多岁。作为罗丝·肯尼迪和玛丽·桑福德的同类，玛丽·卢也喜欢给他人带来震撼。一次，在她位于肯塔基州的美丽家中，我们全都坐上大巴士赶去参加"肯塔基赛马会"，这辆巴士是她专门为五十位好友雇来的。我赞美她穿着蓝白色方格的斯嘉锡新衣服戴着大草帽的样子看起来很精神。

"你今天看起来多年轻呀，玛丽·卢，你是不是偷偷做了一个面部整容小手术？"我揶揄道，"脸上一条皱纹都没有。"

"完全没有，斯嘉锡，"她大笑着说，"我只是使用了倍美力阴道软膏[1]。如果它能拉紧一切东西，难道它在这里就会没有效果吗？"她指

---

1. 一种从天然物质中提取的雌性激素混合物。这种软膏一般用于治疗萎缩性阴道炎和外阴萎缩症。

着自己的脸说。

　　后来，萨尼去世以后，我在东河[1]的公寓里为她举办了一次晚餐派对。客人们被邀请在晚上八点十五到来。七点四十五门铃响了，我让我的女管家格兰迪娜下楼看看是谁来得这么早。女管家很快回到了楼上。

　　"是谁啊？"我问。

　　"她说她是惠特尼太太，但是这位女士看起来要比她年轻得多。"当然了，这就是玛丽·卢，她做了一次整容除皱手术，格兰迪娜的反应让她非常高兴，这正是她想要听到的。我们为她做了很多美丽的裙子，大大的白色褶边裙或者富于曲线的紧身衣服，来配合她最新的美女形象。相信我，当玛丽·卢穿着她最新的斯嘉锡服装、戴着惠特尼珠宝走进屋子里时，其他女人都被她比得黯淡无光。

　　通过玛丽·桑福德，我结识了棕榈海滩所有有地位的时髦女士。特里萨·安德森，著名银行家的妻子，是红头发的南方美女，她的笑容会让你第一眼就爱上她，她成了我的好朋友，定做了很多漂亮衣服，有的是充满异国风情的纱丽裙，有的则完全相反，是典型南方美女风格的白色或者粉色绣花蝉翼纱裙。特里萨让我大吃一惊的是，她是我见过的最早做隆乳手术的人。胸部非常大，但是不像帕梅拉·安德森[2]（两人

和帕克在我们郁郁葱葱的棕榈海滩花园里

---

1. 东河是一条连接上纽约湾和长岛海峡的狭窄的海峡，将曼哈顿区、布朗克斯区和布鲁克林区、皇后区隔开。附近的两边都可以看见上东区。
2. 帕梅拉·安德森(Pamela Anderson, 1967-)，出生于加拿大的性感偶像、著名的封面女郎。

毫无亲戚关系!)那么夸张。她看起来很迷人,但是当你和她跳舞的时候,会感觉到两个坚硬的球顶住你的胸膛,你就立刻知道它们不是天生的了。还有其他很多很出众的女性成了我的朋友,我和我的衣服成为这个岛上社交生活一个必不可少的部分。

我和棕榈海滩的缘分继续着。我有一座带漂亮花园的小房子,离海只有一百码的距离。帕克和我拥有很多朋友,以及很多后来成为好朋友的顾客,比如说,非常可爱又极受尊重的女市长,莱斯利·史密斯,早在六十年代就买过我的衣服。还有,善解人意又迷人的黛安娜·韦斯特,著名食品公司金宝汤的女继承人,在她生命中的最后三十五年里我曾经为她制作过两套结婚礼服和很多衣服。当然,还有我们的朋友,吉列公司创始人金·C.吉列的后代丽兹·吉列。另一位是钢铁制品公司的女继承人。还有,彬彬有礼的室内设计师宝琳·皮特,她的生活和这些女继承人不太一样,她是一位令人愉快的陪伴者,棕榈海滩最爱社交的金发美人。她在位于湖畔的漂亮房子里举办过最好的宴会。还有特利·克莱默,曾经赢得托尼奖的百老汇导演,他的父亲是查尔斯·艾伦,卓越的投资公司艾伦公司的创始人,他经常在他豪华的海边别墅中举办大型宴会,通常是为了庆祝一些节日,比如说感恩节,或者是圣诞周。我们也热爱糖业大亨范朱斯一家,最富有魅力的艾莉米亚和佩佩·范朱斯经常用老派风格招待朋友。所有这些人让棕榈海滩变得特别起来,我很高兴有这样一群好朋友。

我为贝蒂·斯柯里普斯[1]做衣服,她是一位可爱的金发碧眼的女人,总是穿着红色、粉红、淡蓝或者象牙白的衣服,喜欢用雪纺绸、蕾丝、绉绸等面料,日常装束是红色或者米色的粗花呢衣服。她有着良好的品味(包括对珠宝)以及绝妙的幽默感。贝蒂是一个最为慷慨的慈善家,尤其对艺术,她是华盛顿歌剧协会和其他几个优秀组织的主席。

---

1. 贝蒂·斯柯里普斯(Betty Scripps),美国斯柯里普斯出版集团的女继承人,一位著名的艺术资助者和慈善家,个人出资建立了斯柯里普斯基金会。

奥黛莉和她的丈夫，美国商业银行主席马丁·格鲁斯，大约五年前搬进了他们意大利式的宫殿里，成为棕榈海滩重要的一部分。马丁在新西兰玩了几年的高尔夫球，直到一次倒霉的摔跤终止了他的运动生涯，不过他的身材至今仍然保持得很好。维罗尼卡·赫斯特，一个黑发细腰、极其富有的异国女人，伦道夫·赫斯特的遗孀，拥有一座距离海边只有三百英尺的最不可思议的"城堡"。

大慈善家西莉亚·利普顿·法利斯女爵士[1]有很多我做的七十年代的衣服，她生得很好看，很有创造力。她以前在英格兰是一位女演员，现在也是一位很好的画家。她和罗丝·肯尼迪多年来一直是密友。看见西莉亚这位高高酷酷的金发美女和小巧玲珑的令人愉快的罗丝站在一起是一件很令人惊奇的事情，其中一位有着浓重的英格兰口音，另一位则是纯粹的波

罗丝·肯尼迪和西莉亚·利普顿·法利斯女爵士

士顿名流。很多人喜欢这位高贵的爱尔兰女士坦率的性格和令人愉快的面容。

尽管来自波士顿，但罗丝·肯尼迪是棕榈海滩真正的偶像。

---

1. 西莉亚·利普顿·法利斯女爵士（Dame Celia Lipton Farris），生于苏格兰，她是二战期间一位著名的歌手和艺人，后来嫁给了美国工业家维克多·法利斯，并在 1985 年他去世后获得了超过一亿美元的遗产。她对慈善活动的贡献使她获得了女爵士的爵位。

克劳黛的八十岁生日，在我中央公园以南的复式公寓里

第十三章

克劳黛·考尔白
CLAUDETTE COLBERT

克劳黛·考尔白（Claudette Colbert, 1903-1996），生于法国巴黎，1934 年凭借《一夜风流》夺得第七届奥斯卡最佳女演员奖。

　　帕克为了去巴巴多斯岛[1]度假的事情折磨了我好几年，我总是搪塞过去，因为在我印象里那儿全都是些乏味的老式英国人，我发自内心地认为在那里我们不会过得很愉快。但是，1971年春天，通过一次和《纽约时报》妇女版主编夏洛特·柯蒂斯一起吃午饭的机会，我完全改变了自己的看法。在她的描述中那里是如此美丽，豪华的桑迪·雷恩酒店[2]无与伦比，水、空气、晚间凉爽的微风都如此迷人。毫无疑问，那是一个最美丽，最浪漫的地方。"阿诺德，"她说，"你必须亲自去看看。"

　　帕克从查尔斯·斯克莱伯纳之子出版社下班回到家的时候，我向他宣布了这个惊喜。不过他还是很怀疑。"但是你曾经说你永远也不想去巴巴多斯。"他说。

　　我说："噢，无所不知的夏洛特·柯蒂斯告诉我那是一个再美妙不过的地方，我们应该去看看，看我们能不能喜欢那里。我们只待十天，如果讨厌那里随时可以离开。"

　　当我告诉我们的朋友戴娜·凯亚，丹尼·凯亚[3]的女儿，她说："你一定要去拜访一下我的教母，她是一个令人愉快的女人。"我说："好极了，我们很高兴能结识那里的人。你的教母是谁？""克劳黛·考尔白，"她说，"而且她有一所最美丽的房子，就在海岸边。拜托，请答应我你一定打电话给她，我会告诉她你们会去她那里。"

　　帕克和我来到了巴巴多斯岛，第一眼就爱上了这个岛屿。两天以后，

---

1. 巴巴多斯（Barbados），占据西印度群岛最东端岛屿的一个国家。
2. 桑迪·雷恩酒店（Sandy Lane）位于巴巴多斯西海岸，多次被评为世界上最佳度假酒店。
3. 丹尼·凯亚（Danny Kaye, 1913-1987），美国著名演员，曾经两获金球奖。

我们鼓起勇气给考尔白小姐打了个电话，我们一直听说她是一个令人敬畏的女士。女管家接了电话，询问了我的名字，然后走开了。几分钟以后，那个著名的美好声音哼着轻快的小调飘过来，在电话里说："你好，我是克劳黛。你是阿诺德·斯嘉锡吗？"我说："是的，戴娜·凯亚建议我给您打电话。"我们聊了一下，然后她问我说："明天你愿意来喝杯茶吗？"我说："当然，我非常愿意，我会带来我的朋友帕克·莱德。"她说："知道了。我会在明天四点半等你们两个来。跟我说说，戴娜最近怎么样？"我们又聊了一会儿她的教女。然后我意识到我们将和银幕传奇巨星克劳黛·考尔白共进下午茶。

第二天和巴巴多斯旅游旺季大多数的天气一样，非常晴朗。我们从美丽的海岸疾驰回来，奔上楼去，为了和克劳黛的午茶约会好好把自己打扮了一番。我们决定着便服去，穿上开领衬衫和亚麻裤子，还有平底凉鞋，当然啦，没穿袜子，因为那是在热带。

我们开着英式小型敞篷车，和英国一样这里是在道路左边行驶。克劳黛住的地方离桑迪·雷恩饭店大约有十五分钟的车程，当我们到达她家车道的时候，看见了石头柱之间那扇漂亮的大门，上面的牌子写着这座房子的名字："碧乐来"。大门是开着的，很明显考尔白小姐正在等待我们。

我们向比尤拉致意，后来我知道了这位女士是这里的管家兼厨师，是打理碧乐来的许多当地人之一。她穿着一件白色领口和袖口的短袖粉红方格花布制服，头上戴着一顶浆得笔挺的可爱小帽，围着一条浆挺的围裙。她用典型的巴巴多斯人的鼻音对我们说："考尔白小姐出去了一小会儿。请进吧。"

克劳黛的家是一座极美丽的种植园房子，最早是由十九世纪早期一个甘蔗巨商建立的，完全由木头建成，有着那一时期的豪华建筑标志性的白铁皮斜屋顶。我们登上外面的小楼梯，走进了顶层的大厅。光亮的黑漆地板上铺着一块斑马纹地毯。右手边是餐厅，左手边是起居室。和多数热带岛屿的房子一样，有着大大的无玻璃窗子，可以向外眺望海面、青翠的树林和花园。这里真是太迷人了。听说克劳黛自从二十世纪五十年代和丈夫约尔·布莱斯曼医生买下这座房子后就一直住在这里。

我环视起居室时发现了两张法国印象派画家莫里斯·尤特里罗[1]的作品，我对此印象很深刻，因为那不是大多数电影明星会收藏的艺术作品。他们中更多的人会去收藏雷诺阿[2]那种可爱又甜美的作品。房间里放满了舒适的小椅子和沙发，上面都铺着蓝白印花棉布。一张十五子棋桌子摆在角落里。这是一个可爱的房间，典型的英国殖民地风格，体现了主人相当完美的品位。这里没有任何突兀的地方，比如说某些碍眼的红色或者紫色。我以前听说过考尔白小姐会画画，但是我在这房间里找不到这位女士留下的任何亲笔痕迹。

几分钟以后，我们听见了那个独一无二的极具魔力的颤声从走廊里传来："我马上就来。"然后，她用低一些的声音说："那只该死的鞋子在哪里？"一分钟以后，伴随着一阵著名的大笑，克劳黛·考尔白跃进了屋子。她的眼睛闪闪发亮，脸上带着明朗的微笑，还是顶着一成不变、我们在银幕上看了几十年的发型，刘海内翻，棕红色的头发。这很让人惊讶，她一定至少年近古稀，但看起来绝对不超过五十岁，她好像永葆青春。

"很抱歉让你们久等。我找不到另一只鞋子了。我想我差点儿要崩溃了。（不过她看起来却很镇定。）你们想喝点儿酒吗？还是我们喝点儿茶？"没有等到回答，她就开始叫道："比尤拉，我们现在要喝茶了，让我们到阳台上去吧。"我后来发现了这一点：她一直完全掌控着场面的主导权。克劳黛·考尔白在银幕以外也完全和她很多年前在银幕上一样，带着充满诱惑力的微笑，表现得殷勤而柔顺。

我们走进了花园，到处都是摇摆的棕榈树和郁郁葱葱的热带树木，

---

1. 莫里斯·尤特里罗（Maurice Utrillo, 1883-1955），法国画家，专擅城市风景画。
2. 雷诺阿（Renoir, 1841-1919），法国画家，印象派领军人物，代表作有《煎饼磨坊舞会》等。

几步以外就是绿松石色的大海。电影女王带着我们走向中国式的凉亭，这是一个巨大的白色露台式建筑，几根柱子和格架撑起双层的宝塔式屋顶，从外面看起来很像是一把白色的大雨伞，但是我们坐在下面的时候又能感觉到热带的微风。亭子里有一张漆成红色的桌子，旁边有几把同样图案的椅子，我们坐了下来。这里就是喝茶的地方。这是一个多么棒的茶会呀！几盘黄瓜和水田芹的小三明治，还有几盘小甜饼。两块大大的蛋糕，做得漂亮极了，让人简直不舍得把它们切开。所有这些点心都是两个像比尤拉一样穿着方格花布衣裳的当地年轻女孩提供的。当年轻的女孩子们服务完的时候，她们后退几步坐到柱子后面，直到她们的女主人摇响一个小小的银铃召唤她们的时候才出现在我们的视线以内。一切都如此美丽，简直像是电影里的场景。很明显，这一切的"导演"，考尔白小姐，是一位爱炫耀的主人，也是一个令人有点儿害怕的完美主义者。

她的魅力完全吸引了我们，浑身都带着优秀的女主人应有的标志。她问了我们很多问题，没等我们回答就自己先给出了答案。我们真的喜爱她，很短时间里我们就成了朋友。

我非常喜欢这个岛，于是像任何一个优秀的金牛座会做的那样（这是天生的标志），我立刻开始看房子，准备买一个下来。我们被介绍给地产中介伊恩·麦克格雷格，一位真正的绅士。尽管在复活节假期里没有人想卖房子，他们却很亲切地邀请我们参加了很多宴会。我们发现自己很快地融入其中，过得非常愉快。

一次晚餐上，我坐在一位快活的胖女士旁边，她穿着颜色很明亮的束腰长袍（这是七十年代度假必不可少的装备），略带桃色的金发，玫瑰色的脸颊，淘气的大笑，非常有趣。她叫弗娜·赫尔，西尔斯百货公司的女继承人。我们相处得非常愉快，一起喝了几杯朗姆酒（巴巴多斯的朗姆酒非常有名）之后，她邀请我们第二天去她家吃午餐。

我们来到了海边一座相当简朴的房子，正好就坐落在克劳黛·考尔白房子的旁边。弗娜·赫尔是一位画家，喜欢画抽象画。她独自居住，传说她是一位著名的女同性恋。我们非常喜欢她的陪伴，同时很感兴趣地发现这两位紧挨着的邻居从不说话。尽管她们曾经是很好的朋友，她们友谊的裂缝发生在约尔·普莱斯曼去世之前，克劳黛在两家之间筑起了一道墙。考尔白曾经把弗娜称作"那个怪物"，而弗娜在那位电影明星的房子边上装了一架望远镜，监视她的每一个动作，并且不断为她们亲密关系的终结表示伤心。我们开始明白，我们在和考尔白小姐成为朋友之后再来拜访赫尔小姐很不明智。不过那个时候我们并不真的很在意这个狭隘的岛上的流言蜚语，因为我们几天以后就要回纽约了。

第一次巴巴多斯之行以后，我们经常回岛上去，在那里交了很多朋友，每次都和克劳黛吃上至少一回午餐或者晚餐。我们慢慢和她混得非常熟，并开始了解了我们这位名人朋友的吸引力和怪脾气。

1971年一个下雪的下午，我正在厨房里做意大利式细面条和干酪沙司，突然电话铃响了，是克劳黛·考尔白。

"海伦和我正坐在巴巴多斯的露台上。今天是一个美丽的晴天，我们刚刚出海回来。我们突然想知道你和帕克为什么不到这里和我们在一起，"她大笑着说，"我很希望你们两个能来碧乐来和我一起玩。你觉得你们这几周能来吗？待上十天可以吗？"海伦·奥哈根是克劳黛的好朋友，经常到巴巴多斯陪她，有时也和她一起住在纽约的公寓里。这几年里她一直是我关系密切的生意伙伴，她是萨克斯第五大道百货商店公关部的副经理，我的衣服在那里有柜台。她娇小又好看、明朗又可爱。每次海伦在的时候克劳黛总是心情很好。

我们临走前，多年的好友艾琳·索兹曼——她是一位漂亮迷人的高级副经理，萨克斯第五大道的时尚指导，告诉我们说："你们一定要带上一些录像带，因为那边晚上没有什么好做的，克劳黛不喜欢外出，也不喜欢你们把她单独留下来。"我们带了一大堆录像带。到了以后我们开始了短暂的假期，不过我们惊讶地发现我们是唯一的客人。克劳黛心情依然很好，我们三个相处得非常好。考尔白小姐经常让客人来吃晚餐，或者我们三个人一起到朋友家去。我们好像总是有很多可以聊的话题，从来没有在午夜以前上过床，也从来没时间去看那些录像带。

一天的固定日程是这样的：考尔白小姐每天早晨十一点半准时出现。她穿着长袖低领的黑色紧身游泳衣和紧身短裤，展示出她传说中的一双美腿，头上戴着一顶波纹图案的老式橡胶游泳帽，紧紧包住脑袋，下颌系了条带子，将它固定在头上。在她化妆得很精致的脸周围没有漏出一丝头发，你能看见她著名的下巴。她的皮肤仍然非常紧实，尽管这位女士已经七十多岁了。（一天晚上当我们三个待在一起的时候，她告诉我们几年以前她曾经做了一次"小小的面部除皱手术"。）克劳黛从来不单独下海游戏，尽管她是很出色的游泳健将，一般都是游仰泳。我们会陪着她，看她进入大海，然后目送她快速地游走。就这样，每天早上，她带着那套独一无二的游泳服和完美的妆容出现，看起来完全就是这位电影女王的经典形象。

游完泳以后，我们各自回到房间里抓紧时间换衣服，以便在十二点半以前能赶回来喝上比尤拉在室外餐桌上摆下的美味朗姆酒。午餐一点十五在阳台开始，不能迟到。如果你不幸迟到了一次，接下来的日程就没你的份儿了

这是美好的一周，我们和女主人过得非常愉快。晚餐过后的咖啡时间里，克劳黛会给我们讲述她以前的故事：在1935年嫁给普莱斯曼医生以前，她和自己最初的男搭档诺曼·福斯特有六年的婚姻生活。一个晚上她无意中透露她曾经有过一次流产。当时电影厂的主管认为孩子会破坏她的职业生涯和作为"爱之女神"的银幕形象，这位野心勃勃的妈妈毅然同意了打掉孩子。很明显，诺曼·福斯特对于这个决定很不高兴，因为他很想要孩子，但是他的妻子坚持事业至上。不幸的是，这种事情在二三十年代很多电影明星身上都发生过，尽管她们在银幕上必须表现得很性感，人们却期望她们在生活中纯洁无瑕！据说那个时候琼·克劳馥和贝蒂·戴维斯也曾经被迫向这种不合理的压力屈服。

她给我们展示她的画作，多数画的是花，画得非常好，她还偷偷告诉我们，那两幅我们很欣赏的尤特里奥作品是假的，是几年前她卖出去

的原作的复制品。那一周我们开始对克劳黛·考尔白有了更多的了解，我们成为了真正的朋友，相处起来和任何好朋友一样。电影女王的形象在我们心中渐渐远去了，留下的是真正的克劳黛·考尔白。

1989 年克劳黛获得了肯尼迪中心奖——华盛顿一个表演艺术的奖项。她将和传奇的芭蕾巨星亚历山德拉·达尼洛娃[1]、哈里·贝拉方提[2]和玛丽·马丁[3]一起接受颁奖。我的老朋友，广告天才彼得·罗杰斯，也是克劳黛的一个密友。他曾经构思了广告"我和我的斯嘉锡"，也曾经策划组织过著名的"什么是最传奇之物？"[4]广告活动，克劳黛在其中有过演出。因为她在断断续续六十年辉煌的电影生涯中对自己有了深刻的了解，所以她是唯一对自己形象不满意的明星。她要求重新拍照，改变照相机的灯光和角度。第二次她很高兴地回家了，带走了一件漂亮的宝嘉美黑水貂皮大衣。

彼得曾经见过一条我为秋季服装秀设计的裙子，他非常喜欢。黑色的天鹅绒上身，领口和手腕周围带着醒目的白色山茶花，多层黑色丝绸薄纱组成的长裙摆很宽大，走起来的样子非常美丽。

"这件衣服绝对应该属于克劳黛，"他说，"我要买下来作为圣诞礼物送给她，她可以穿着它到肯尼迪中心领奖。"尽管克劳黛对此有些怀疑，因为她以前从来没有穿过斯嘉锡，不过彼得还是把她带到了工作室，她立刻爱上了那条裙子。经过了仅仅两次修改和试穿，礼服就弄好了。

"我简直不能相信，我在好莱坞从来没见过哪条裙子试穿次数少于四五次。他们一定工作了整个晚上！"

"克劳黛，亲爱的，之前经过了六十五次测量，"我解释道，"我们

1. 亚历山德拉·达尼洛娃（Alexandra Danilova, 1903-1997），俄裔美籍著名芭蕾舞女演员。
2. 哈里·贝拉方提（Harry Belafonte, 1927- ），著名的牙买加裔美国歌手、社会活动家。
3. 玛丽·马丁（Mary Martin, 1913-1990），美国著名影视演员。
4. 美国布莱加拉美皮草公司六十年代一个著名的系列广告，曾经入选美国《广告时代》评选的二十世纪全球成功广告案例 Top100。

制作了一个身材和你完全一样的假模特儿，只是没有你的头！现在没有人想要花时间来试穿，这一点是真正的时装应该做到的。"她拥抱了我，并且答应我们她会穿这件礼服拍一张快照，尽管她现在"没有化妆也没做其他修饰"。（我心想：你可以对我撒个小谎。）她在华盛顿穿着这件裙子赢得了很多喝彩。我真的为她感到高兴。

我们到巴巴多斯度假，总是会到碧乐来跟克劳黛待在一起，直到我和帕克开始在这个岛上租房子，或者去墨西哥南部的阿卡普尔科或者棕榈海滩，这些都是当我还是个蒙特利尔孩

为肯尼迪中心奖准备的裙子

子时就知道的地方，阳光灿烂、能够远离寒冷的冬天。我必须承认，这种能逃开北方严寒享受温暖气候的想法真让我愉快的不得了。

1990 年的一天，我们到克劳黛的家里参加一次精彩的假期家庭宴会。海伦·奥哈根在那里，还有艾琳和她著名的室内设计师丈夫雷尼·索兹曼、克莱尔·特雷弗、迷人的马蒂·史蒂文斯——她的爸爸曾经担任米高梅电影公司的总裁很多年。我们和这些非常友好的朋友一起度过了一个非常奢华的晚上。帕克和我注意到，当周围的女人比男人多的时候克劳黛的心情就会一直很好。我想这让她感到放松，而且能和她们谈一些"女孩子的悄悄话"。那时是旅游季节的高峰，我们经常出去玩，很多人来参观。克劳黛一直容光焕发。

一天我正在和一群人照相，我特意小心地避开我们的女主人，因为她提醒过我们，她不喜欢别人给她照相。当我们发现雷尼和艾琳坐在克劳黛旁边的时候，这位明星突然开口说："为什么你们总是不给我照相呢，难道你们认为我不够上镜吗？"从那以后，每张集体照片里我都把

她拍进去，还给克劳黛单独照了一些精彩的照片。

第二年，帕克和我住在客人间里，这间小别墅距离主建筑大概有几码远。它被粉刷成了粉红色和翠绿色，挂着带褶边的白窗帘，这屋子装修得非常有女人味，我们很喜欢它，因为它给了我们一些私人空间，我们可以必要时打电话给我们的办公室。鲍比·萧特，举世无双的超级夜总会歌手，那时也在那里，他住在大房子里。克劳黛家里只有我们三个客人。帕克开着克劳黛的小轿车载我们四处旅行，去参观美丽的植物园或者跑到更险峻的西边海岸野餐，通常比尤拉会让我们带上一顿美味的午餐。我们在岛上留下了很多笑声，尽管我们发现克劳黛有时会想念在别处的海伦或者其他一些女士。有时她会有一点儿暴躁，这完全不是她的一贯风格。

一天早上帕克和鲍比去巴巴多斯首都布里奇顿买东西，我则留在家里给纽约员工打电话。突然，别墅的门砰地开了，考尔白小姐站在门口，穿着她标志性的游泳衣，看起来怒气冲冲的。

"人都到哪里去了？"她大吼道，"现在十一点半了，我要去游泳，为什么周围一个人都没有！"我要她别着急，我两分钟以后就会和她在海岸上碰头。我穿上我的游泳服，跑到海岸，那位明星正准备下水。我抓住她的胳膊，我们一起慢慢地走进海浪里。

"我不知道你们这些人是怎么想的，这里不是旅馆，"她充满敌意地说，"我是一个老妇人，你们在这里是为了照顾我。这些人怎么可以都跑开，留我一个人在这里？"

"克劳黛，"我毫不客气地说，"他们一会儿就会回来，不管怎么说我还在这里，我们已经站在海里了。另外，你不要表现得像一个真的老妇人，你看起来并不老，所以你怎么能期望我们会把你当作一个老人？"我这句话起到了效果，我知道我肯定说中了关键。她怒视着我，然后用仰泳游走了，我看到在蓝天下她的脸上露出了微笑。

这件事情让我们对这位传奇女演员的灵魂有了新的认识，她，就像《日落大道》里面那个角色一样，认为"没有人可以从一个明星身边走开"。从那以后，我们都留在房子附近，在考尔白小姐旁边忙忙碌碌。她就喜欢这样！

克劳黛曾因为她早期的电影，1934年的喜剧《一夜风流》获得了一项奥斯卡奖。她出演过六十四部电影，职业生涯跨越了将近七十年。

1986年，她在记者和畅销小说家多米尼克·邓恩的电视电影《两个格林威尔太太》中扮演了一个以埃尔希·伍德沃德这位爱交际的著名贵妇人为原型创造出的人物。这个电视电影讲述了她的儿子比尔·伍德沃德被妻子安妮枪杀的事件。在邓恩的书中，这个姓氏被改成了格林威尔。克劳黛表现得非常好，在电视摄像机挑剔的镜头前简直不超过六十五岁，而事实上，她那个时候已经有八十三岁了。后来，她又和雷克斯·哈里森[1]出现在百老汇的戏剧《难道我们不是吗？》中。《人物》杂志赞美这两位八十多岁的演员："不仅为他们的表演，也为了这个事实：他们还能让自己行动自如，活得这么好！"

克劳黛·考尔白1996年去世，享年九十三岁，去世时仍然一丝不苟地化了全套妆容。她在碧乐来将她的生活"导演"到最后一刻。这位完美的电影明星，被她所有的朋友深深怀念——她是一个了不起的人！

---

1. 雷克斯·哈里森（Rex Harrison, 1908-1990），英国著名电影演员，代表作有《窈窕淑女》等。

第十四章

路易丝·内维尔森
LOUISE NEVELSON

路易丝·内维尔森（Louis Nevelson, 1899-1988），美国女雕塑家，生于乌克兰，童年迁居美国。她在艺术生涯的早期十分贫困，七十年代才开始得到承认。她四十年代开始探索"潜意识"创作，将黑色作为表达她作品的主要手段，作品的主要原料是木头和金属。她对现代艺术影响甚大，被认为是二十世纪现代雕塑的代表人物之一。

穿着斯嘉锡华服的路易丝·内维尔森

　　我是通过路易丝·内维尔森的经纪人阿尔恩·格里姆策认识她的。那是六十年代晚期，内维尔森夫人已经成为声名远播并深受尊重的雕刻家。那时她正在筹办自己在纽约上城区惠特尼博物馆的作品回顾展。我和格里姆策手下这位明星艺术家的会面有一个重要的目的：当时她正准备去全美国的大学作巡回演讲，格里姆策希望我能让内维尔森的形象更有吸引力，因为记者们会把她团团围住，所以他郑重邀请我为她做一些衣服。

　　内维尔森夫人有一个特点，就是她总喜欢穿戴一些零零碎碎的小玩意儿，比如说古怪的腰带和鞋子、奇特的头饰等等，她喜欢把这些衣饰配件组合到一起。她永远都会在头上装饰些什么，通常是一顶骑士帽或者一条头巾，但有的时候也可能是一顶花园派对里常见的黑得发亮的大草帽，或者是牛仔宽边帽，总之她想到什么就是什么。她的头发很少，所以大多数时候她都想把它们挡住。她有张特别的脸庞，看起来就好像是她自己手中诞生的雕像。她总是戴着三副假睫毛，眨眼睛的时候刷刷地扇动着。你可以看到她那张令人惊奇的面孔上嵌着一双黑茸茸的眼睛，总是好奇地闪动着。我在惠特尼博物馆和阿尔恩以及正在为自己的回顾展忙得焦头烂额的路易丝·内维尔森碰了面。

　　她给我的第一印象就是惊奇，因为站在我眼前的是一位非常独特的名女人。她在艺术世界里独一无二，很有创造力。她在画廊里来回巡视着，指挥人们将那些黑色、白色或者红色的神奇艺术品放在某处。那情形给我留下了极其深刻的印象。有一些作品占据了一整面墙，小的三五英尺，大的有八到十四英尺。还有一些是由墙中间一些各式各样的浮动物体构成的。这些充满感染力的作品多数是路易丝走遍全城刻意寻找而来的，一些木片，一些也许是从工地捡回来的奇形怪状的木头，还有一些陈旧的床脚或窗台。其中一面墙上是某个厨房椅子的板条靠背和其他东西混杂而成的一个作品。它们都被涂成了黑色，极富视觉冲击力，看过的人脑海里总会不由自主地浮现出这个画面。

"内维尔森夫人"，我说，"这真是太特别了，我从来没见过任何东西可以与之相比。这么多神奇的作品，而且有些作品历史久远。你真是太了不起了。"

"哦，这不算什么，亲爱的，"她说，"我有好多事要做，我连死都没有时间了。"

那天，内维尔森穿了一件男式粗棉布工作衫和一条咔叽布裤子。她长得很高，比我想象的还要高，戴了一顶由质量很差的假皮毛制成的红褐色尖顶巫师帽，外面还披了一件貂皮大衣。她飞快地奔来奔去，大衣在她的身后吱吱作响，她用不可思议的、瘦骨嶙峋的长手指指着那些木制作品，指挥人们该做什么。当时我真是惊呆了。她看起来简直像一个古怪的同性恋，又像是一个上了年纪的优雅的嬉皮士。她见到我的时候非常低调，只是对我说，她很高兴能见到我，她知道我的工作，还很羡慕我做的事情。大约一个小时后，我们一起离开了博物馆，向我在第五街上的工作室走去。

我们一路闲聊，到了工作室以后我开始给她展示一些衣服。考虑到她是一个年逾七十的女人，加上阿尔恩·格里姆策希望让她看起来既特别又华贵，所以我一开始给她挑的是黑色小套装，一件黑色的大衣，可能还有几件褐色衣服，但都是非常低调而优雅的，我想她穿上这些给学生演讲一定会很吸引人。她看过了样品，然后用手拍拍自己椅子上的褐色丝绸靠背，对我说："亲爱的，这些都很美，现在过来坐下吧。"我坐了下来。她拉着我的手说："嗯，我已经看过了这些衣服，我知道你非常有才华，但我想我得告诉你，我并不是一个斯卡斯代尔镇的家庭主妇。"她说的这个地方是纽约近郊一个高级公寓聚集地，是在纽约曼哈顿上班的许多大公司高级职员居住的地方。很明显我的这些衣服被否定了，但是我立刻明白了她的意思，于是我说："路易丝，你说得很对。"我热情地注视着她，"你当然不是一个家庭主妇，你是艺术女皇。我们要把你打扮成一个女皇。"

从那一刻起，我们才算正式开始合作。后来我们选择了一些图案很特别的锦缎，其中有一块的图案是很多小鸟飞在蔚蓝的天空上；还选了颜色最漂亮的天鹅绒，有一块在黑色底子上只有一些抽象图案，但那很符合内维尔森作品的风格；还有一些漂亮的大格子布料（其中有一件黑色和亮红色交织的宽松的长披风）和一些极其华丽生动的衣服，比如一套泥浆色的佩斯利蜗旋纹花呢长裙套装，一件貂皮边夹克。我还用深绿色丝绸做了一件上下一体的连身衣，像一件长款内衣。路易丝可以把它穿在一件绿紫色丝绒花边斗篷里面。无论穿什么她里面都会穿着那件连身衣，甚至睡觉的时候里面也会穿着它。她对这件衣服喜欢得不得了，后来还要求我给她做一些其他颜色的。

"好了，亲爱的，现在感觉好多了，"在我们一起度过两个小时以后，她高兴地对我说，"这才是美国小姐（她经常称呼自己为美国小姐）需要的东西。"我们为她设计的都是非凡而充满活力的衣服。她非常喜欢打扮。对她来说没有什么风格是过分的，她就喜欢奢华艳丽的设计。当然，这也反映出她的艺术涵盖性有多么广泛。我为她设计的衣服完全来自于对她艺术的模仿。我被她深深地震撼了。

当我遇见内维尔森的时候，她已经名扬世界，而且我觉得她相当富有。她当然不是一个为了生活而艰苦奋斗的艺术家。有一天，她向我喊："亲爱的，美国小姐觉得好冷啊，好冷啊，好冷啊。在我的工作间里我要被冻死了。我工作的时候真需要一些温暖的衣服（她的工作间非常宽敞。她在春天街的两栋房子的底部已经被打通了）。"她说："我需要一件奇妙的外套，而且我觉得它应该是用栗鼠皮作衬里的，你觉得怎么样，亲爱的？"我大大吃了一惊。我曾经为那些要在冬天旅行的普通顾客做过栗鼠皮和貂皮衬里的大衣，他们想穿得很暖和，这我可以理解，但是我不明白为什么有人要在工作时穿这么华丽的衣服。然而，路易丝毕竟

穿着栗鼠皮衬里的佩斯利蜗旋花纹大衣的艺术家，站在她在公园大道上的雕像前

不是我们印象中的普通人。

我开始和毛皮商探讨这件栗鼠皮衬里大衣。我们不希望大衣外面有一丁点儿平庸之处，然后我突然想到我们可以采用她那天带来的一条波斯羊毛披肩，她曾经说也许我们可以用它做一件大衣或者套装。我说："为什么我们不用这件羊毛披肩做一件不同寻常的大衣呢？我们可以用栗鼠皮作衬，再把整个大衣接在外面，最后用栗鼠皮作袖口。"当然，她喜欢这个主意。而且后来不管是在外面，还是在工作间里，她确实都经常穿着它。这就是路易丝·内维尔森。我们都知道她出生在俄国，我觉得像她这样不论什么时候都觉得很冷，甚至在凉爽的夏日夜晚也觉得冷，应该是源于她早年在那个气温从来都在零下的国家的生活记忆。

路易丝最喜欢穿最夸张的衣服，然后去被她称作"最有想象力，最夸张的宴会"。我会带着私人司机去接她，她从老房子的阶梯上走下来，她的助手，戴安娜·麦克诺恩则为她开门。路易丝派头十足地上车，就像一位皇后那样。我们可能会去市长举办的大宴会，或者是在大都会博物馆举行的新年舞会。我们一起参加这些活动，那些彩灯闪得很炫，路易丝微笑着，像一只与众不同的小鸟，她喜爱这些。

要知道，直到七十岁她才取得这样的成功，之前她一直努力使人们认可她的才能，但是收效甚微。有一天，阿尔恩·格里姆策在人行道上发现了她，他鼓励她，并且使她重燃创作热情，之后，整个世界才为她鼓掌。"我需要他们的那些年，他们都跑到哪里去了？"她有时会这样抱怨。

一天晚上，内维尔森打扮得很漂亮去参加颁奖仪式——她被一个很有名的艺术学院授予了某项荣誉，她与校长一起站在台上，与其他人排成一排，她要我站在她的旁边。当然，每个人走过与她握手和拥抱时，她都是那么和蔼而有魅力。

突然间，一个男人冒了出来。"哦，路易丝，你看起来棒极了。我们曾经很熟，你记得吗？我是博尼·阿来恩，这是我现在的妻子。记得吗，我们曾是很好的朋友。"突然间，内维尔森变得很冷漠，她看着眼前这个瘦小的男人，反问道："我们一块儿睡过觉吗？"那男人脸一下子红了，不知道说什么好。"如果我们没一起睡过，我们不可能那么亲近。"路易丝断然说道，再没有理他，马上把头转向了排队等待祝贺她的下一个人。

很快，颁奖结束了。我当时惊呆了，我问她："你怎么对那个友好的瘦小男士那么说话？""友好？"她回答说，"当我需要他的时候，他跑到哪里去了？现在我出名了，他跑到我这里来，向他的妻子炫耀我们的关系。呵呵，去他妈的。他并没跟我结婚，是吗？"她坚定地说，她的眼睛怒气冲冲地眨动着。路易丝一生因为有很多情人而声名狼藉。我到现在也不清楚博尼是不是比较特殊的一个，不过从那一晚的情形来看是这样的。

1977 年，时尚教母戴安娜·弗里兰德打电话给工作室，说："阿诺德，我们的下一个展览（在大都会博物馆，她是那里服装部的顾问）叫做'名利场'。我们要展览一些近些年来名人穿过的衣服。我有一些很不错的东西，不过如果没有你给路易丝·内维尔森设计的衣服，这展览一定是不完整的。亲爱的，你能不能问问她，可不可以从那些美丽的外套里挑一件给我们。她真是太迷人了。我真的很想见她一面。你能帮我安排一下吗？求求你，阿诺德，帮帮忙吧。"我当时真是大吃一惊，因为我之前一直以为戴安娜对内维尔森很不以为然，不论是对她作为一名艺术家的成就还是她的着装都很看不上。

于是我把其他事情搁下，马上给内维尔森打了个电话，跟她说了这件事情，我们决定给博物馆准备一条长长的黑色晚装裙和一件黑色绒毛大衣，用的是同一种黑色料子，但是上面点缀了一些装饰物。内维尔森总是穿一件紧身棉布咔叽裤，戴一顶黑色牛仔宽边帽与之搭配。她还打算贡献出一条她自己用金珠和染色石块做成的项链，一个很小的作品。她穿这套衣服的时候经常戴着它。

我安排两位令人敬畏的老人在博物馆见面，讨论各式各样的服装。外人难以想象她们如何在一起相处，但是她们都对即将到来的会谈激动不已。

我充满了好奇心，我等不及路易丝打电话给我就打给了她。

"好的，告诉我，美国小姐，怎么样啊，你跟那个时装名人的会面？"我问她。

"你知道的，亲爱的，她人很好，而且展览一定会很可爱的。"她用一种与平常不同的安静而温柔的语气对我说，"但是我觉得她活了这么久，而且还这么出名真是令人吃惊，实话实说吧，亲爱的，她很丑。"

一瞬间，我明白了路易丝对于美丽的标准是黛德丽或者是嘉宝式的。我仍然忍不住要大笑。想象着两个强势的女人面对面的情景，她们那突出的鼻子和夸张的头巾彼此相对，一个的眼睛上贴了三副睫毛，另一个的耳朵被胭脂擦得发亮。对于这两个上年纪的固执女人，我又能说什么呢。

"名利场"办得非常成功，而且我也相信路易丝对于参加这样的流行人物展览非常兴奋。弗里兰德对于能够请到她也同样兴奋。

我们经常通电话，她会像妈妈一样对我说话。如果那天我过的不是特别好，我会说："路易丝，你知道吗，我今天不是很开心。"她会说："开心！开心？这不是一个词。谁告诉你这是一个词的？没人可以保证生活是开心的。尽力而为就行了，亲爱的，那样就足够了。听美国小姐的话吧，她懂得很多。"这时候，我会平静很多。她的话很有智慧啊。你看，除了超人的才能，她还这样睿智，读了很多书，最后，她还可以说是一个哲学家。

1979 年，内维尔森和戴安娜·麦克诺恩到我们在长岛刚刚买下的一座房子做客，那是一个铺满鹅卵石的古老建筑，建于 1910 年，当时是一座避暑别墅。那里有一个位于海湾和运河之间的美丽花园，所以两边都是水。我们花了一年的时间对房子进行了改建，还在外面喷上了鹅卵石灰色，用来掩盖重建的痕迹，之后我和帕克才搬了进来。

女士们来了之后，把房子从头到尾看了个遍。当我们在外面的阳台上享用龙虾的时候——内维尔森爱吃龙虾，她是在缅因州长大的——路易丝突然间抬头看了一眼这座建筑并且大声说道："亲爱的，你应该把这房子刷成黑色，那会使它看起来与众不同。"因为我一直不太喜欢自然色的鹅卵石房子，所以我觉得这是个天才的建议。之后一周我们就把房子涂成了黑色，一直到现在都是黑色的。它看起来真不错，美国小姐说的对极了。

一个周末，路易丝不期而至，没有带任何行李，我和帕克都很纳闷。当我问她的时候，她说："哦，亲爱的，别担心。我会找到很多可以穿的东西。"她说的果然没错，她会翻遍我们的柜橱，然后穿一身七十年代的卡纳比街[1]的衣服下来吃午饭。典型的内维尔森拼凑起来的服装，既令人惊奇又富有想象力。

有时候，我们会一起去位于街角的一家意大利餐馆，路易丝很喜欢去那儿用餐。戴安娜·麦克诺恩会跟我们一起去。戴安娜是一个生气勃勃的金发美女，在我们吃饭的时候经常大笑。戴安娜会突然转过来偷偷对我说："你知道吗，那是 G 先生。"或者"那是 M 先生，跟他打个招呼，路易丝。"而且，路易丝还真会转过身对旁边桌上的一位肤色很黑的先生招手。我很快就发现，因为她们的房子在意大利人聚居区附近，这些男人都是黑手党成员。路易丝说："亲爱的，他们对我真是很好，他们非常照顾我，我很高兴有他们住在我旁边。"当然了，她向

和路易丝走在一起

---

1. 卡纳比街 (Carnaby Street) 是伦敦一条商业街，六七十年代被认为是年轻人的时尚圣地，有很多前卫的品牌。

来喜欢有个性有特色的人，现在她找到了这些男人，个个都对她不错，而且就住在她的巷子里。

要是哪天晚上我们突然想去休南区的某一家餐厅，我就从中央公园南边过来，当时我就住在那里。我总是让我的司机开车从闹市穿过，直接到路易丝在春天街的寓所去接她。被波希米亚人带大的内维尔森喜欢八卦和那些大杯的苏格兰酒，她说那东西给了她无限的力量。正因如此，我们通常要待到很晚。我们大笑着摇摇晃晃地回到车里，然后我穿过寂静的街区送她回家。每次内维尔森总会让司机停下，把后备箱打开。她穿着华丽的衣服，抛下我们去捡一些树枝、破烂的椅子，有时候还会有废弃的板条箱，或路边任何能勾起她想象的垃圾。直到司机把后备箱填满她才罢休，我们把这些东西运回她的住处，让她留着将来用在某件作品上。

路易丝·内维尔森的作品在全世界都进行过展出，在欧洲有很多她的作品展。其中很特殊的一次是在柏林的回顾展。一个犹太艺术家的作品能在这里展出让她很激动，她要在开幕式上穿一些特殊的衣裳。我们给她做了一件黑色缎带长裙，外面套一件很大的黑色网眼外套，上面装饰着各种颜色的闪闪发光的小亮片。外套的边缘和袖子上有相同材质的褶皱。

那晚，当她走进博物馆，从大理石建成的大厅中宏伟的台阶上缓缓走下的时候，经理冲了上来，大叫道："内维尔森太太，内维尔森太太，您看起来高贵极了，你带回了柏林二十世纪的魔力，谢谢你，谢谢你，你真是个非凡的人！"

当然，路易丝想听到的正是这些话。她露出了杰奎琳式的微笑。美国小姐喜欢魔力，更令她高兴的是那晚她是柏林的魔力女孩。她眨着眼睛，扇着她的假睫毛，此刻，她心里很清楚，无论到全世界的哪一个城市，她都会成为那里的魔力女孩。时不时地，我能听到一些八卦新闻，都是我认为她会喜欢的那种，然后我想到美国小姐再也不在这里了。我凝视着她为我设计的墙壁和天花板，我仍然可以从这些她创造的光荣中看见她。她永远是我特别的朋友，是我深深思念的人。

为"激情"香水投放市场而做的紫罗兰碎花白色礼服

第十五章

伊丽莎白·泰勒
ELIZABETH TAYLOR

伊丽莎白·泰勒（ELIZABETH TAYLOR, 1935-），好莱坞传奇巨星，最受世人关注的是她的惊人美貌和传奇的八次婚姻，她十岁即登银幕，十二岁就以《灵犬莱西》成名，多年电影生涯里她两获奥斯卡奖，最著名的作品是命运多舛的《埃及艳后》，晚年致力于慈善事业，享有好莱坞"玉婆"的绰号。

我在 1962 年 7 月末结识了帕克·莱德。圣诞节到了，我们决定要一起前往美丽的墨西哥海景胜地普陀瓦勒塔共度假期。

帕克刚刚从加州去纽约的查尔斯·斯克莱伯纳之子出版社，他对这个安静的墨西哥度假小城很熟悉，因为以前他从洛杉矶的家中到这里很方便。他说我一定会爱上那里，而我也确实很喜欢。

我们住在迷人的热带天堂酒店。这座建筑矗立在美妙而宽广的白色沙滩上，无比完美。如果晚上要去镇上吃晚饭，就要沿着海滩走大约一英里，直到看到一座摇摇晃晃的木头"桥"架在干枯的溪谷上，那条溪谷就是"外国佬峡谷"。天还没黑的时候这条路还算好走，可是如果几杯龙舌兰酒下肚再从黑暗中走回来的时候，就得格外小心了。而且，当我有点儿醉意的时候，我总是觉得到处都是大蜥蜴，所以我每次都坚持用手电筒照着路面，谨慎慢行。

蜥蜴的话题在我们刚到这里的时候就流行起来了，每个人都激动地告诉我们：理查德·伯顿[1]正在这里拍他的《蜥蜴之夜》，而且他美艳的情人伊丽莎白·泰勒也跟他在一起。

每晚我们都会跑到市区去，在两家餐厅中选择一家消磨时光。一家有点儿希腊风格，第二家则是古典主义。两个都不太像墨西哥西部的风格。我们一直希望能碰到这对好莱坞情侣。

如果有一两件工作需要完成，我一般会在旅行中带上一个文件夹，再装着一些图纸和样品，然后在我们的套房旁边租一间屋子，这样我就

---

1. 理查德·伯顿（Richard Burton, 1925-1984），英国著名电影、戏剧演员，曾经一度是好莱坞片酬最高的明星。

可以工作了。

某天下午，天色已晚，我和帕克在几乎空无一人的海滩上散步回酒店，因为我要回去画草图。我们绕过一条弯道，突然，我们看见了一个人，躺在一棵华盖茵茵的大树下，看起来那么美丽。那是伊丽莎白·泰勒！那一幕太迷人了！我还记得她那一身日光晒出来的小麦色皮肤。当时她穿着一件很性感的泳衣在读书。我们尽量放轻脚步，悄悄地走过去，不想打扰到她。但那个地方的海滩太窄了。当我们走近的时候，她微笑着说："嗨！"我们回答说："你好！"然后像两个呆瓜一样地开始傻笑。这让人太高兴了，我们亲眼看见了大明星。于是我们迫不及待地跑回去把这件事告诉给周围那些家伙。

那一周晚些时候，我们，玛莎和弗雷德·默菲（一对正在度蜜月的情侣，他们是在佛蒙特州和帕克一块长大的），还有另外两个从加州来的朋友，一起去当地最大的饭店庆祝新年。到处都是喧闹的人群和满天飞舞的纸帽子。饭店被无数鲜花和纸灯装饰得喜气洋洋。地方并不大，顶多只能容纳四十个顾客。我们很容易地认出了坐在角落桌子旁的泰勒小姐和伯顿先生，他们看起来那么恩爱，没人想去打扰他们。

午夜前的十五分钟，伯顿先生起身结账。这时，最让人惊喜的事情发生了：泰勒小姐站了起来，在小屋里环绕一圈，微笑着和人们握手，并且向每一个人送上了新年祝福。她是那么娇小可爱，而且非常苗条。我清楚地记得当时她穿着一件彩色的印花布斯[1]长裙，上面印着紫罗兰、紫花和玫瑰，袖子很长，领口很低；那张迷人的面孔上一直挂着微笑。

她走到我们的桌子前，对我和帕克说："我在海滩上见过你们，但你们没有停下来。"这时候，玛莎冒了出来："哦，泰勒小姐，我爱你！"伊丽莎白发出了悦耳的笑声，她说："嗯，我希望你们都能有一个美妙的新年。"然后她和伯顿走出了大门。当时我伤感地想，他们或许永远

---

1. 意大利品牌埃米略·布斯（Emilio Pucci），由意大利设计师埃米略·布斯于 1947 年创立，六十年代红极一时，以明亮缤纷的几何印花设计在时尚界为人称许。

走出了我们的生活。

时光飞逝，1986 年一个星期六的下午，我在第五大街工作室里工作。电话响了。当时我们正在为一场服装表演做准备，模特儿、人体模特儿还有我的助手都在，所以有一点儿拥挤。我被埋在一大堆布料里，专心地制作和装饰着新衣服。

突然秘书对我说："你的电话，是克里斯蒂安先生打来的，这个人你知道吧，就是那个美发师，他在等着呢，他说有急事。"

"但是我现在很忙，不能被打扰。"

"但是他说要你亲自听电话，说是很重要的事情。"所以我拿起了电话。

"什么事，克里斯蒂安，到底什么事？"

我听见了电话那端他的法国腔。"伊丽莎白·泰勒就在城里。她今天晚上要出席晚会，我正在为她做头发，她非常想见你。她需要一些衣服。她要去鲍勃·霍普[1]秀那儿作节目——那是个很大的节目——所以她想……"

我打断了他："但是克里斯蒂安，我正在忙一个服装展，现在是星期六，这里的每个人都在拼命工作，而且……"

"至少跟她说句话啊，阿诺德。"他说。我只好等啊等，等了有两三分钟。我甚至在想，这到底是怎么回事？我在做什么？手头还有这么多事情要做！突然，一阵沉默，好像电影大幕开启前的安静，然后一个美妙的声音流进了我的耳朵："你好，我是伊丽莎白·泰勒。"

我差点从椅子上跌下来。当时我想：我一生做过这么多事情，我为这么多人设计过衣服，但我从来没想过还有机会和伊丽莎白·泰勒再次说话。她继续说道："哦，斯嘉锡先生，你能帮帮忙吗？我很喜欢你的设计，我真的很需要一些漂亮衣服。两周后我就要上鲍勃·霍普秀节

---

1. 鲍勃·霍普（Bob Hope, 1903-2003），美国传奇喜剧演员，曾经十八次担任奥斯卡颁奖典礼主持人。

目了，可不可以一个小时后到你的工作室去？我想跟你谈谈我的需要。"你能对这个世界上最美丽的女人说什么呢？这是一个所有人都会把目光胶着在她身上的女人啊！"我很快就会到那里。"她很自然地说。唉，随着时间的推移，后来我才发现，伊丽莎白所说的"很快"可能指的是任何时间，也许是三四个小时，也许是明天。

她和她的助手利兹那天很晚才到。我必须说她真是太迷人了。我想象过关于她的一切，那些在电影上看到的和听说的一切全都千真万确。生活中的她甚至更漂亮。她拥有一双奇特的紫罗兰色眼睛，还有她说话的方式也很可爱。我们看了很多衣服。当然，在她到来之后，没有人还会继续手头的工作。所有的东西都停滞了，我们都成了她的奴隶。

泰勒开始向我详细说明她想要在鲍勃·霍普秀上穿成什么样子，这些衣服三周内要准备好。我们向她展示了很多东西，她会大笑着说"哦，这个看起来很高贵，不错"，或者"不，那个不行，那个不适合伊丽莎白"。你一定会忍不住喜欢她，她是那么自然直率，那么可爱，完全不是你想象中的那种超级明星。她选了一件绉纱鸡尾酒短裙，V字领，短袖，裙摆带着很大的荷叶边。她还挑了一件印有动物图案的墨蓝色露肩性感短裙。另外加上一件黄黑色格子夹克衫，里面配一件黑色衬衣。

我们试穿了很多衣服，我发现她的身材恰好可以被装进四号的标准模特儿裙子里，只是她的胸部大了点。这是很自然的事情，因为大多数女模特儿的胸部都搞得跟男孩子一样平。伊丽莎白很温柔，也很有幽默感，无论是对自己，还是别人。

在初次会面中，她是那么的甜美而光彩照人，很自然地，我马上就喜欢上了她。我想她明白这一点：我很清楚自己在干什么，我曾为很多明星设计过服装。另外，她喜爱这些服装，这对我来说是令人愉快的赞美，因为她拥有全欧洲所有名设计师的衣服。

当我注意到她的性格后，我发现住在她内心的是一个年轻少女的灵魂。我拿出了一件红橙色短裙，上面镶满白色的花。伊丽莎白抚摸着那毛茸茸的短袖，她看起来是那么喜爱这件洋娃娃般的衣服。如果一个五十一岁的女人可以看起来这么可爱，那么她就永远也不会老。

你要知道的是，在为一位新客户工作的时候，你必须要保证彼此建立起互相信任而友爱的关系。这是一项很人性化的工作，你必须去体会她们需要什么，想要什么，你还要懂得如何尽可能地发掘出她们的个性和外形中更好的一面，并且让她们保持快乐的心情。如果你们之间没有默契，那么最后的结果一定是不成功的。感谢上帝，伊丽莎白和我很快就建立起了默契，并且我们相处得非常和睦。

第二周我们就安排了一次试穿，距离她第一次去找我只有五天。时间很赶，但我知道能够完成，因为工作间在加班加点为服装表演做准备。另外，裁剪师对于能为伊丽莎白·泰勒做衣服感到非常兴奋，她甚至很乐意通宵干活——如果我这么要求她的话。

伊丽莎白和利兹比预定时间晚到了一些，然后我们开始试穿。伊丽莎白的头发刚刚被克里斯蒂安打理过，后面相当短，很像鸭尾式发型，不过头顶很蓬松，高高的，而且显得很柔软。黑发中有几条银丝。这个发型很衬她，她看起来棒极了。

当我们试穿为鲍勃·霍普秀做的衣服时，我研究着镜子中的伊丽莎白，突然有了灵感。"伊丽莎白，我有一件衣服，特别适合你在下个月接受林肯中心奖颁奖时穿，它绝对完美无缺。"我说。"好啊，亲爱的，快给我看看，别光站在那里了。"她回答说。

我想让她穿在身上的是一条由灰色、黑色、白色、橙色花瓣图案组成的

长裙，上面点缀着银色和黑色的长方形宝石；没有肩带，但是有用同样花瓣做成的小披肩，可以把她胳膊的上半部分包起来。我把衣服拿到试衣间时，她叫了出来："哦，太美了，快让我试试！"

这衣服穿在她身上真是太完美了，只是胸部明显有些紧，但是跟她的头发很配，看起来是那么的高贵。"我爱它！"她说。我在她旁边热情地介绍着，我告诉她我们可以把裙子改成小袖子，这样可以不用那条小披肩了，再加上一个低胸露肩的领子就更漂亮了。这个想法有点疯狂：好像我这件衣服专门是为了她而做的。当然，我很清楚它必须是最漂亮的，因为她的照片会出现在世界上每一份报纸和杂志上，她的身影也会几小时地停留在每一个电视节目上。这一切真是美好得让人难以置信。

然后，泰勒小姐着实让我大大地吃了一惊。

"我喜欢它，可是我买不起。如果你真的想让我穿，为什么你不把它送给我呢？来吧，亲爱的，看看我穿上它多么合适？"。她哈哈大笑着，在我的肋骨那里胳肢我，想让我答应她。

那一瞬间我想起了我与杰姬·肯尼迪和朱迪·嘉伦的故事，于是我推翻了自己所有关于不送衣服的原则。"好吧，如果你能在5月3号穿着它，并且告诉人们这是谁设计的，这个就归你了。""当然了，傻小子。"她回答道，交易完成了。

我得把这件衣服改成她的尺寸，因为要想在两周内从瑞典运来这些绣花布料，并赶在节目录制前再做一条是不可能的。

实际上工作间把整件衣服的大部分都拆开了。接下来的好几天时间里，我们在阿塔尼大酒店她的套房中把衣服重新拼起来，为的就是让伊丽莎白穿得合身。直到那时我才了解到她是一个怎样的完美主义者。衣服非常合适；我们作了六十五次测量，造了一个跟她的外形一模一样的纸板人体模型。我带了一些额外的花瓣，裁剪师和我把它们安在需要的地方。"这里，给我一些花瓣——你看，你得在这儿安一个黑的，在那儿安一个灰色的，再在这里安一个白色的。"她说，指挥大家把这些古怪的花瓣精确地安在她想要的位置上，以达到她满意的效果。这样的过程我们后来又进行了三次，每一次都跟第一次差不多。我们一直试到 5 月 3 号的早上，这期间伊丽莎白一直在摆弄那些花瓣。我觉得，她和其他伟大的女人一样对穿着非常在意。毕竟，这个纽约的夜晚对她非常重要，她要对自己的衣服非常放心才行。

1986 年 5 月 3 日，那个周一的早上，我穿着燕尾服去了酒店，还戴着红宝石和钻石领扣。那是一个月前我为了纪念工作三十周年奖励给自己的礼物。我到套房的时候，一个老朋友已经在那里了，他就是皮肤总晒成褐色的乔治·汉密尔顿，他是来护送伊丽莎白去林肯中心的。我们一直聊到伊丽莎白从楼梯上走下来，并对着她鼓起了掌——她看起来如此华贵。她戴着耀眼的吊灯式钻石耳环和理查·伯顿送给她的巨大钻戒。我们喝了一些香槟，然后乘坐豪华轿车前往位于格林街上的酒馆，典礼前的宴会就在那里举行。

一个半小时以后，当我们到达位于中央公园中部那个用水晶吊灯装饰的大饭店的时候，那里已经聚集了很多人。伊丽莎白走出车子，他们都疯狂了。我只听见一阵带着惊喜与赞赏的吸气声，然后是高声的鼓掌和喝彩。她像皇后一样在被警戒线分开的人群中穿行，向人们挥手微笑，摄影师蹲在她面前，用闪光灯为她开道。几个新闻界的朋友看见了在她身边的我，在人群中向我呼喊："阿诺德，那衣服太美了，太妙了，太妙了！"透过被泪水模糊了的双眼，我知道对一个从蒙特利尔来的犹太孩子来说这是最幸福的时刻。

宴会过后，爱弗利·费雪大厅的典礼开始了。荧幕上放映了一段四十多分钟的短片，回顾了伊丽莎白四十年的银幕生涯。两千七百多人在礼堂观看了影片，掌声响彻始终。

在这之后的几个月时间里，伊丽莎白穿着斯嘉锡花瓣装的照片出现在许许多多出版物上。当然，我非常高兴我送出了这份礼物。

从那以后，我们为伊丽莎白设计了很多衣服；我们给了彼此很多欢笑，都很享受一起工作的感觉。然而，这位影星有一个怪癖——她喜欢砍价。当然，我们总能最后商议好价钱，但我认为她是觉得这么做很有意思，这只是游戏的一部分罢了，所以我并不介意。我记得有一次，我们在一件她特别想要的衣服上来来回回争了好多次，她突然说："好，斯嘉锡，我告诉你，我也是犹太人。所以你最好放弃吧。"泰勒小姐1959 年跟艾迪·费雪[1]结婚后开始信奉犹太教。

我们争执的那套衣服是一件漂亮的黑色雪纺绸短衣，上面布满了叶子和一束束的花朵，大 V 字领可以展现出她美好的胸部。她在 1987 年穿着这件衣服和朋友法兰克·切菲耶利一起接受了肯尼迪中心奖。

也是在 1987 年，伊丽莎白推出了她的第一款香水：激情(*Passion*)。黝深的紫罗兰色瓶子和瓶口，让人联想到她美丽的眼睛。产品推出的那一年，法国基金会授予了它 FiFi[2]奖的最佳新上市香水奖。伊丽莎白需要一套衣服。她给我打了电话，我们一起讨论该穿什么样的衣裳去领奖。我刚刚收到了一批我在瑞士设计的绣品，白色的透明硬纱，上面散落着小枝的紫罗兰和绿色的蓟草。我把设计的图纸和布料的样品寄到了贝弗利山，我们都觉得它是对紫罗兰香水瓶最好的衬托，在这个颁奖典礼上穿着它再合适不过了。

几周后，伊丽莎白来到了纽约，我去她在阿塔尼大酒店的套房试衣服。衣服真的很不错。她看起来很高兴。我做了一件公主般华贵的紧身长礼服，领子是有很多褶饰的露肩泡泡领，点缀着紫罗兰色的缎子蝴蝶结，狭长的彩条从领子下面开始，一直向下延伸到臀部线，看上去好像蝴蝶结是先做好然后被拉到上面一样。这衣服很有新意也很吸引人。这时候伊丽莎白的头发上已经没有银丝了。她顶着一蓬黑色的卷发，看起来就像庚斯博罗[3]那些纯朴的绘画作品中的年轻女子。

---

1. 艾迪·费雪（Eddie Fisher, 1928- ），美国著名影视演员，他在伊丽莎白·泰勒之前的妻子是著名女演员黛比·雷诺兹。
2. FiFi 奖三十年前源自美国，每年都会在美国、法国、德国、英国、意大利及西班牙等国评选，并颁发年度最佳新上市香水及最佳经典香水，这个奖项对整个香水业来讲是极大的认同与鼓励，而且是整个香水业的年度盛事，重要性如同电影界的奥斯卡奖。
3. 庚斯博罗（Thomas Gainsborough, 1727-1788），英国著名画家，擅长绘制风景画与肖像画。

颁奖典礼的那天下午，裁剪师和我把衣服带到了酒店，以确认晚上万无一失。伊丽莎白的情绪很愉快。毕竟，她已经几乎确定自己可以赢得 FiFi 奖。我问："你今晚戴什么首饰？"她热切地回答说："阿诺德，我有最好的耳环。等着瞧吧。"她的助手走开了，很快又走回来，手里拿着一个黑色的珠宝箱。

伊丽莎白拿出了一副环状紫水晶耳环说："你看，斯嘉锡，这些是不是很高贵？"我说："哦，伊丽莎白，它们很美，是梵克雅宝[1]送过来的吗？"（我知道这两个人一直向参加典礼的人租赁首饰。）"不！"她严肃地说，"这些是理查德留给我的，他真是太有品位了，他说它们跟我的眼睛很配。"那一刻她的声音中带着伤感，我懂得了她对他的思念。

伊丽莎白的"激情"那晚赢得了最佳芳香奖。每个人都说她很可爱。

整个八十年代伊丽莎白都在致力于推广她的香水，并为 amfAR（由马蒂尔德·克里姆博士创建的美国艾滋病研究基金）做了很多工作。当伊丽莎白发现她的好朋友洛克·哈德森[2]得了艾滋病后，她不停地周游世界各地，为迫切需要资金的艾滋病宣传和研究工作募捐。她筹集了上亿美元的资金，并且随时都准备继续贡献力量。我为她的多次旅行设计了套装、大衣和礼服。

在 1989 年 8 月，马尔科姆·福布斯[3]邀请了大约三百人参加他在摩洛哥北部的港口城市丹吉尔举办的七十岁生日派对。我们都是乘坐马尔科姆的私人飞机和为此次聚会预定的波音 747 飞去的。这是一次最令人惊喜的旅行。我和我的朋友兼客户、美丽的盖伊弗里德·斯坦伯格

---

1. 梵克雅宝（Van Cleef & Arpels），是由埃斯特·阿佩尔和阿尔弗雷德·凡·克利夫夫妇于 1906 年在巴黎创立的著名珠宝、手表品牌，深受贵族和名流喜爱。
2. 洛克·哈德森（Rock Hudson, 1925-1985），美国著名演员，与另一位著名女演员多丽丝·戴主演了很多"卧室喜剧"。哈德森一直隐瞒自己的同性恋倾向。他是第一位公开宣称自己身患 AIDS 的社会知名人物。
3. 马尔科姆·福布斯（Malcolm Forbes, 1919-1990），《福布斯》杂志创始人，生活中挥金如土，喜欢收集艺术品。

同去，我们一起度过了一段美好快乐的时光。罗伯特和布雷恩·特朗普[1]已经到了。还有盖蒂[2]一家、利兹·史密斯[3]，以及艾丽斯·拉夫、芭芭拉·沃尔特斯、卡尔文·克莱恩[4]、戴安妮·冯·法斯坦伯格[5]、《华盛顿邮报》的拥有者凯瑟琳·格拉汉姆[6]，还有其他的工业巨头和他们的妻子，当然还有福布斯的孩子和他们的伴侣，还有很多很多人我一时想不起来。伊丽莎白·泰勒也得到了正式邀请。

　　一天，我们在马尔科姆的游艇上吃午饭，伊丽莎白也在那里，穿着一身几乎透明的束腰长袍。我们互相拥抱，我对她说："为什么我一直没收到你的通知？我们应该为这个场合做一些特殊的东西。"她说："阿诺德，看看我。你应该看出来我已经变胖了，在我变瘦之前我是不会去你那里的。别担心，亲爱的，伊丽莎白不会离开太久的，我很快就会回来看新衣服。"

　　不到一年以后，泰勒小姐到了纽约。"伊丽莎白非常需要一些新衣服，请您带几件到酒店来。"她的助手利兹给我打电话。结果我带了大约二十套衣服到阿塔尼大酒店。我能听到伊丽莎白在楼上一边看着这些衣服，一边高兴地发出各种声音。突然她沉默下来，然后，她尖叫道："斯嘉锡，这是什么？我才不会穿这个，这是给琼·考林斯[7]那样的性感明

---

1. 罗伯特·特朗普（Robert Trump）是美国纽约房地产大亨唐纳德·特朗普的哥哥，他与布莱恩·特朗普现已离婚。

2. 盖蒂家族（Gettys）是美国最著名的豪门望族之一。

3. 利兹·史密斯（Liz Smith, 1921- ），又名贝蒂·史密斯，英国影视演员，2005年出演了《查理和巧克力工厂》。

4. 卡尔文·克莱恩（Calvin Klein, 1942- ），美国著名时装设计师，他于1968年以自己的名字创立了时尚品牌。

5. 戴安妮·冯·法斯坦伯格（Diane Von Fürstenberg, 1946- ），著名时装设计师，以设计斜开襟的裹裙闻名。

6. 凯瑟琳·格拉汉姆（Katharine Graham, 1917-2001），她领导了家族报纸《华盛顿邮报》二十余年，这二十余年也是该报的黄金时期，正是因为《华盛顿邮报》对水门事件的揭露，导致了尼克松辞职。

7. 琼·考林斯（Joan Collins, 1933- ），以美艳著称的美国著名影视演员、畅销书作家、专栏作家，曾主演过《王朝》等知名电视连续剧。

星穿的。"随即她把那件非常华丽的衣服从楼上猛扔了下来。泰勒小姐可能会像这样对其他女演员开一些有点儿过分的玩笑。她很有幽默感，但同时又有点让人琢磨不透。

我走上楼，想给她送上一些关于我觉得会适合她的衣服的建议，但是我被吓呆了，因为伊丽莎白什么也没穿地站在我的眼前，身上只有微型胸罩和比基尼内裤，她看起来完全就是一个标准的四号人体模型。这太令人惊叹了，七个月前我见到她的时候，她的身材还是十四号的。我想在她身上寻找整形手术或是抽脂手术留下的伤疤，但是没有。她真是太棒了。

那天她选了一件镶满人造钻石的淡蓝色绣花长袍，配上一件桃色的裙子。还有两条短连衣裙，一条是紫罗兰色纱裙，上面点缀了一些白点儿；另一条是粉色的，上面绣满了康乃馨。

我们再次见面的时候，恰逢她推出白色钻石（*White Diamond*）香水。我设计了一件高贵的白色缎子礼服，上面布满了弓形的人造钻石。我还设计了一件黑色的天鹅绒长披风披在外面（它真是妙极了）。而且她赢得了第二个"FiFi"。

我们还为这位伟大的明星做了很多其他美妙的衣服。其中我很喜欢的一套是印有珊瑚和绿松石色牵牛花的丝绸连衣裙，外面配上青绿色的羊绒外套，还有一件带缎带的长袍，缎带穿过的地方都绣有淡粉的丝绸玫瑰。她穿着它接受了学院奖，我还看见她在希望慈善舞会也穿着它。这是好莱坞每两年举行一次的为糖尿病儿童筹款的名人慈善舞会。

伊丽莎白是个对时尚很有品位的人，她聪明、可爱、关爱他人。跟她一起工作真的很愉快，因为无论什么时候，当她发现了自己喜欢的美丽东西，就会毫不吝啬地献上赞扬。我们在一起很有乐趣。

正如你所知道的那样，她是历史上最非凡的超级明星，所以和她的这些故事对于我来说真是一段神奇的经历。面对那夹杂着少女般笑语的低沉声音，和那双挑逗的、闪闪发亮的紫罗兰色眼睛，怎么可能有人能够抗拒她的魅力？

Me and my *Scaasi*

玛丽·泰勒·摩尔与我在"我和我的斯嘉锡"中

第十六章

好莱坞女孩
HOLLYWOOD GIRLS

我想给你讲一些我的"好莱坞女孩"的故事。

几乎从五十年代末真正展开职业生涯开始，我就已经为好莱坞的女士们做衣服了。她们中有的是上流社会的女孩，比如说记者兼畅销小说家多米尼克·邓恩的妻子，美丽迷人的兰妮，她非常有品位；还有贝特茜·布鲁明戴尔[1]；当然也不会缺少弗兰·斯塔克，她是范妮·布莱斯[2]的女儿，非常时髦的女性，总是出现在"最佳着装榜"上。

另一个顾客是芭芭拉·戴维斯，金发碧眼、充满活力的女孩，嫁给了好莱坞的大富翁马尔文·戴维斯。她为儿童糖尿病基金会募集了上亿美元的资金。戴维斯夫人喜欢粉色，她的许多礼服都是这种颜色的。粉色能够很好地衬托出她那些令人眼花缭乱的珠宝。如果芭芭拉·戴维斯很喜欢某一件衣服，她会为她的两个女儿南茜和帕蒂也各定上一套，一般来说给她们的衣服会做一些小小的改动，比如说改变一下颜色。我一直觉得她是个好妈妈。我们拍过"我和我的斯嘉锡"系列中的一个广告，芭芭拉·戴维斯穿着一件银色的礼服，和我一起快乐地翩翩起舞。

玛丽·泰勒·摩尔[3]和我拍过另一个"我和我的斯嘉锡"广告，她穿一件深蓝色缎子天鹅绒无肩带礼服，很迷人。我为她做了很多衣服，不过从来没有在"玛丽·泰勒·摩尔秀"上穿过，都是为她的私人生活和出席某些公共场合准备的。我们为这位女演员做了很多漂亮裙子，帮

---

1. 贝特茜·布鲁明戴尔（Betsy Bloomingdale, 1926- ），社交界知名人士，她是阿尔弗雷德·S.布鲁明戴尔的遗孀，也是美国前第一夫人南希·里根的密友。
2. 范妮·布莱斯（Fanny Brice, 1891-1951），美国著名艺人，活跃在舞台、广播、银幕之间。
3. 玛丽·泰勒·摩尔（Mary Tyler Moore，1935-），美国著名情景喜剧演员。

助她形成了独特的服装特色——典型的美国女孩风格。其中有一条塔夫绸缎子裙由三种鲜明的颜色组成——白色，粉色和绿色，一边比较短，而另一边长长地垂在地上。她就是穿着它出席了那一届金球奖晚会，看起来妙不可言。第二天到处都是她的照片。另一件也很出色，那是一套短连衣裙和夹克，绿色的底色上用五颜六色的小金属片缀成了花朵图案。我最喜欢的衣服里面有一条曲线优美的棕色天鹅绒长衣，上衣有镂空花纹，蒙着一层透明的棕色薄纱，这是为一档电视节目特别准备的。玛丽和她的丈夫罗伯特·莱文医生是一对与众不同的夫妇，现在已经定居在纽约。但我依然认为这位热情的女演员是一位好莱坞女孩。

我也曾为波利·伯根的个人衣橱添置了很多衣服，还为她那些成功的夜总会表演做了很多礼服。我为戴安娜·林恩[1]设计了很多套装，她后来成了莫蒂默·霍尔太太，搬到了纽约的豪宅里。

我为坎迪斯·伯根[2]的妈妈，弗朗西丝，一位六十多岁的女人，做了一些很不错的东西。我从坎迪斯刚刚开始电影生涯的时候就认识了她，她魅力超群，和她迷人的金发碧眼的母亲长得很像。她的父亲埃德加·伯根，一个口技表演家，是查理·麦卡锡（那个名气很大的木偶）的创造者，并为这个木偶配音。伯根（和查理）在三十年代到五十年代很红，传说他非常非常富有。但我有些纳闷，因为他每次打电话来订弗朗西丝要的东西时总是要求折扣。

埃德加和弗朗西斯的女儿坎迪斯在七十年代穿了一些我为她设计的衣服。我记得有一件很特别，她穿着它出席了学院奖颁奖典礼，当时她是颁奖嘉宾。那是一条佩斯利蜗旋纹绉纱缎子印花中长裙，上面用五颜六色的小亮片镶出了花纹的图案。为了与它相配，我设计了一个流苏边大三角丝绸披肩，上面也镶着小亮片。她还穿了一双彩色皮

---

1. 戴安娜·林恩（Diana Lynn, 1926-1971），美国著名电影演员及舞台剧演员。她的丈夫莫蒂默·霍尔是《纽约邮报》出版人之子。
2. 坎迪斯·伯根（Candice Bergen, 1946- ），美国著名影视演员，代表作有电视剧《欲望都市》、《法律与秩序》以及电影《甘地》等。

靴。整个七十年代,她的外表都是最讲究的,现在仍然是。在这个粗糙、激烈,有时充斥着残酷淘汰的行业里,坎迪斯确实属于那种最高尚最优雅的人。

好莱坞还住着一些社会名媛,我也为她们设计过衣服。其中包括可敬的莉奥诺·安纳伯格,银行家和伟大的慈善家瓦尔特·安纳伯格的妻子,一位金发碧眼的美丽女郎,她的丈夫是美国驻英国的大使。还有乔安娜·卡森,约翰尼·卡森[1]的第二任、也是现任的妻子。那是一个美丽的女人,她开始只是我的顾客,后来成了我的朋友;还有鲍勃·霍普夫人;奥斯卡奖获得者克莱尔·特雷弗[2],和弗兰克·辛纳特拉[3]的太太芭芭拉,后者在罗纳德·里根总统就职活动周中穿的衣服都是我为她做的。

我们不要忘了另外一位奥斯卡奖获得者,可爱的金杰·罗杰斯[4]。一天,她把衣服脱下来之后,我开始给弗雷德·阿斯泰尔这位令人爱慕的舞伴试穿一件肉色雪纺绸裙子,上面绣着闪闪发光的透明亮片。我对她解释说,我们把那件后背裸露的礼服背部两边往中间改了一下,让她的背部看起来窄一些。她马上辩解道:“哦,是的,我的后背确实特别宽,那是因为我经常打网球。”我之前不知道像罗杰斯这样的大明星也会为琐碎小事感到不安。试穿时,她在工作室中来回踱着轻盈的舞步,就像她在许多热门电影里那样,向我展示裙子飘动时的美丽。

可爱的金·诺瓦克[5]1959年来到了我的工作室,当我指出她不应该

---

1. 约翰尼·卡森 (Johnny Carson, 1925-2005),美国著名电台夜间节目主持人,影响力巨大。
2. 克莱尔·特雷弗 (Claire Trevor, 1910-2000),1948年因与亨弗莱·鲍嘉合演《盖世枭雄》获得奥斯卡最佳女配角奖。
3. 弗兰克·辛纳特拉 (Frank Sinatra, 1915-1998),美国演艺界传奇人物,除了以歌声优美著称外,1953年他还因为电影《乱世忠魂》获得奥斯卡最佳男配角奖。
4. 金杰·罗杰斯 Ginger Rogers, 1911-1995),美国著名歌舞演员,她与弗雷德·阿斯泰尔合作长达十六年,是电影史上最著名的一对歌舞片搭档。1949年她凭借《女人万岁》获得了奥斯卡最佳女主角奖。
5. 金·诺瓦克 (Kim Novak, 1933-),好莱坞著名金发尤物,曾经主演希区柯克的影片《眩晕》。

穿高领裙子，因为她的脖子太短的时候，她惊呆了！尽管我已经尽量措辞委婉，而且只是从专业角度建议她穿 V 字领的衣服也许会更漂亮，她还是几乎哭了出来。这位明星不停地照镜子，抚摸着自己的脖子。最后她走了，满脸通红，一件衣服也没要。

在迷人的宝莲·高黛[1] 搬到纽约公园大街的顶楼上以后，我们也为她做衣服，都是一些漂亮又简约的设计，为了跟她的丈夫送给她的那些非凡的珠宝配套。她的丈夫是埃里希·玛丽亚·雷马克，畅销书《西线无战事》的作者。之前我一直很想见见这位高黛小姐，因为那些年里我听说了许多她在好莱坞如何利用自己美色的非凡传奇。一天在麦克姆博夜总会，她坐在一位电影公司负责人旁边，不顾一切地说服他让自己在一部即将开拍的大片中担任主角。当他表示拒绝的时候，据说宝莲钻进桌布盖着的桌子底下给他来了场突袭。从这位重要人物脸上的微笑可以看出他非常享受。第二天，这位年轻的小明星就得到了试镜机会，并且得到了那个角色。

从这些道听途说的故事里，我们能明显地感觉到，黄金时期的好莱坞简直就像古代的巴比伦，一个真正的罪恶城市，充斥着众多的花边新闻和许多凭身体吃饭的年轻明星。

格洛丽亚·斯旺森[2] 被誉为二十世纪的性感偶像，她因为做了约瑟夫·P. 肯尼迪——美国总统父亲的情妇而名声狼藉。我们为这位默片时期的明星设计了她最喜欢的黑色雪纺绸套装。她在比利·怀尔德[3] 的电影《日落大道》中成功地复出。我们常常一起去夜总会。她总是被影迷们簇拥着，那部电影真是太轰动了。斯旺森很小巧玲珑，但在电影里

---

1. 宝莲·高黛（Paulette Goddard, 1910-1990），美国默片时期著名女演员，主演过卓别林的影片《摩登时代》，并与卓别林有过一段姻缘。
2. 格洛丽亚·斯旺森（Gloria Swanson, 1899-1930），好莱坞著名女演员，1950 年主演了经典影片《日落大道》。
3. 比利·怀尔德（Billy Wilder, 1906-2002），好莱坞著名导演，曾经六获奥斯卡奖，代表作有《热情似火》、《公寓》、《七年之痒》与《日落大道》等等。

看起来要高大一些。她对于自己的成功很陶醉。因为那个角色，她得到了奥斯卡的提名，但没能当选。很遗憾，之后她再也没能创造出那么吸引人的表演。

我第一次见到阿琳·弗朗西斯的时候，她已经不是一个好莱坞女孩，而之前她曾经是。她的成名作是 1923 年拍的《莫尔格街凶杀案》，之后还拍了几部别的电影，包括在 1943 年的《小卖部后门》与凯瑟琳·赫本的合作，以及在 1961 年的《一、二、三》与詹姆斯·卡格尼[1]演的对手戏，我也为她做衣服。弗朗西斯小姐希望自己在加利福尼亚开拍的新电影中的亮相能有特殊的效果，她委托我为她这部电影设计服装。不过她想在纽约试穿。这好得很，我可以使用自己的工作间，而且不用跑到西海岸。

这有点儿反常：纽约的服装设计师很少为电影或者舞台剧设计衣服。那些衣服几乎都是由专业的服装设计师包办的。在好莱坞，数十年间，好多电影公司有自己专门的工作间和专属的著名设计师。阿德里安鼎盛时期就是在米高梅为像《女人》、《歌舞大王齐格飞》这样的电影和葛丽泰·嘉宝所有史诗般的作品设计华丽的服装。我认为他是这个领域最有想象力的人。伊迪丝·海德[2]是二十世纪福克斯和派拉蒙影业公司的设计皇后。她的作品得到了贝蒂·戴维斯[3]、伊丽莎白·泰勒和格雷丝·凯利[4]的特别喜爱。艾莉妮·夏拉夫[5]（她太成功了，仅凭

---

1. 詹姆斯·卡格尼（James Cagney, 1899-1986），好莱坞历史上最卓越的男演员之一，身高只有 1 米 69 的他在银幕上塑造出众多经典硬汉形象。
2. 伊迪丝·海德（Edith Head, 1897-1981），好莱坞历史上最著名的服装设计师之一，曾八获奥斯卡最佳服装设计奖，2004 年迪斯尼与 Pixar 合作的《超人总动员》中的女服装设计师的形象即是向这位经典人物致敬。
3. 贝蒂·戴维斯（Bette Davis, 1908-1989），好莱坞著名演技派女明星，代表作有《彗星美人》等等，两次获得奥斯卡奖。
4. 格雷丝·凯利（Grace Kelly, 1929-1982），美国著名女演员，被看做"高雅端庄"一词的化身，主演过希区柯克的《后窗》等影片，1954 年因《乡下姑娘》一片获得奥斯卡最佳女主角奖，后嫁给摩洛哥王子，1982 年因车祸去世。
5. 艾莉妮·夏拉夫（Irene Sharaff, 1910-1993），好莱坞著名服装设计师，曾经五次获得奥斯卡最佳服装设计奖，代表作有《国王与我》、《西区故事》等。

名字就知道指的是她，就像人们提到阿德里安那样）也很红，她设计了克劳黛·考尔白大部分电影的服装。另一个家喻户晓的名字是吉恩·路易丝，他为哥伦比亚公司服务，设计了丽塔·海华丝在《吉尔达》中唱"责备妈咪"时穿的的黑色性感连衣裙，以及玛琳·黛德丽夜总会的表演中那些透明的肉色礼服。黛德丽的早期电影《上海快递》和《戴斯届出马》中的服装都是由特拉维斯·巴顿[1]做的。像我一样，他喜欢羽毛，并且总是使用它们。他也为梅·惠斯特做过一些奇装异服，风格就像疯狂而富有想象力的法国女设计师爱尔莎·夏帕瑞丽[2]那样。在那些有很多舞蹈的盛大音乐作品里，艾莉妮·夏拉夫经常被邀请来设计服装。她长期为世界上几家大芭蕾舞演出公司设计服装道具，经验丰富，比任何人都了解那些服装应该怎么在台上舞动。还有一些其他人：霍华德·绍普[3]和海伦·罗斯[4]也很优秀，他们都在很多摄影棚干过，沃尔特·普兰克特[5]也是，《乱世佳人》中那些非凡的服装就是他的作品。

这些在六十年代都发生了变化。大部分电影公司已经无力再拥有自己的服装间和年薪很高的首席设计师。现代电影的一个趋势是助理设计师去商店采购服装，给导演和演员过目，然后以批发价或者更低的价钱买下。这确实使电影和戏剧中的服装不再那么有创造力，但却为摄影棚和百老汇的制片人们省下了上百万的美金。

如果一个明星足够大牌，那么由她指定一个纽约的设计师为她设计服装就没有任何问题。从职业生涯开始的时候起，我就是最幸运的设计师之一。这项工作让我觉得很有成就感，而且兴致盎然。

---

1. 特拉维斯·巴顿（Travis Banton, 1894-1958），好莱坞服装设计师，代表作有《碧血黄沙》等。
2. 爱尔莎·夏帕瑞丽（Elsa Schiaparelli, 1890-1973），出生于意大利，好莱坞著名服装设计师，代表作有《每天都是假日》等。
3. 霍华德·绍普（Howard Shoup, 1903-1987），好莱坞服装设计师，代表作有老版《十一罗汉》等。
4. 海伦·罗斯（Helen Rose, 1904-1985），好莱坞服装设计师，代表作有《玉女奇遇》等。
5. 沃尔特·普兰克特（Walter Plunkett, 1902-1982），好莱坞服装设计师，代表作有《小妇人》等。

虽然我第一次见到索菲娅·罗兰[1]的时候，她还不是一个好莱坞女孩，但一年后她就是了。1956年的5月，我有了自己的生意。我做别人都不做的高档成衣。也许诺曼·诺维尔也做这生意，不过他的衣服都是艺术性很强的那种，风格前卫而复杂；而我做的是那种野性的、多彩的、非常女性化的东西。

1957年末，我的公关顾问打来电话说卡洛·庞蒂，索菲娅·罗兰后来的丈夫，想带这位意大利影星来看看我的衣服，为拍《时尚》照片做准备。我当然很激动。索菲娅在她的第一部电影后就迅速走红，大家都觉得她很美，也都想让她穿上自己的衣服。

我只在杂志上看见过这对情侣的照片，所以当我发现庞蒂是一位灰头发的矮个子男人，而索菲娅则是一头黑色卷发、身材高大而匀称的姑娘时，我感到很惊讶。他们都有那种意大利式的魅力。很明显，女影星很年轻（二十出头），不够成熟圆滑，却很有活力，非常有趣。当她把衣服脱下来的时候，我发现她有着美丽的胸部，腰肢纤细，臀部也很丰满。她拥有一张最美丽的面孔，极富表情，还有一双亮闪闪的大眼睛。她是那么真诚，散发着美国影星没有的纯洁，你会立刻喜欢上她的。

她很喜欢这些衣服，但是因为她臀部的关系，我们得给她找大裙摆的裙子，五十年代恰好流行这个。我们最后决定做一条蝴蝶状红色塔夫绸印花晚装短裙，肩膀上装饰着褶皱，一直延伸到后背两翼，裙摆很大，很活泼。她穿起来漂亮极了。为了拍那张照片，我们做了一条藏青色花缎短裙，宽大的裙摆，扎着一条低腰带。那是一件低领露肩的长袖女装。她看起来高贵而迷人，照片拍得很美。

她在那个时期穿了很多我的衣服，《生活》杂志上面经常刊登一些她穿着我设计的华丽皮草拍摄的照片。

---

1. 索菲娅·罗兰（Sophia Loren, 1934-），意大利最为著名的女影星，1960年以《烽火母女泪》获得奥斯卡最佳女主角和戛纳电影节最佳女演员奖。

　　这些年里，我们有时候会碰面，虽然她总是微笑着跟我打招呼，但我觉得她并没有认出我来。后来到了1998年，我和几个老朋友——利兹·史密斯、帕克·莱德，一起被邀请参加《时代》杂志七十五周年的宴会。宴会在无线电城音乐厅举行。那是个很特别的宴会。他们把所有座椅都搬了出来，整个剧场被改造成了宴会厅，大约有一百张桌子，每张桌子十个人。索菲娅·罗兰就坐在长头桌子的一端，挨着她的是前苏联主席戈尔巴乔夫，据说他不会讲英语。我意识到她那个位置很尴尬。

　　我回想起了四十年前我们的第一次会面，决定走上前去跟这位传奇巨星说几句话。当我穿过人群走到她跟前的时候，我跪了下来。她用古怪的眼光看着我。我说："嗨，我是阿诺德·斯嘉锡，许多年前，我为你做了很多衣服。"她微笑着说："我当然记得，那个漂亮的花缎裙子，还有那些皮衣。你还好吗？"她真的记得！我们聊了一会儿她的生活，还有她的儿子，他就坐在旁边。她问了我许多事情，都是关于我这些年里做了什么。她说："能看见你真好，如果你到圣巴巴拉来的话，一定要给我打电话。"她给了我她的电话号码。我被她的魅力和美丽征服了。她依然是那么可爱的一个人。

　　我回到了自己的桌子，觉得自己似乎已经登上了天堂。能为那个美丽的女人设计衣服我何等幸运！我飘飘然地离开了大厅，尽管那晚有很多庆祝活动，但是我唯一在意的就是美丽的索菲娅。

　　五十年代末，我经历了很多事情，工作也忙得不可开交。我的代理人穆里尔·麦克斯韦尔打电话给

我问："你有时间为玛丽莲·梦露[1]设计一些东西吗？""开什么玩笑？"我回答说，"当然有时间。她是最棒的。我刚看过《热情似火》，她真是令人难以置信。穆里尔，我觉得她一定能拿到学院奖，我非常愿意为她设计衣服。"

"好，她需要一件性感的礼服，在她的圣诞派对上穿，"穆里尔继续说道，"她还要拍照，但是没什么衣裳可穿了。现在，你需要知道的是，她很苗条，但是胸部很大。你有什么合适的吗？"

碰巧，我有一件新连衣裙，非常紧身，是用肉色缎子绉绸做成的，前面有很多褶饰，后面松松地垂着一块曳地裙裾，还有一个非常低胸的心形领。全身都用闪闪发光的莱茵石点缀着，还系着两条莱茵石腰带。"好吧，你今天就得把裙子带给她，宴会是明天晚上。"

我上次见到梦露是在埃莉诺·兰伯特在华道夫酒店举行的时装秀上，那场秀我永远也不会忘记。她什么都没说，只是站在那里微笑和招手，观众就为之疯狂。

玛丽莲·梦露在纽约有一套公寓，入口在东五十七街上。到了之后门卫让我进去，我上楼按了门铃，然后听到了她轻声说："请进"。我走了进去，房间摆满了一盆盆鲜花，但没什么其他装饰。当时我惊呆了，因为所有的窗户都开着，而外面天寒地冻。外头只有零下一度，而且五十七街与东河很近，所以这里风很大，更让人感觉冷。她的头发乱糟糟的，还没有化妆，但她看起来很美，温柔而又自然，像个孩子。她穿着一件泰迪熊图案的人造毛大衣。我说："梦露小姐，你不冷吗？为什么把所有窗户都开着？外面冷得很。我帮你关几扇吧，你会感冒的。"

"哦，不，不，不，斯嘉锡先生。"她说，我几乎能听到她的呼吸声。"那样的话，所有的花都会死的，明天晚上，它们一定要很漂亮。"我很

---

1. 玛丽莲·梦露（Marilyn Monroe, 1926-1962），电影史上最著名的性感偶像，她的死是美国历史上最大的悬案之一。

吃惊，她却很固执。

我没有脱大衣，直接把装着那件礼服的包裹打开。"啊，太美了。"她叫道，"我可以晚些时候等女仆回来再试它吗？""当然。"我说，心里盼着赶快回到楼下等待我的温暖的轿车里。我最后看了一眼这位令人吃惊的女人，这位天生的电影偶像，然后迷惑地离开了公寓。

两天后，礼服被送了回来，一同送来的还有一大束花，显然是宴会上留下来的。上面还有一张道谢的便条。我一直不知道她是否真的穿了这套肉色礼服。报纸上没有照片，我也没有听任何人说看见过她穿那身衣服。她那么善变，也许宴会根本就没开也说不定。不过并不要紧，我是她忠实的影迷，而且很高兴能看到活生生的她——活生生的呀！

有趣的是，当我和一些好莱坞时装设计师讨论奥斯卡颁奖典礼上的服装时，听说好莱坞的金发美女一线女星蕾妮·泽维格[1]正在找一套玛丽莲·梦露式的礼服参加奥斯卡的颁奖典礼。显然，她也是神奇玛丽莲的忠实影迷。蕾妮在《芝加哥》中的表现非常出色，获得了最佳女演员奖提名。在那一年，她已经赢得了金球奖音乐片最佳女主角奖，所以大家确信她能够赢得奥斯卡。我曾经在纽约一个很喧嚣的活动中见过这位女影星，被她从头到脚那种乐观愉快的风度所打动。她太美了，而且很有玛丽莲的气质。看到今天的年轻明星们跟她们的前辈有相近之处，总是让我觉得很有意思。蕾妮·泽维格一定会是下一个玛丽莲·梦露。

派特赖斯·穆塞尔[2]是出现在大都会歌剧院的第一批现代歌剧女主角之一。她拥有模特儿身材，跟传统观念中那种歌剧女演员一定要人高马大的观念刚好相反。她也在好莱坞演电影，但是真正使她的事业向前

1. 蕾妮·泽维格（Renee Zellweger, 1969- ），美国著名影星，主演过《BJ的单身日记》《芝加哥》等影片。
2. 派特赖斯·穆塞尔（Patrice Munsel, 1925- ），美国著名花腔女高音。

迈了一大步的还是五十年代末她做的电视节目《派特赖斯·穆塞尔秀》。人们从来没见过这样的女孩——时髦，漂亮，还拥有一副可以唱歌剧的好嗓子。我为这档每周都要播出的节目设计了全部的服装。虽然从荧屏上可以看出来她很有幽默感，但是关键还是要让她看起来迷人。我们为她性感而令人叫绝的表演设计了很多了不起的服装。每期节目都要六套衣服，斯嘉锡的工作室为此非常繁忙。

纳塔莉·伍德

从六十年代起，我为人见人爱的纳塔莉·伍德[1]设计她的私人服装。她不仅漂亮又聪明，而且是个很好的演员。她很喜欢打扮，我为她设计了在欧洲以及出席影片公映或公众聚会时穿的服装。有一条我们为她做的雪纺绸裙子，上面到处镶嵌着塔夫绸蝴蝶结，很短，很暴露。她说那是"有史以来最性感的裙子"。她曾经三次获得奥斯卡提名。我觉得如果不是她在1981年不幸去世，她一定会赢得一次奥斯卡的。

在1970年，我为电影《可爱的夫妻们》中的明星们设计了所有的衣服。这部电影包括了实力派影星雪莉·麦克琳[2]、苏珊·萨兰登[3]、詹

---

1. 纳塔莉·伍德（Natalie Wood, 1938-1981），美国著名女演员，主演过《无因的反叛》、《西区故事》等，1981年溺水身亡。
2. 雪莉·麦克琳（Shirley Maclaine, 1934- ），美国著名女演员，代表作有《公寓》等，1984年曾因《母女情深》获得奥斯卡最佳女主角奖。
3. 苏珊·萨兰登（Susan Saradon, 1946- ），美国著名女演员，代表作有《末路狂花》等，1995年因《死囚行走》获得奥斯卡最佳女主角奖。

姆斯·柯本[1]以及萨莉·凯勒曼[2]。那是一部关于贝弗利山附近的一些医生和他们的出轨行为的影片。尽管预算要比《晴朗的日子里你永远能看见》少一些，但这是一项有趣的工作。整个剧组都很好玩，我还了解到了电影世界中一些不为人知的阴暗面，比如好莱坞的毒品文化。

当然，从纽约这样的大城市来，我很清楚毒品的存在，在"54号工作室"和城里其他许多俱乐部都有。尽管我自己在社交场合也喝酒，从十几岁在萨姆·韦恩叔叔的葡萄园度过的那段日子起，我就一直很喜欢酒的味道，喜欢通过喝酒与朋友们交际，但是我从来没碰过毒品。离开澳大利亚之后，在蒙特利尔我喝啤酒兑威士忌，在巴黎上学的时候晚上喝法国绿茴香酒和冒着气泡的香槟，后来是很纯的带橄榄的马提尼。我总去纽约 Plaza 饭店的橡木屋酒吧，那里很复杂，还有同性恋者。现在我喜欢的是用伏特加和越橘汁调的鸡尾酒"四海为家"，它简直棒极了。我说了这么多是为了解释为什么我从来不碰毒品。

到好莱坞为《可爱夫妻》工作后，我的一些好朋友邀请我在他们的好莱坞山庄中漂亮的房子里过夜。第一天早上，我穿好衣服准备去电影公司参加第一次会议的时候，我的主人对我说："今天早上你想来点儿什么提神？"

"嗯，橘子汁和咖啡就可以了，车随时会来接我的。"

"不，不，"他说，"你不来点儿刺激去开会是不行的，那里的每个人都会用一些东西，你这样去会被人比下去的。我给你一小片药吧，那应该是跟领带和夹克放在一起的必备之物。你现在在好莱坞了，你得习惯它。"

"对不起，我是从纽约来的。这就是我们做衣服的方法，而且我也用不着为了应付一个会议就给自己找刺激。"

---

1. 詹姆斯·柯本（James Coburn, 1928-2002），美国著名男演员，擅长塑造硬汉型人物，1997 年因《苦难》获得奥斯卡最佳男配角奖。
2. 萨莉·凯勒曼（Sally Kellerman, 1937- ），美国著名女演员，作品有《小小罗曼史》等。

这时，门铃响了。我的司机来接我去电影公司。我就这样走了，留我的朋友在那里发愣。顺便说一声，我的会议很成功。而且，整个电影的拍摄过程中，会一直开得很好，但我从来没吸过毒。

在一些大型好莱坞派对上，我看见有人传递可卡因和大麻，把那个当成了餐前小点心，但我只喝香槟。一天晚上，我和大约一百人待在洛克·哈德森漂亮的家中。房子里堆满了非凡的古董，乐队在泳池边演奏。哈德森风度翩翩，宴会实在棒极了。不过"罐子"散发出的甜美的芳香一直弥漫在空气中。看起来如果没有点儿帮助，好莱坞的人们无法度过极其困难的六七十年代。这跟家庭气氛浓厚的平静的五十年代完全不同。

随着电影步入正轨，每次我会在好莱坞待十天左右，而且经常去城里。一天晚上，我被带到了彼得·赛勒斯[1]令人震惊的庄园中，那里看起来就像电影中的布景一样。一场大约有二百人的派对正在热闹地进行着。男人们穿得都很随意；你可以认出一些穿着制服、打着领带的纽约要人。而女人们，与男人相反，都下了一番功夫打扮自己。一些漂亮的女孩子穿着很美的衣服。我在人群中数出了六套斯嘉锡，所以很高兴。我又一次看见了装着昂贵的白色粉末的银瓶子放在银盘上，配上银制的小勺子，在人群中传递。我的朋友对于我一点儿也不碰它们感到很吃惊。

也许我有些过时了，但是多萝西·帕克[2]以前写的东西好像非常适用。她说："糖果很让人愉快，但酒精作用更快。"这个老女孩当然知道自己在说什么。我也知道我自己在做什么。

这么多年来，有两个好莱坞女孩跟我一直是很好的朋友，一个是

---

1. 彼得·赛勒斯（Peter Sellers, 1925-1980），英国著名演技派男演员，代表作有《奇爱博士》、《粉红豹》等。
2. 多萝西·帕克（Dorothy Parker, 1893-1976），美国诗人、小说家及剧作家，1929年因《高大的金发女郎》获得欧·亨利奖，她与第二任丈夫阿伦·坎贝尔携手创作了《一个明星的诞生》等剧本。

迪安娜·卡罗[1]，无论穿不穿衣服，她都是我见过的世界上最美的女孩。还有生性活泼的匈牙利金发美女米基·盖纳[2]。她们是完全不同的两个姑娘，但是都成了我的好朋友。她们所展示的诚实和智慧在好莱坞已经不多见了。

我第一次看见迪安娜·卡罗是在杜鲁门·卡波提[3]1954年写的音乐剧《花房》中。尽管《花房》的音乐部分主要由百老汇的黑人歌手帕尔·贝利负责，但是年轻的卡罗小姐勇敢地站了出来，用她甜美而有力的声音演唱了哈罗德·阿兰的歌曲《沉睡的蜜蜂》。那不是一个很重要的角色，但却把她带到了纽约观众的面前，并且得到了很多好评。

后来，我听说了作曲家理查德·罗杰斯也看了《花房》，被她的才华和美貌打动了，他决定专门为她写一部音乐剧。那部戏的名字叫《无弦》，描述的是一个巴黎黑人时装模特儿爱上了一个美国白人记者的故事。这个主题在当时的百老汇很不平常，而且我相信这是前所未有的题材。

1961年，我从五十六街上的斯坦福·怀特公寓搬到了第七大道550号，那里是最适合做成衣生意的房子。房子很美，底下三层用来工作，而我住在顶上的两层，这样我就永远不会和我的生意分开了。我的销售部经理说这里"太完美了，在这里我们的成衣生意会更好"。

幸运的是，我又发现了中央公园南端的一栋双层小公寓，窗户一直开到二十二英寸高的起居室天棚顶，中央公园的美景尽收眼底。

一些我要为之专门制作衣服的私人客户要去第七大道550号的展览室，瓦列里安·利巴尔已经把那里用原工作室中的家具、烛台和丝绸装饰好了，老顾客们走出电梯看不出有什么不同。阿琳·弗朗西斯、盖

---

1. 迪安娜·卡罗（Diahann Carroll, 1935- ），美国著名女演员，她的成就主要体现在百老汇的舞台上。
2. 米基·盖纳（Mitzi Gaynor, 1931- ），著名音乐剧女演员，代表作有《南太平洋》等。
3. 杜鲁门·卡波提（Truman Capote, 1924-1984），美国著名作家，代表作有《第凡内早餐》和《冷血》。

博家的女人、露西尔·鲍尔[1]、南尼蒂·法布雷[2]、琼·萨瑟兰，还有莎拉·斯宾塞 - 丘吉尔女爵士和她的女儿赛琳娜，以及所有其他的私人客户都喜欢来这里。我猜他们一定以为会以批发价拿到衣服。当然，如果是成衣的话是可以的，可是定做衣服从来都不打折。

1961 年末，迪安娜·卡罗的经纪人打电话给我，说她想要来这里看衣服，我很激动，并且希望她能让我为她在《无弦》中做服装。

她到了之后，维吉尼亚对我说："你知道她不是白人吗？"我说，"当然，那又怎么样？她很美。"我站起来，去前门欢迎她。

她穿了一身典雅的黑灰色套装，端庄地坐在仿制的法国椅子上。一开始，我还觉得她有点儿害羞，但是不久，我们就谈得很开心了。我给她看了很多美丽的衣服，她说希望我能为她的音乐剧做衣服，我很高兴。

我们道别后我到后屋去把这个好消息告诉维吉尼娅，她立刻说："你绝对不能这么做。"我惊呆了，问她为什么，她说："我们还在做成衣生意。如果你为一个黑人演员做衣服，所有南部店的顾客都不会再买我们的衣服了。"我跟她说不是这么回事，迪安娜既有才华又美丽，但是没有用，她还继续叨咕那些南部店面。我们在南部的确有很多店。她说我们如果失去了这些店，她就不得不辞去销售主管的职位。我很生气。当时我们正处于一个季度的中间，这让我有点儿进退两难。感谢上帝！民权运动之后，第七大道不必再为"南部的店面"担心了。

最后的结果还好，理查德·罗杰斯和唐纳德·布鲁克斯，一位很有名的第七大道运动服设计师走得很近。理查德决定唐纳德"应该为迪安娜做衣服，以使费用不会超出预算"。理查德告诉我，唐纳德做得很好，

---

1. 露西尔·鲍尔（Lucille Ball, 1911-1989），美国著名电视演员，她曾被称为"美国电视第一夫人"、"情景喜剧皇后"、"B 级片皇后"等，她主演的电视连续剧《我爱露西》是美国电视剧史上最著名的作品之一。
2. 南尼蒂·法布雷（Nanette Fabray, 1920- ），她四岁登台，长期活跃于音乐剧领域。

而且之后成为一名成功的舞台剧和电影道具服装设计者。卡罗小姐看起来真可爱。但我仍然非常失望。

1962 年，我做了一件革命性的衣裳：一件白色的双排铜扣子华达呢套装，相配的是一件短小的衬衣；夹克很有型，跟宽松的衣服很配套。迪安娜很喜欢它，在玛丽莲·梦露为总统演唱"生日快乐，总统先生"的那个著名的夜晚，她穿着它去了玛蒂尔德·克里姆博士的家。当迪安娜穿着这套曲线优美的衣服，戴着白色的手套走进房间的时候，总统就在那儿。她太迷人了，总统被迷得头晕目眩。

多年以后，玛蒂尔德·克里姆博士建立了"美国艾滋病研究基金"，

被迪安娜迷住了的肯尼迪总统，1962 年

拯救了成千上万的生命。伊丽莎白·泰勒一开始是这个基金的宣传人，后来麦当娜[1]接过了她手中的火炬。一天晚上，在一个募捐的鸡尾酒会上，我见到了这位流行音乐顶级女歌手。我发现她和史翠珊在演艺生涯开始的时候很相像，有一点腼腆。她说："我喜爱您的衣服，玛蒂尔德跟我说了很多你的事儿。我能去你的店里吗？"我们聊了很多，我发现她既有魅力又很漂亮，比她在那些以性感为卖点的音乐电视中的样子真实多了。

《无弦》公映以后，迪安娜和我成了好朋友，我继续为她个人做衣服，也为她的巡回音乐会做一些有节日气氛的东西。她很有品位，总是挑选那些既典雅又适合她美丽而智慧的气质的服装。有时我们也很疯狂。1967年，我为她出席奥斯卡颁奖典礼做了一件装饰着珠子的羽毛装，她那天真是美极了。

1984年，迪安娜要在金球奖晚会上演唱史翠珊那部很流行的电影《杨朵》中的插曲。她打电话给我："阿诺德，我到底该穿些什么呢？每个人看起来都差不多，不是带珠子的紧身衣，就是大得可怕的垫肩套装。我有点儿绝望。请你想些什么别的吧，记住，我不穿黑色。"我在摆满模特儿的展室中把挂在面前的衣服都看了一遍。一直以来，我拥有一种才能，就是能够挑出最适合穿者气质的衣服。但是现在出了问题。这件衣服既需要别致典雅，还要让众多电视观众觉得很漂亮。突然，我想起了那件灰褐色的缎子晚装礼服，里面是一件藏青色紧身缎子高腰胸衣。跟衣服配套的还有一件藏青色缎子披肩，上面有亮紫色的条纹。我立刻意识到这些颜色穿在非凡的卡罗小姐身上会更加非凡。

迪安娜正好在纽约，我给她打了电话，说："快过来吧，我有个好主意。"我向她展示了这件灰褐色缎子长裙礼服。

"哦，天啊，你真的以为这能行吗？我喜欢它。"她说，像个孩子一

---

1. 麦当娜（Madonna, 1958- ），著名歌手，流行文化偶像，她改变了二十世纪流行音乐与流行文化的面貌。

样地傻笑，"但我穿上会怎么样呢？上不上镜呢？"

"棒极了！"我说，"快穿上它。"她去了试衣间，穿着这件衣服走了出来，披着那条披肩，肩膀上一圈紫色。太完美了！

金球奖对于迪安娜真是难忘的一夜，那晚她美得让人难以置信，又与众不同。她的演唱结束后掌声雷动。她得意洋洋地离开了舞台。她的心情很好，以至于她决定闯进阿伦·斯拜林在他巨大的好莱坞庄园举行的公共宴会。斯拜林是热门电视剧《王朝》的制片人。他走过来说："迪安娜，你太棒了，令人难以置信。我想把你放进《王朝》中。"这位女明星大笑，"好极了，那样的话，我就是第一个出现在电视上的黑人女子了。"晚些时候她给我打了电话，把这个消息告诉了我。"你能相信吗？"她说，"这都是因为你给我做的那件超美礼服。谢谢，亲爱的。我爱你。"迪安娜之后一直出现在这部成功的电视系列剧里，把琼·考林斯的风头也比了下去。

得知她跟世界知名的电视访谈类节目主持人大卫·弗洛斯特订婚我非常高兴。我们做了很多很精美的礼服做嫁妆，包括一套灰色的法兰绒便装，一件有着巨大的俄国貂皮领的短大衣。大衣表面也有貂皮的条纹。她穿着它和生气勃勃的大卫（他现在已经是爵士了）一起飞去伦敦的时候看起来真是美极了。

至于婚礼，我们复制了一件我以前曾经为她做过的缎子绉绸短裙。那衣服在她身体的周围盘旋，打着褶饰，像风扇一样。我们用了一种很漂亮的桃色。

后来，她取消了跟弗洛斯特的婚礼，又过了几个月，她对我说："现在，阿诺德，我又决定结婚了，我要你很坦率地对我说，"她叹了口气，"你觉得再在婚礼上穿那件打褶的桃色绉绸礼服会不会再一次给我带来噩运？"我说我觉得没问题，因为那件衣服已经使她不必嫁给她以前不想嫁的人，而现在她在这次正确的婚礼上穿它会很幸运。

她穿着那身衣服结了婚，并且一直生活得很幸福，直到她的丈夫遭遇致命的车祸。有谁知道什么是幸运呢？她依然是我最好的朋友，我爱她。她是一个漂亮、睿智、聪明、成熟的女人。

米基·盖纳和我是以最戏剧化的方式见的面。那是在 1958 年，我在拉斯维加斯的议会大厅做一个慈善服装展。我一进大厅，展览的策划者和支持展览的服装店主们就过来欢迎我。每个人都开始谈论这次展览，并纷纷称赞衣服。我刚刚赢得了柯蒂奖，并在纽约买下了斯坦福·怀特公寓，生活很顺利也很激动人心。

突然，一个人叫着："米基来了。"一边用手指着圆形大厅的天花板。顺着他的手指向上看去，可以看见一位美丽的金发少女。她穿着一件我设计的雪纺绸连衣裙，穿过大厅，飘然而至，来到了我的面前。

"嗨，我是米基·盖纳。"她用轻快的声音对我说，多么美好的会面，我目瞪口呆，只是站在那里大笑并拥抱她。我们成了永远的朋友。恰巧，米基也参加了 1958 年我在斯坦福·怀特公寓举办的秋季服装展盛大而正式的开幕式。很明显，那些漂亮的衣服使她非常陶醉。她后来对我说："我从来没见过那样的衣服，我真想把它们全买下来，特别是那件灰色薄纱衣服，配上挪威蓝狐皮。"她说的是一条灰色的丝绸短裤，有着宽宽的褶边，两边镶着两条蓝色狐狸皮，这个设计的灵感来自于牛仔裤。那套衣服的确很吸引人，在记者招待会上吸引了很多闪光灯。

那些年里我为米基·盖纳做了很多漂亮的衣服，其中一些美妙的东西很能代表六十年代的风格。其中有一件混杂着褐色、灰色和黑色的金色织锦印花外套，边缘用貂皮缝制，再配上一件短裙。再就是那条镶满亮片的红色迷你裙，上面是无袖鸵鸟毛背心，长度齐膝，领口开始是明亮的红色，往下颜色渐变，到了底边就变成橙色的鸵鸟毛。我们为她做了很多套装和大衣。一位多年穿霓裳华服的好莱坞明星居然会到我这里来挑选纽约名流贵妇喜欢的优雅服装，这一直让我感到很惊讶。

1966 年，米基受邀在学院奖颁奖典礼上演唱奥斯卡提名歌曲《乔基女孩》。能被邀请是一种荣誉，因为这位演唱者可以出现在世界上数以百万计的电视观众面前。米基·盖纳正处于事业巅峰。她与金·凯利搭档的《巴黎之恋》和她在电视版的《南太平洋》中塑造的角色好评如潮。她想在奥斯卡电视转播后的宴会上穿一件出众的衣服。那时，这个宴会是奥斯卡之后规格最高的聚会。我们挑了一条用透明薄纱做的裙子，高高的笼头领，一直垂到膝盖上面的裙边，曳地裙裾，当她走动的时候效果优美。裙子外面罩一件透明的披风。整件衣服用闪光的彩色贝壳形亮片和散落的莱茵石装饰着，即飘逸又奔放。她看起来光芒四射，当她走进宴会厅的时候，人们纷纷为她鼓掌。她在舞台上的表演也是最棒的。

米基·盖纳是我见过的精力最充沛、最多产的艺人之一。不演电影的时候，她就做自己的电视娱乐节目——《米基·盖纳秀》。她为了这个节目带着八位男舞者到处旅行，和所有主演一起努力填满舞池的空白。节目是由她迷人的丈夫杰克·比恩制作的，杰克是个出色的家伙，很有商业头脑，这个迷你音乐节目由八到十个特别栏目组成，米基·盖纳从头到尾一直连唱带跳。数十年间，她在剧院和夜总会的舞台上取得了巨大的成功，在她自己的电视节目中也一样耀眼。

每次这对情侣来纽约，帕克和我都要见见他们。许多年以前的一个晚上，纽约社交界有名的"社交蛀虫"杰里·兹金为这对夫妇在曼哈顿的法国料理店考特巴斯科饭店举行了一个聚会，大约有二十个朋友参加。我们与这些名人面对面坐着。这真是个与他们交谈的好机会。米基穿了一件很时髦很纽约化的斯嘉锡黑色制服，她的左肩上戴了一个直径大约有两寸的巨大的钻石饰针。我盯着它对米基说："你的饰针太让人难以置信了，你是从哪里弄来的？"她直勾勾地看着我，调皮地坏笑着说："操！"我认识她这么多年，从来没听过这位典型的美国邻家女孩说过脏话。"快说吧，"我说，"什么时候，在什么地方，怎么搞来的，跟我们说说吧。"

"好吧，我在五十年代初刚到好莱坞时，大家都知道霍华德·休斯[1]看上了我，每个专栏里都有这样的消息。我当时非常年轻，我妈妈为这个绯闻感到沮丧。我到什么地方霍华德都在旁边跟着。一天晚上，快到午夜了，霍华德送我回家，那辆灰色的劳斯莱斯突然在卡地亚门口停了下来，霍华德说：'来吧，让我们看看橱窗里的东西。'当我们走到前门的时候，店里面所有的灯一下子都亮了。我激动得话都说不出来了。我们走了进去，他说：'现在，米基，到处走走，挑一些会把你变得更漂亮的东西。'我挑了这个漂亮的巨大钻石别针。嘿，谁说米基·盖纳是个傻姑娘？"我们都大笑了起来，因为她的坦率，我和帕克更喜欢她了。

霍华德·休斯身边总伴随着一长串令人震惊的新闻，大多是风流韵事。他是一个古怪而帅气的亿万富翁，建立了自己的航空公司，是环球航空公司的拥有者，还是个目光敏锐的制片人，最后控制了 RKO 电影公司[2]。

米基和她的丈夫在贝弗利山庄一座温馨的房子中住了很久。房子后面有一个可以看见漂亮花园的厨房，对了，我忘了说，这个拥有非凡智慧和美貌的女人还是一位很棒的厨师，只需一刻钟就可以为朋友们做出匈牙利菜炖牛肉。这对于她来说不算什么。难怪我每次想起她，脑海中都会浮现出这样的字眼——"我最喜欢的好莱坞女孩"。

---

1. 霍华德·休斯(Howard Hughes, 1906-1976)，二十世纪美国电影界和航空界的风云人物，如果想对这位传奇人物多一点了解，不妨去看看 2004 年马丁·斯克塞斯导演、莱昂纳多·迪卡普里奥主演的传记电影《飞行大亨》。
2. 即雷电华电影公司，1928 年成立，三四十年代出品了一系列著名电影，包括希区柯克的《深闺疑云》和奥森·威尔斯的《公民凯恩》等。

第十七章

芭芭拉·布什
BARBARA BUSH

芭芭拉·布什(**Barbara Bush, 1925-**),美国第四十一任总统乔治·**H. W.** 布什的夫人。她是出版业巨商的女儿，却没有大学毕业，而是执著地选择了做一个贤妻良母。她的两个儿子，一个同样入主白宫，另一个是佛罗里达州的州长。她是美国人最为尊敬的第一夫人之一，被尊称为"美国的祖母"。

和第一夫人芭芭拉·布什在去往纽约公共图书馆文学名流会的路上，1990 年

　　1986 年年末，我接到一封邀请函，信头盖着总统金印，邀请我参加一场在白宫举办的国宴，这令我非常吃惊。宴会的贵宾是冰岛总统。我想不到我有什么理由会被邀请列席这个晚会，因为我从来没有被里根政府邀请过。南希·里根最喜爱的设计师当然是詹姆斯·加拉诺斯。而据我所知，在里根执政时期，其他绝大多数设计师也都没有被邀请去过白宫。我所能想到唯一可能的原因是我的姓氏——斯嘉锡，里面有两个a，这一般是斯堪的纳维亚人的姓氏。我猜他们邀请我是因为他们认为我的背景可以使我的老乡感到亲切。我高兴地接受了邀请，因为我对里根夫人如何掌管白宫这个充满奇妙历史的地方非常好奇。

　　我找出了最好的一套晚礼服向华盛顿进发。我抵达了白宫，眼前所有的一切都是那么金碧辉煌。我在西翼楼门廊下了车，走上楼梯后由一个穿着华丽制服的白宫实习生带领穿过了玄关，那里悬挂着历届总统和总统夫人的肖像，然后我到达了接待处所在的东侧屋子。在进去以前，我将自己的名字报给了另外一个穿着制服的人，他大声地向人群宣布："阿诺德·斯嘉锡先生到了。"然后我走入了接待大厅，里面有一百人左右。此时大厅里正供应着香槟和开胃点心。接下来，有人宣布里根总统和夫人到达了宴会现场。海军陆战队乐团开始演奏《向首领致敬》，所有人都站起来向大厅入口望去。美利坚合众国的总统、第一夫人和国家贵宾出现了。这真是一个令人印象深刻的场面。我们排成不太整齐的队伍欢迎里根夫妇和冰岛的贵宾。在这个特别的夜晚，里根夫人身穿一件漂亮的红色绉绸长礼服。她的妆容和穿戴都非常正式。在光芒闪烁的钻石项链、耳环和引人注目的钻戒的陪衬下，里根夫人看起来真的非常美丽。我以前从未见过第一夫人，她亲切地问候我时，我觉得她的声音听起来非常柔和，一点也不像媒体描述的那样强硬。

今晚对我来说真是美妙。虽然我以前来过白宫，但这是我第一次被邀请参加国宴。我太激动了，以至于开始产生了怀疑：我真的身处在这样一个快乐而美丽的夜晚吗？这里有很多很多人，都是各行各业的成功人士。

当我们走入国宴大厅后，我被安排在莫琳·里根的桌子，紧挨着南希·里根的那张，我意识到我的位置非常不错。莫琳是罗纳德·里根与女演员简·怀曼[1]活泼聪明的女儿，她热情而迷人。国宴大厅装饰得富丽堂皇。南希·里根是一个非常不错的女主人。宴会上的鲜花开得正灿烂，银质的餐盘酒具和出众的人物将这个晚上变得更加令人难以忘怀。食物做得赏心悦目，品尝起来更是回味无穷。比约·博格，著名的斯堪的纳维亚网球选手，与我只有一座之隔，那天晚上我们聊了许多关于瑞典的事（我到过那里），以及关于他即将要在家乡开展新服装生意的事情。

晚宴结束后，我们准备离开宴会大厅，前往"蓝色之屋"去和总统及总统夫人一块儿享用咖啡和饮料。这时我与副总统夫人芭芭拉·布什不期而遇。这是我们第一次见面，也是我们后来长期交往的开端。布什夫人长相不错，气质也很出众。她个子很高，有着一头雪白的蓬松头发和迷人的微笑，这使她看起来非常特别。那一晚你一眼就能把她从人群中辨别出来。她穿着一件雪纺绸束腰长袍，我记得当时还在想，她为什么把自己包裹得这么严实呢，尽管她这样子还是挺可爱的。当我们肩并肩走在一起的时候，我说："布什夫人，我是阿诺德·斯嘉锡。您知道吗，好多我们共同的朋友都认为我应该为您做些衣服。"她笑着答道："那你要告诉我怎样才能看到你的作品。"所以，我丝毫没有害羞地拿出了我的名片，对她说："给您，您可以联系我，我们可以约定一个时间。"

---

1. 简·怀曼（Jane Wyman, 1917-2007），美国著名女演员，主演过《失去的周末》等，1948 因《心声泪影》获得奥斯卡最佳女主角奖。她与罗纳德·里根 1940 年结婚，1948 离婚。

当然了，我从来没有指望能接到她的电话，因为我以为如果她想找我做衣服的话早就联系我了。

两个星期后，我的秘书进入我的办公室，通知我说："副总统夫人给你打来电话。"我们定于某天早上在我位于第五大道上的沙龙里见面。我对这次约见感到非常激动，因为当时已经盛传乔治·布什将会在里根总统任期结束后竞选总统，而且他当选的几率很大。当我坐在进城的出租车上时，我意识到我很有可能是去与未来的美国第一夫人见面，并将要为她制作衣服。

我稍稍有一些紧张，这情有可原。交通很拥堵，我非常不希望在我们第一次会面时就迟到。

当我到达时，我知道芭芭拉·布什已经到了。工作室外有三辆私家车，很多保卫人员在附近守卫。乘电梯上楼之后，我又在休息室外面见到了一个保镖。我走进去，向布什夫人表达了诚挚的歉意，我说："我真不敢相信今天早上街上有那么多的车，我对我的迟到表示抱歉。"她回答道："你说得没错，交通真的很拥挤。但是你也知道，我们有警笛。"我们两个一起笑了起来，这让我看到了她的性格和力量。他们当然有警笛，而且如果有必要的话，他们会使用警笛避免约会迟到。我认识到这位女士非常自信，而且有很强的幽默感，我非常欣赏她。

我们开始向她展示我的作品，并挑出了一些我觉得会非常适合她的衣服。我立即感觉出芭芭拉·布什很喜欢漂亮衣服，虽然大部分时间她总是衣着随便，但心里却与大部分女人一样，喜欢将自己打扮得漂漂亮亮。她开始试穿，当然了，这些模特儿尺寸的衣服她穿起来不是很合身。但布什夫人还是选了三套：一件黑色的，一件紫色的和一件蓝色的。

在选择了第一套衣服以后，我们开始量尺寸。当她把外衣脱下来时，我发现她居然穿着一件衬裙。这是非常罕见的事情，因为八十年代我的大部分客户已经不穿任何衬裙了。我想这是对逝去时尚的缅怀。量好了尺寸之后我惊奇地发现，布什夫人没有超重，身段也不胖，而且还很匀称。她大概有五英尺八英寸高，尺寸差不多在十二号到十四号之间，虽然在照片里看起来像有十六号。我意识到这应该是她的衣服都不怎么合身的缘故，她只是随便地穿着衣架上出售的邋遢衣服。我们可以让她变得更迷人，因为我们可以按照她的性格设计衣服，使她看起来更有活力更时尚。

当时我觉得她穿衣的方式很随便，而且很老式。但是她其实不是很老，而且她有着了不起的才能和非常吸引人的个性，这些若是加上良好的穿着是可以充分提升她的魅力的。我相信她在 1987 年以前的穿着打扮是很久以前形成的风格，甚至可能是从她和副总统待在中国时就确定下来了。我主要的想法就是将她从单调的衣服中拯救出来，让她穿上能够真正展现她的优势的美丽迷人的服装。

这一切就这样开始了。当她第二次来试穿的时候，我向她展示了更有魅力更为高贵的衣服，布什夫人非常喜欢。当时，乔治·布什正在竞选总统，而且他很可能会打败民主党的杜卡基斯。所有人都非常喜欢芭芭拉·布什，这是顺理成章的事情。她是美国最令人钦佩的女性之一，坦率、智慧，而且非常幽默。她确实是她丈夫的财富。所以我要设计一些特别的衣服，让她看起来更像一位重要的公众人物，因为虽然她已经是副总统夫人，但若是乔治·布什当选，她在公共场合出现的频率会更多。

大概就是从这个时候起，我开始向她展示一些在我脑海中形成的可以成为她在总统就职典礼中衣着的候选服装——它们也许会是选举这一年里被拍摄最多的衣服。其中一件就是芭芭拉最终选择的蓝色丝绸天鹅绒晚装。我发现她其实是一个很谨慎的人，到现在也是如此，直到她丈夫确实当选了，她才肯挑选就职典礼的衣服。所以当时我们对这件关键的衣服一直感到紧张不安。她也选了几件其他的衣服。有一套是白色绸缎上衣和镶满莱茵石的黑色长裙，非常别致而优雅，与她的白发相映生辉；一件是红色和黑色的天鹅绒晚装，有侧翼的那种；还有一件是她穿起来非常漂亮的白色条纹绸缎裙。她选择了好多种不同类型的衣服，还包括一条绣着珍珠和亮片的粉色薄纱裙。所有的衣服夫人都很喜欢。她所挑选的都是与她作为副总统夫人时风格完全不同的衣服。

当时布什夫人的秘书劳丽·费尔斯通是我的拥护者，而且我们是非常好的朋友。她令人愉快，是一个聪明的金发美女，非常喜欢漂亮衣服。她对芭芭拉开始喜爱华服这件事感到极为开心。她对布什夫人非常忠心，还要我为布什夫人制作一些非常时尚的衣服。

芭芭拉·布什选择那件蓝色绸缎晚装作为就职周的晚礼服之一，这件事情非常有意思。尽管她穿着那件衣服很迷人，我还是有一点忧虑，因为我知道还有另外三位女士已经买过这件衣服并穿过。她们其中的一个是德高望重的布鲁克·阿斯特，另外一个是小威廉·赫斯特太太，她住在旧金山。所以我在想：天啊，如果芭芭拉决定穿这件礼服参加就职典礼怎么办？当然了，她不会告诉我她决定穿哪件礼服去参加典礼，也不会和其他人说，我们什么也不知道。她不会让我们提前公布她衣服的款式，我甚至认为劳丽·费尔斯通也不知道布什夫人会选择哪件、什么时候穿。所以我们当时有一点紧张，只能焦虑地等待她的最终选择。我想，只有那个时刻到来时我才能再对其他几件衣服做出决定。我们想了很久，直到最后，大概是就职典礼的前十天，我在副总统的宅邸与芭芭拉和劳丽共进午餐。

"您知道我们现在面临着重要的问题，"我说，"媒体每天都打电话来询问您会在就职典礼上穿哪套礼服。亲爱的芭芭拉，这让我感到很蠢，毕竟我们不是孩子，我打心眼里觉得我们应该宣布您决定穿哪套衣服，然后让他们好好宣传一番。"

她就像平常那样睿智地看了看我，又看了看劳丽，说："我认为阿诺德是正确的。我会告诉他们的，但是把这作为一个秘密还是很有趣的。"那天她告诉我她将会穿着那件蓝色的晚礼服出席。我非常高兴，因为她穿那套衣服真的很美，完全实现了我要求的标准。首先，那件礼服开创了一种蓝色，我们叫它"芭芭拉蓝"。她让我把领口改低一点，这样会突出那条后来成为她个人标志的三股式珍珠项链，她穿的紧身内衣也会让她的腰部显得更苗条。这确实是一件最适合一位即将成为第一夫人的优雅女士的礼服。我为此激动得浑身颤抖。

我回到纽约长岛办公室的时候已经是星期五的傍晚。我告诉帕克："我要把这件事告诉新闻界两个最重要的人物。现在已经很晚了，不管怎样这条消息只能下个礼拜一才能出来。"我打电话给我的朋友埃塔·弗罗里奥，她是当时《女性服饰日报》的主编。

"亲爱的埃塔，我要告诉你芭芭拉·布什将会在就职典礼上穿什么衣服。"然后我向她大概描述了一下衣服的样子。

"是只有我知道吗？阿诺德？"她问道。

"是的，正是这样。你是我第一个通知的人。"我答道。我这样说是绝对正确的，因为当时已经是星期五的晚上了，我认为在星期一以前《女性服饰日报》杂志上是不会有这条消息的。然后我又打给在报业工作的我最好的朋友之一，伯娜丁·莫里斯，她是《纽约时报》的时尚评论家，我们已经认识了三十年了。我们聊天时，我说："哦，我在华盛顿度过了最美好的一天，我太激动了，因为芭芭拉告诉了我她将在就职典礼上穿什么衣服。"

"哦，告诉我吧，是哪一件？"伯娜丁好奇地问道。

"好吧，我告诉你，但是不要告诉别人，"我说，"这是一个天大的秘密，伯娜丁。当然了，既然是你我还是会说的。那是一件最华丽的礼服，宝石蓝天鹅绒上身和蓝缎子大裙摆，布什夫人穿起来真是美得惊人。"我们又聊了一会儿然后就挂掉了电话。根据我的经验伯娜丁要等到下个星期二才有可能在《纽约时报》中报道此事，因为星期二才轮到时尚类新闻，所以我根本不用去想这件事。我只知道《女性服饰日报》会在星期一报道此事，《纽约时报》是星期二，这样的话每个人都会高兴。当然了，我以前就明白你绝对不可以和一个记者说这样的话："这只是我们两个之间的事，我告诉你是因为你是我的朋友。"在新闻界，报道者们总是认为一旦他们晓得了某件事情，就要把它报道出来。所以"不可外传"之类的话在新闻界里根本就是一句废话。如果你确实想要让一件事"不可外传"，那么就不要把它讲出去。

令我吃惊的是，第二天一早，也就是星期六的早上，《纽约时报》对芭芭拉那件礼服作了大篇幅的详细报道。当然了，我的朋友埃塔，就是《女性服饰日报》那位，对此感到非常不安。但我当时也是一样的感受。我对伯娜丁说："我跟你说过不要告诉任何人的。"她回答道："嗯，我不明白你为什么要告诉我这件事，你要知道，我的第一职责就是我的报道。"不管怎样，这件事很快就被淡忘了。那个周末，所有人都知道了布什夫人将会穿什么衣服，但是没有人关心是谁第一个、谁第二个把这个消息报道出来的，我们总算松了一口气。最重要的是芭芭拉·布什很开心。

现在，我必须使出足够的手段，确保其他拥有那件蓝色礼服的人不会在就职典礼上穿着同一件衣服出现。我给她们每一个人打电话。

"告诉我，亲爱的，你会去参加就职典礼吗？"我问道。如果她们回答是的，那我就会问："你会穿哪一套衣服啊？"她们中的一个人恰好回答道："我想我可能穿那件漂亮的蓝色礼服。"

"哦，我认为那天晚上穿着那件衣服去是个错误。那件衣服显得有些过于复杂，而且我觉得会撞衫。为什么不穿我给你做的那件红色紧身裙呢？"我向她提出建议。

"哦，你真是个好人，"她说，"谢谢你。当然你是对的，我会穿那件红色的衣服，到时候再见啦。"我想她不晓得我打电话的用意，但是我必须确保没有人穿那件蓝色的礼服出现，当然我的星级顾客芭芭拉·布什除外。

我相信布什夫人想起我们正在为她制作最好的衣服时会非常开心，因为那会让她变得非常特别、非常吸引人，也让她改变了自己的形象。芭芭拉·布什突然间就变成了"美国最有魅力的祖母"。

我们给她制作了许多衣服。我总是考虑到她每天都要拍照，这是第一夫人工作的一部分。我们给她制作了日装、鸡尾酒会装、套装和大衣，当然长礼服也是必不可少的。其中有一件我最喜爱的设计作品：一件紫罗兰色羊毛大衣。那件衣服简直就是专门为她设计的，将她的皮肤和白发衬托得非常美丽。但是她最终没有选择在宣誓就职的场合上穿它，而是把它作为第二天参加教堂仪式的衣服。我最近在纽约时装学院举办的四十五年设计作品回顾展中就有这件大衣，每个看过它的人都惊呼不已。她的女儿，多洛，我曾经给她设计过一件桃红色薄纱蕾丝结婚礼服，她告诉我说她认为这件大衣是我给她母亲设计过的最好的作品。我一直都认为第一夫人会选择紫罗兰色作为她穿衣的主色调，但是她还是以"芭芭拉蓝"闻名。

总统和芭芭拉·布什在他们的就职舞会上

我们给她制作过许多美丽的套装。其中有一件很特殊，那是蓝色斜纹软呢夹克，蓝紫色蔷薇花图案的丝绸衬里，在脖领处有一个毛茸茸的蝴蝶结。我记得在一次为第一夫人举办的午餐会上，布什夫人站起来宣布："请大家仔细地看看我，因为你们再没有机会看到我穿成这样了，看我完美的发型与化妆，而且我穿着设计师的高档时装！"她一边说着一边打开外套转了一圈。观众们开始大笑并鼓起掌来。我非常相信她的话，幸运的是，她一直都保持着"斯嘉锡"风格。

在宣誓就职仪式以后，所有的衣服都已经运到了白宫，包括蓝色套装、淡紫色大衣和裙子、樱桃红午后毛衫——她曾穿它出席了他们的第一个圣诞晚会和一些非常漂亮的晚宴。这些衣服在衣柜里挂成一排。劳丽告诉我，当芭芭拉打开衣柜站在那里看着衣服时，她说："劳丽，我从来没有过嫁妆，我从来没有过合适的嫁妆。这些就是我的嫁妆。"当劳丽向我转述她的话时，我几乎要哭了。我为这位新上任的第一夫人感到由衷地高兴。

我和我的朋友帕克·莱德一起去参加了华盛顿所有的就职庆祝宴会，布什代表团里的每一个人都很友善。我们被邀请参加了所有的宴会，就好像我们是他们中的一分子。我和劳丽，以及她的朋友们一起参加了在联合车站举行的舞会。那是一个非凡的日子，充满了节日气氛。大约有两千人参加了这次舞会。我猜那天晚上布什夫妇足足有十四个舞会要参加。在联合车站，按照惯例，他们要站在高出地面的台子上领舞。我就站在台子的前面。当布什夫妇抵达时，整个人群都沸腾了。我想所有人都为芭芭拉·布什迷人的新形象感到惊奇。她翩翩而至，容光焕发，看起来非常与众不同。就在我抬起头的时候，他们停止了跳舞，走到讲台前面，乔治·布什开始讲话。突然，芭芭拉往下一瞥看见了我，立即向我招手。哎，你们无法想象我当时有多么骄傲。当然了，我也疯狂地向她挥手；她用胳膊推了推总统然后指着我。乔治·布什看到我然后向我竖起了大拇指，意思是她今晚看起来漂亮极了，衣服非常棒。天哪，我就像到了天堂一样。

第二天我和帕克在教堂仪式结束后回到了纽约。第二天就是星期一，我正忙着设计我的新香水。当时有个非常重要的会议，所有来自露华浓的重要人物都在我的沙龙里。我向我的职员下了命令：当这些人在这里时任何人也不可以打扰我。会议开始了，一切进行得很顺利。当时屋子里大概有八个人，突然间我的秘书出现了。

"斯嘉锡先生，有您一个电话。"她说。

"但是，朱蒂，你知道绝对不要打扰我的。我需要集中精力开会。"我回答道。

"斯嘉锡先生，您也许应该知道，电话是第一夫人芭芭拉·布什打来的。"她焦急地说，露华浓的那些人全都笑了。

"以上帝的名义，阿诺德，你一定要接这个电话。"一个重要客户说。我说了声抱歉，然后去接电话了。我曾经想过要尽早给布什夫人打电话，但我还是想给这位夫人一些时间来习惯白宫的生活，并适应她生命里正在发生的巨大变化。我认为我应该在星期三之后再给她打电话。但是，这电话现在就来了，就在星期一早上就职典礼刚刚结束的时候芭芭拉·布什给我打来了电话。

"嗨，你好吗？"我问。

"哦，所有一切都很好，我感觉很不错。"她说，"好吧，我要让你知道，我一刻也不能再等了，"第一夫人接着说道，"我只是要感谢你为我做的每一件事。衣服非常出色，而且你让我感觉非常快乐。真的，阿诺德，这真是太好了。你就像俗话说的那样，可以点石成金。"然后我们之间有一段很长的沉默。

"芭芭拉，我认为我现在要挂电话了，因为如果我不这么做的话，我可能马上要哭出来了。非常感谢您那样夸奖我，亲爱的，但是，哦，我的天，您知道其实不是那样的。"

"就是这样的，就是这样的，"她重复道，"你刚刚完成了一个令人吃惊的工作，我再满意不过了。"

"好吧，亲爱的。我晚些再打给您。我对您感激不尽。您让我的生活变得，您知道我想说的，变得非常精彩。"我回答道。

我回到了沙龙。就在我进去的一刻，那八位来自露华浓的最严格的主管都为我鼓掌，并且非要我重复一遍刚才的电话内容。

自那以后，我很大一部分时间是为了第一夫人在华盛顿的活动而准备的。我非常清楚芭芭拉的时间表，我们要为她的每次活动设计衣服。我知道她的世界是什么样子，所以我所做的一切就是让她的衣服穿起来更舒服。她每天从很早就开始忙碌，因为活动和事情太多，很晚她才有时间回去换衣服。所以一旦她在上午九点打扮好，她就必须在接下来大半天里保持良好的仪态，直到傍晚才能回去换上为晚上准备的衣服。

我们总是选那些很上相的服装，因为第一夫人每天都要接受闪光灯的"检验"，每天都要这样。我们为她设计制作了日装和更多可以套在短袖衫外面的大衣。我们做了很多件"芭芭拉蓝"的衣服。蓝色与她的头发和肤色十分相称，而且也很适合拍照。我尽可能地让她远离红色，因为南希·里根经常穿红色。但是，我们常常也拒绝不了诱惑，她的衣橱里偶尔会出现一两件红色。事实证明任何颜色都适合芭芭拉·布什，我也不明白为什么，也许是因为她的满头白发和生动的表情。但是确实是这样，所有颜色都能为她增光添彩。

我去过白宫很多很多次。有时是试衣服，之后通常我们会在楼上餐厅里共进午餐，那个餐厅是由杰奎琳·肯尼迪将一间卧室改造而成的，房间周围挂有美国战役的历史照片。这间朝向宾夕法尼亚大街的屋子也同样是我为曾经的第一夫人玛格丽特·艾森豪威尔试穿衣服的房间——我已经回到了我的本行，作为一个服装设计师，我回到了白宫，在这间二十九年前我曾经和玛格丽特待过很长时间的屋子里面吃午餐。

大概在布什夫人穿她的就职典礼宴会装一年以后，她决定像其他第一夫人一样，将这件衣服捐赠给世界最大的博物馆体系史密斯森机构。这个机构拥有绝大部分第一夫人的衣服。一天劳丽·费尔斯通给我打来电话："阿诺德，芭芭拉想让你到华盛顿来一趟，来参加史密斯森机构的捐赠仪式，她将捐赠那件蓝色天鹅绒绸缎晚装，就在1月9号星期二上午十点。你为什么不在八点半提前到白宫来和我们共进早餐呢，这样我们就可以一起去了。"

"我亲爱的劳丽，我也很想那样做，"我答道，"但是为了不迟到我就得在早上五点半起床。你也知道我的，这对我不太实际，对不对？"

"我不这么想，"她笑着说，"也许我们可以试着让你和帕克提前一天到这里，我跟芭芭拉说说看。"

几天后，劳丽回了电话，"你是否同意在捐赠仪式前一天在白宫住上一晚？这样我们可以确保你准时到达。"

"这听起来不错。我能住在林肯卧室吗？"我直接问道，像平时一样直接。

"如果没有哪国首脑做客的话。"她严肃地回答。

"那帕克怎么办呢？林肯的卧室够不够我们两个住？"

"帕克可以待在我家。"她答道，回避了我的问题，"事实上，那天晚上我会请你吃饭。"

1月8号星期一傍晚，我和帕克抵达了白宫的私人入口。一个服务生接待了我们，并把我们带到了楼上的林肯卧室。一个男仆走过来问我需不需要帮我把过夜的行李打开。我们在四周转了转，仔细地观察了这间传说中的屋子以及里面所有奇妙的物品。在我即将过夜的这间屋子里面有亚伯拉罕·林肯亲笔签署的《盖茨堡宣言》。几分钟后白宫接线员打电话来，说接帕克去劳丽·费尔斯通家的车子到了。我又仔细看了一遍这间屋子，然后认真地读了读林肯文件。令我惊奇的是服务生居然过来问我用不用给我在这张无数总统睡过的床上拍张照片。

"每个人都这么做，所以不要感到尴尬。"他边说边笑。我还是照了一张证明我曾经到过这里的照片。

突然间，我们听到有人在敲门，那是第一夫人。她穿着另外一件斯嘉锡斜纹软呢礼服，来问候我是不是一切正常。"这难道不是一间奇妙的屋子吗？你有什么需要吗？"她问。

"嗯，"我羞怯地说，"我有一点要求，如果不是很麻烦的话，这里床上好像只有两个枕头，我想再要两个。"

"没问题。"她离开了房间，几分钟后，第一夫人亲自拿着两个枕头进来并把它们抖落在床上。她就像是亲切的女主人正在照顾她的客人。

"我希望你在去劳丽那里之前先过来同我和乔治喝一杯，我们就在走廊的尽头。"

帕克打电话来通知我他将会在晚上六点半接我。当他到达的时候，殷勤而乖巧的男仆坚持为我们两个拍照。然后我们愉快地接受了总统夫妇的邀请，与他们小酌了一番。

"你们两个要去哪里啊？"总统问，他足有六英尺三英寸高，看起来既英俊又富有魅力。

"劳丽将为我们举办一次晚宴，总统先生，我们来这里的目的是因为明天芭芭拉要捐赠她在就职仪式上的晚礼服给史密斯森机构。"

"天哪，原来是你们做的那件衣服，"他说，"我从来没机会去过问任何有趣的事情，我和芭芭拉绝大部分时间只能待在这里，留在这老房子里。"他开心地笑着说。喝完一杯鸡尾酒后，我们意识到应该动身前往劳丽那里了。

"现在让我把你们这些男孩子送下电梯吧。"乔治·布什说，"在这里，如果你不知道要去哪里的话，很容易就会迷路的。"我和帕克礼貌地拒绝了他，但他还是坚持陪我们一直走到前门。我们钻进车里，然后向美利坚合众国总统挥手告别，他居然也向我们挥了挥手。

劳丽·费尔斯通为我们举办的晚宴非常成功。在她迷人的餐厅里一共坐了十二个人，而且她有一个非常优秀的厨师。食物真是太美味了。我非常喜欢与杰克·坎普[1]聊天，也非常开心看到我的老朋友约瑟夫·维内·里德，他是布什议会草案的主要撰写者。

因为帕克要留在劳丽家，所以约瑟夫开车送我回白宫。他的女儿搬到了加利福尼亚，留给他一辆大众牌汽车。我们在这个寒冷的风雪夜坐着小轿车出发（1月份可以说是华盛顿最冷的时候），向着我认为是总统之家的方向前进。在行驶了差不多二十五分钟后，我转向约瑟夫说："我们是不是快到了？"

"哦，是的，"他答道，"再过几分钟我们就到了。"我们继续畅谈着布什夫妇和里德可爱的妻子咪咪，她在六十年代中期我刚开服装店的时候就穿过我设计的衣服。后来，我终于忍不住说道："咳，约瑟夫，我们已经行驶了四十五分钟还多，但我记得我从白宫到劳丽家只花了二十分钟。我们是不是碰到了什么麻烦？"约瑟夫减缓了车速转向我说："阿诺德，我必须承认，我想我是迷路了——你要知道，一般我去白宫的时

---

1. 杰克·坎普（Jack Kemp, 1935- ），美国政治家、经济学家。

候都是由司机开车的。"他不好意思地笑了笑。毕竟劳丽今晚给我们提供了如此醇香的美酒，我们所能做的也只是一笑而已。

"约瑟夫，我必须回去。我们找间最近的加油站问问到这所美国最著名屋子的路该怎么走吧。"我嘲笑他说。但是，我们花了十五分钟才找到最近的一间还在营业的加油站。幸运的是，我在油泵旁边找到了一辆出租车。让里德先生很气愤的是，我上前问道，如果给他一些钱他可不可以把我们领到白宫去。那位司机当然同意了。在紧随着那司机的大众车里，我对着约瑟夫开了一路的玩笑。

"阿诺德，你必须发誓不把今晚发生的事情告诉总统和总统夫人。"约瑟夫恳求道。我开心地大笑，然后在走出车门的时候做出保证。我不敢肯定约瑟夫当晚是怎么回到他自己的家的，但是我在他开走那一刻觉得他有点可怜——"好心也不一定能办好事。"

一位保安人员让我进入了白宫并把我带到林肯卧室。床已经铺好了，我的黄色毛毯也放在床尾。我换上了一件亮红色白条睡衣，这是我为今晚的做客专门花了大价钱在最好的男士衬衫制造商 T&A 买的（平常我可是裸睡的，我后来也没再穿过这套睡衣）。按照我的习惯，我决定在睡前读一本书。至少有五盏台灯和一个树枝形的装饰灯是亮着的。第一个开关关掉了那盏装饰灯；第二个开关把其他的灯都关掉了。我在黑暗之中站着。把灯再打开，我发现居然没有专门的台灯开关。要把它们都关掉我必须把插头一个个地拔掉，只留下床边的那盏灯。我怕得要死，甚至怀疑如果照此进行下去，我会不会把这间历史名屋的电力系统全部毁掉。那一晚，在我觉得任何灾难都发生了以

穿着我的红色睡衣在林肯卧室里

276

后，我果断地拔掉了所有插头，只留下我床边的这盏灯，这个插头在巨大的桃花木床头底下，处于一个我够不到的地方。然后我又从浴室里拿出一条毛巾，用它把灯泡整个围了起来，减弱灯光。到目前为止，我已经筋疲力尽，于是倒头就睡，唯一的希望就是那块布不要引起火灾把整个屋子都烧掉。

有一个关于温斯顿·丘吉尔在林肯卧室过夜的故事：第二天早上人们发现这位英国首相在对面的皇后卧室里面呼呼大睡。在经历过跟那些灯的战斗以后，我怀疑丘吉尔很可能是和我遇到了一样的麻烦，才会最终决定到对面的屋子好好地睡上一觉。

第二天清晨，我很早就起床了，精神很好。在重新插回插头并确保一切正常后，我在林肯卧室的凹室里享用了早餐。突然间有人敲门，进来的是穿着紫色羊毛绉纱裙的女主人。

"早上好，你睡得怎么样啊，一切都正常吗？"她问道。

"非常不错，"我说，"一切都很好，我就要吃完我的早餐了。"我决定不把昨晚的事故告诉第一夫人。

"我们将在十五到二十分钟之内出发，"她说，"你准备好了就下来吧。"

虽然昨晚的天气很寒冷，还下了雪，但我和芭芭拉去史密斯森机构的一路上却阳光明媚。当我们抵达时，她那件就职典礼晚礼服就穿在橱窗里的模特儿身上，那个模特儿头上戴着一顶假发，发型与第一夫人有些相似。她非常风趣地和这个模特儿对起话来。

"我想知道你发型师的名字。"她居然向那个假人提问。典礼举行得非常顺利，在相关负责人作了有关致词之后，我们坐上了回白宫的车。

除了就职典礼礼服和一条披肩外，她还捐赠了朱蒂斯·丽芭[1]晚宴

---

1. 朱蒂斯·丽芭（Judith Leiber），1963年创立了以她名字命名的品牌。她以华丽风格的手工金会包席卷美国时尚界，她名下的产品还包括豪华眼镜。她的作品是时尚与装置艺术美学的结合，使她成为美国当代时尚精品界的代表之一。在品牌创立前，从1953年艾森豪威尔夫人开始，她的水晶晚宴包一直成为美国第一夫人"御用"晚宴包。

"我想知道你发型师的名字"

包和三串肯尼斯·杰·雷恩[1]人造珍珠和一双二十九美元的鞋子！丽芭女士和雷恩先生都在场，他们都是当天早上飞抵华盛顿的。稍后我们又一次在白宫里碰了面，布什夫人邀请我们吃午餐。

芭芭拉·布什有一句很不错的座右铭："东西没有坏就不要修理它。"她第一次向我提起这句话时是她初入主白宫时。南希·里根在他们执政八年中雇佣了一大批人员，芭芭拉保留了他们当中的大多数。

吃午餐前我们大约有十二个人在画室里喝饮料。跟平常一样，食物非常美味，第一夫人的心情也不错。最后，我们还是到了离开的时间。我和帕克在这里有着难忘的回忆，就像做梦般地度过了这二十四个小时。与总统和总统夫人在一起的感觉真是非常不同。

芭芭拉常常会因为某项活动造访纽约。这时我们通常会在第五大道我的沙龙里进行试穿。如果可能的话，我们还会让管家准备一次野餐。著名的格兰迪纳鸡肉三明治是我们每次必吃的。其他时候，我和帕克会带着第一夫人到我们非常喜欢的大马戏团2000餐厅，这家法国料理店由大名鼎鼎的在意大利出生的斯里奥·马西奥尼经营。

有一天，劳丽打来了电话："下个星期总统去纽约为联合国作演讲，到时候我们会离比克曼区非常近，我和芭芭拉希望可以顺便去看一下你的新公寓。"

"好极了！"我说，"你们顺便来吃午饭吧。这会很有意思的，而且你会见到我们那两条爱尔兰小猎犬。"

一切都安排好了，在约定的那个星期三两位女士抵达了纽约。我为芭芭拉丰富的知识和强烈的好奇心感到惊奇，她在公寓里面走来走去，评论着画作和其他一些艺术品。我们坐在窗边吃着格兰迪纳鸡肉饼，从窗口可以俯瞰到东河。第一夫人心情非常放松，当总统还在三条街外与那些幸运的团体艰难"搏斗"时，我们度过了很美

---

1. 肯尼斯·杰·雷恩（Kenneth Jay Lane, 1930- ），美国著名饰品设计师。

好的一天。

九十年代末期，总统和总统夫人开始了一次六国访问。芭芭拉需要许多种类的衣服以应付所有的天气和活动。在寒冷的巴黎，一件温暖的大衣是非常必要的；在凡尔赛与密特朗总统共进晚餐时要穿一件晚装长裙。作为智慧而节俭的美国人，夫人把她在就职典礼上的一套服装改造了一下。下一站是沙特阿拉伯，那一晚总统去参加一个只有男士出席的宴会，芭芭拉则去了为向她表示敬意而专门举办的只有女士参加的晚会。就像我们所了解的那样，这位高贵的第一夫人应该穿着最正式的衣服并配有非凡的首饰，所以我设计了一套纤长的礼裙，质地是红色和紫色的薄纱，上面覆盖着微微发亮的金线（这件衣服是我最喜爱的作品之一）。第一夫人穿着这件衣服看起来简直美得令人昏倒，宴会结束后，按照惯例，女士们要到另一个休息室去喝咖啡。屋里面点着熏香，我想这可能是为了让周围的大理石装饰显得不那么冷冰冰。侍女上前来把小熏香放在女士们的长裙下。可怜的芭芭拉，她有点惊恐，觉得她那身新斯嘉锡礼服会被点燃。

我和帕克·莱德参加了 1990 年白宫举办的众多盛大晚会中的一场，在那里我们见到了很多议员。正殿里装饰着高耸的银白色的树和经典的圣诞树，其他屋子里也装满了手工装饰品。芭芭拉穿着我去年给她做的那件紫红色短毛衫，这衣服在这种场合穿起来正合适。虽然前来参加活动的客人有两百多个，但屋子看起来并不拥挤。我们拥有在这里过夜的特别待遇，这回是同我们的主人和管家一样住在第三层。前不久南希·里根刚刚把这里装饰一新，屋子的确很讨人喜欢。

芭芭拉和乔治·布什两人都非常喜欢热闹。在他们入主白宫之后，差不多每两个月就有一次这样的晚宴。第一夫人每次都亲切地邀请我参加。虽然我通常是和我的朋友帕克·莱德一同前往，但有一次好像前来参加的男士太多，所以劳丽·费尔斯通只通知了我一个人。1991 年 5月 14 日，星期二，这是我永远记得的一晚。这次晚宴是为英国女王伊

和伊丽莎白女王以及乔治·H.W.布什总统在一起

丽莎白举行的。大家都想参加，所以邀请函比母鸡的牙齿还少。我为自己受到邀请而激动得发抖。

我们知道女王将会佩戴着皇家珠宝前往。我们在这方面不能与她相比，所以我们决定第一夫人应该穿一件简约的衣服并佩戴着她那串假珍珠，嘿嘿。

我又找了一些"婚礼上的小点心"，上衣有白色的大蕾丝边，再搭配紫罗兰色平纹裙子。一切都很完美，布什夫人站在女王旁边看起来很优雅，而女王穿着一件陈旧而过时的三十年代绸缎礼服，头上戴着闪着光芒的皇冠。非常有意思的是，第二天，英国女王穿着符合当今时代的裙腰纤细的粉色平纹长裙，戴着一条黑珍珠项链，看起来比前一天年轻了十岁。

晚餐就像以往一样美味，食物都用大大的浅底盘子装着，餐桌被装饰得很有英国特色。突然，海军陆战队乐队一边演奏着盎格鲁-美利坚乐曲，一边步入礼堂，总统和女皇开始跳舞。芭芭拉·布什与菲

281

利普王子跳在一起，而我则与坐在我旁边的活泼的科林·鲍维尔[1]太太共舞。

在进入音乐厅欣赏伟大的歌剧女神家杰西·诺曼[2]的表演时，劳丽坚持要我同这些"斯嘉锡女孩们"一起合影留念。她安排了美丽的慈善家卡罗·派翠、芭芭拉·布什、咪咪·理德和她自己围着我一起拍照。当其他人全都进入到音乐厅的时候，乔治·布什冲了出来，激动地大声喊着："芭芭拉，我的天啊，我们一起进去听杰西演唱吧，快点，女王已经感到疲倦想要早点睡觉了，她的时差反应很严重，让我们快点开始吧！"我们快速拍完了照片，然后冲向音乐厅。

和卡罗·派翠，芭芭拉，劳里·费尔斯通以及咪咪·里德在英国女王的国家宴会上

我以前曾与卡罗·派翠一起搭乘她的私人飞机前往纽约，但当我们正准备离开时，飞行员通知我们说雾太大，要等几个小时之后才能起飞。

---

1. 科林·鲍威尔（Colin Powell, 1937-)，美国前国务卿。
1. 杰西·诺曼（Jessye Norman, 1945-)，著名黑人女歌剧演员，曾四次获得格莱美奖。

我和卡罗决定租一辆豪华轿车开上七个小时回纽约。在离开华盛顿大约一个小时之后，我们在一家汽车快餐店停了下来。我穿着燕尾服，陪着派翠女士进入了餐厅。她到洗手间换下了她豪华的斯嘉锡舞会礼服和那条史隆伯杰[1]钻石项链。她换上了普通的毛线衫和裤子走了出来。在柜台处的卡车司机们都惊奇地看着，觉得很好笑。我们在白色豪华轿车里面向"观众"们挥了挥手，然后笑着发动车子，带着对这个奇妙夜晚的回味回家了。

很多次想起这一晚的经历，我都觉得非常好笑：那一晚我们刚刚离开了那所美国最著名的房子，从美国总统和英国女王身边走开，与之形成鲜明对比的是，一个小时以后，我们却跑到了一个油腻腻的快餐店里。我们在拂晓时分抵达了纽约，记忆里又多了一个值得回忆的历史性夜晚。

我确实把芭芭拉·布什当成一位特殊的好朋友，她随时都在那里，总是毫不犹豫地穿上每一件我认为她穿起来会好看的衣服。1990年初在纽约州立图书馆举办的文学名流会上，我是她的同伴，她穿着沙特阿拉伯式的红、紫、金相间的薄纱长裙。当时我遭到该会女主席非常无礼的反对，那位主席是一位得克萨斯千万富翁的妻子。那位女士反对我参加活动，因为我与她丈夫的前妻是要好的朋友。当她跟我说她是主席，所以我不能参加的时候，我回答道："我只做美国第一夫人要我做的事。"所以我就和芭芭拉·布什一同前去参加了活动。

九十年代中期，我邀请芭芭拉参加我在纽约历史协会举办的四十年设计生涯回顾展"斯嘉锡：服饰的乐趣"的开幕式，芭芭拉站在接待席处，还是穿着我喜欢的那条裙子，迎接贝尔弗雷·西尔斯[2]、诺

---

1. 让·史隆伯杰（Jean Schlumberger, 1877-1968）生于法国阿尔卑斯，在珠宝设计上的名气使蒂芬尼公司在1956年邀请他担任了公司副总裁，并为他设置了一个特别工作室，他也是首位获得"柯蒂奖"的珠宝设计师。
2. 贝尔弗雷·西尔斯（Beverly Sills, 1929-2007），美国歌剧女演员，上世纪六七十年代享有盛名。

曼·梅勒[1]和他红头发的美貌妻子诺里斯·丘吉尔、盖伊弗里德和索尔·斯坦伯格、伊芙琳·兰黛、利兹·史密斯、迪安娜·卡罗和其他三百多位重要人物。之后，她给我们做了幽默而睿智的演讲。

1997年她又为我出席了一次，这次是我得到了美国时装设计师协会的终生成就奖，她穿着镶满珍珠和刺绣的灰色丝绸晚装。当她出现在这个领导时尚的夜晚时，两千多位观众起立鼓掌。

芭芭拉·布什在1993年差不多算救了我一命。我当时决定放弃服用波尼松类固醇，这药让我的体重增加了几乎二十磅，而且我认为我的脸和身体已经扭曲变形。她问我有没有其他选择，据我所知只有一种，那就是减少自己的寿命。她很快说："那么就没有别的选择了。你还是继续吃药吧，我们好多时候都离不开你呢。"我继续接受治疗，1994年我瘦了下来并恢复得差不多了，感谢我的朋友，我坦率的朋友芭芭拉·布什。

芭芭拉·布什一直都非常喜欢文学，她于1989年创立了芭芭拉·布什家庭阅读基金会。所以我知道让她来参加我、利兹·史密斯和帕克·莱德创立的位于林肯中心的"读写伙伴"阅读会的活动肯定没错。我们支持成人和家庭读书计划。美国有大约四千万成人的阅读水平达不到小学五年级水平。我们尽可能地给更多人提供免费教育。我们帮助他们寻找工作，摆脱救济，让他们过上更好的生活。布什夫人是我们的坚定支持者，她经常主动作为嘉宾来参加我们的活动，还经常自己演讲。我们像往常一样帮她挑选衣服，她总能在观众中引起轰动。

2000年夏末，从阿迈特·厄蒂刚[2]和他的妻子米卡位于土耳其博多姆美丽的家做客回来之后，我就一直向芭芭拉询问，如果她的儿子乔治·W.布什当选总统的话她要在就职典礼上穿什么衣服。她每次都回

---

1. 诺曼·梅勒（Norman Mailer, 1923-2007），美国著名小说家、诗人、剧作家和电影导演。
2. 阿迈特·厄蒂刚（Ahmet Ertegun, 1923-2006），土耳其裔美国人，Atlantic唱片公司创始人，也是"摇滚名人堂"的主席，他被称为美国唱片工业最有影响力的人之一。

避这个问题。

"芭芭拉，你知道我们也就是做一两套套装，一件新大衣和日装，一月份以后你就会需要这些的。我们要不要现在就开始啊？"

"不，不，我不想诅咒这件事。不，直到我确定他当选我才会定制衣服。"

我意识到芭芭拉其实是很迷信的，我也是这样，于是我停止了就职典礼着装的问题。

在确定布什夫人的儿子将会成为下一届美国总统时，芭芭拉的秘书打来了电话。

"布什夫人什么时候可以来试穿她在就职典礼上的衣服？她只需要几样东西，不要过于与众不同。需不需要布什夫人晚些时候打电话过来，让她和你商量要些什么？"那天我和芭芭拉聊了一下，确定了以下衣服：与以前紫罗兰色大衣一样款式的"芭芭拉蓝"大衣（如果你买一件好衣服，那它在你有生之年很少会过时）；与之相配的套裙；一件羊毛西装；一件软纱短款套装和一件在就职典礼舞会上穿的黑色绉绸长礼服。

大麻烦来了，当时已经是 12 月的下旬了，我们只剩下两个星期的时间来准备为这个重大日子设计的衣服。所有工作都开始投入运转，十天后，我们让芭芭拉穿上了为她设计的新衣服。

"我太喜欢这些衣服了！"她感激地说，她明白我们每一个人都为了完成任务而努力工作。因为我大概已经六个月没有看见过她了，我们为她重新量了尺寸。在为最后一件衣服试穿时，我在工作间里找到了一件亮红色紧身外衣，这是我为另外一位与芭芭拉身材差不多的顾客设计的。我知道 X 女士要到 2 月到达纽约时才会穿这件衣服，所以我决定将它拿给芭芭拉看。我敲了敲试衣间的门。

"哦，进来吧，你以前又不是没看过我试衣服。"进门那一刻，我非常吃惊地发现芭芭拉只穿着胸罩和连裤袜，穿蕾丝衬裙的年代已经过去了。

"看，这件好不好看？"我向她展示着手里的红色套装，问道。

我让她试穿了那件衣服，说实话不是非常合身，但如果稍稍改动，问题就会迎刃而解。非常感谢 X 女士，芭芭拉现在又有了一件可以应付那个繁忙星期的衣服了。非常具有讽刺意味的是，那件套装成了被拍照次数最多的衣服。

2001 年 1 月 20 号，星期一，乔治·W. 布什当选美国第四十三届总统，他自豪的母亲穿着那件芭芭拉蓝大衣坐在正面看台上，看着她的儿子宣誓。

虽然芭芭拉·布什在 1993 年 1 月 20 日离开了白宫，她依旧是我最亲密的朋友和顾客。有趣的是，她最后一天离开白宫时穿的正是我为她进入白宫而设计的那件紫罗兰色羊毛大衣。我们仍然为她在之后的演讲场合设计服装，大多是套装和套裙，但时不时她也会穿着长礼服炫耀一番。她的体形只是在臀部、后背和脚部有些许变化。（乔治·布什叫她"八"，因为她每只脚上只有四个脚趾！）她在每次试衣服的时候都说同样一句话："不要改小。记住，我喜欢穿宽松的衣服，而不是紧身的。阿诺德，不要把衣服改小。"十五年来每次试衣服她都那样说，我每次都不理睬她的话，只按照我认为她穿起来好看的标准来设计。不过我所做的这些从来没有什么问题，就像这位可爱的第一夫人说的那样："东西没有坏就不要修理它。"

芭芭拉·布什没有任何改变——她依旧那么慈祥、智慧、有思想，依旧是那位我在 1986 年遇见的满头银发的微笑女士。那是一次多么重要的不期而遇！

第十八章

琼·里弗斯
JOAN RIVERS

琼·里弗斯（JOAN RIVERS, 1937-），早年是百老汇喜剧演员，后来转行做了成功的节目主持人，这位名嘴在美国以对明星时尚的评论和刻薄的语言最为出名。

琼·里弗斯、帕克、我和丽兹·史密斯，
与布卢姆伯格市长签署的"斯嘉锡／莱德日"的公告书

亲爱的斯嘉锡先生和莱德先生：

只是提醒您一下，周三，也就是 4 月 2 日晚上，里弗斯小姐公寓里的晚宴将于晚上八点钟开始。这是以里弗斯小姐的朋友达弗林女士（又名阿卡·林迪·奎尼斯）的名义举行的一次正式聚会。她的绘画作品将在东七十九街的奥瑞里画廊展出。如果您有什么问题，请随时可以打电话与我联系。谢谢。

真诚的

乔斯林·皮科特

里弗斯小姐的助手

我刚刚参加了琼·里弗斯那间豪华的公寓里的盛大晚宴。三十六个人分坐在与卧室相连的大厅中三张装饰得很精致的桌子旁，这里曾经是城镇议院的大宴会厅。里弗斯小姐真是最好的女主人。尽管她的声音很沙哑，还有一点儿疯狂，时不时冒出一些舞台腔的成语，但她和蔼迷人，让你觉得很轻松。你可能以为她是非常好莱坞或拉斯维加斯式的女人，但实际上，她是一位典型的纽约上流社会的女士。

她穿着一件时髦的长礼服站在门口欢迎你，两眼放光，抬起头让你亲吻她的脸颊，而且总是热心地询问你近来的状况。在这个特殊的正式晚宴上，每个人都玩得很尽兴，因为大家知道女主人会同样尽兴，并且希望她的客人们也是如此。

琼·里弗斯和我的交往可以追溯到很久以前，比 1983 年她在 NBC 主持约翰尼·卡森的节目《今夜秀》还要早。那之前，她就见过我的衣服，并且一直很喜欢。

她的丈夫兼经纪人，埃德加·罗森伯格要为那个节目借服装，于是来看了看我的藏品。埃德加是个英国人，非常整洁和绅士——也许对于他们所在的竞争残酷的电视业来说有点儿太绅士了。他在 1987 年自杀身亡，丢下琼和她十几岁的女儿梅丽莎。她给了女儿最好的照料，梅丽莎是个出类拔萃的女孩——漂亮，充满智慧，而且富有幽默感。她现在也有了自己的孩子，同琼一样是个伟大的母亲。

1983 年她们从西海岸来到我在第五大道的工作室，同来的还有琼的美发师，一个叫做杰森·黛尔的可爱金发女人，罗森伯格夫妇对她的品位很是推崇。无论我们给他们看什么，这对夫妇都先疑惑地看看杰森，然后再根据她的意见决定要还是不要。

有趣的是他们觉得琼应该看起来既高贵典雅——而不是好莱坞式的浮华艳丽（不然他们就会去喜欢设计芭比衣服的鲍勃·麦基[1]那里了），但是又要有八十年代的漂亮和时髦。她穿了很多我的晚礼服，其中一条比较特殊的裙子，点缀着一列白点的网状皱边从领口一直延到裙子底边。每次节目介绍她走进来的那一刻，观众都会为她的美丽发出一阵"哇哦"的赞叹。因为节目的大部分时间她都是坐在采访桌的后面，所以我们总是尽力找一些领口比较吸引人的衣服。1986 年，她离开了《今夜秀》，开始做《琼·里弗斯深夜秀》，那档节目对福克斯电视网的发展很有帮助。我们给她寄去一箱一箱的衣服，她总是能从中挑出最激动人心的一件。

梅丽莎在 1986 年第一次进入社交圈，并且举办了一场盛大的社交宴会。琼穿了我做的高雅的黑色天鹅绒礼服，肩膀上别了一枝巨大的西洋玫瑰，就是先前她戴大钻石饰针的地方。一年后，她仍然是那么出众，穿着亮红的天鹅绒礼服，底边和肩膀上都缝着一圈小小的天

---

1. 鲍勃·麦基（Bob Mackie, 1940- ），美国时装设计师，他的主要客户有著名歌星切尔等。

鹅绒玫瑰。

九十年代初的一天，我正在棕榈海滩的萨克斯第五大道百货公司展出我的新晚礼服。琼那时候被邀请在布雷克斯饭店一个时髦的私人宴会上演唱。帕克和我住在那家酒店，我们花了一整天时间重新熟悉这位喜剧明星。能重新体会这位旋风一般的女人的灵巧、智慧和激情真是一件令人愉快的事。尽管我们不经常见面，但我们总能接着上回的话题继续聊。我们曾在玛丽·卢·惠特尼家里和肯塔基的德比酒店共度周末。我发现在这个艰苦的世界里，琼总是保持着风趣和乐观，在她身边总会觉得很快乐。

里弗斯小姐是个工作狂，而且比我见过的任何人都更精力充沛。艰苦的旅行对于她来说不算什么，她可以星期四飞去伦敦演她的独角喜剧（那部剧好评如潮），又在周六回到她在康涅狄格漂亮的房子里，周日再到宾州在 QVC 频道为她的珠宝和化妆品做两天推销节目，周一再回到纽约主持一项慈善活动，马上又去好莱坞为她和梅丽莎的《E！》娱乐节目全面追踪奥斯卡奖的情况。天啊，我光是写下这些事情就已经喘不上来气了。

琼和她女儿的关系很特殊，听她们之间坦率而又高兴地开玩笑，甚至互相取笑，这种感觉很好。琼为梅丽莎所取得的成就感到无比骄傲。

琼已经写过剧本并制作过戏剧和独角戏，写过书，还取得过许多其他的成就，但意义最深远的一定是 1999 年她为梅丽莎操办的那场在纽约 Plaza 饭店举行的婚礼。

年轻的女主人很想要一个俄国式的婚礼。而琼克服了所有的困难，全力满足了她的愿望。客人们来到豪华的 Plaza 饭店，会发现他们走进的是一个已经变成冬日仙境的地方：纯白的地毯上长出了白桦树林，让人觉得身处飘雪的异乡。每一样东西都是白色的，成排的椅子，散在树旁的白色玫瑰花环，以及让每样东西都闪光的昏暗的蓝白色灯光。纽约男性同性恋合唱团为婚礼演唱，一个弦乐四重奏乐团演奏了古典音乐——巴赫、莫扎特，以及其他此类作品。但是当新娘的母亲，里弗斯女士穿着华丽的金色锦缎和貂皮从走廊里走出来的时候，音乐从《生命的旋律》变成了《嗨，有钱人》，大家哈哈大笑，鼓起掌来。

婚礼仪式结束之后，在前往豪华的宴会大厅之前，我们要穿过酒店的门厅，那里有堆积如山的鱼子酱和香槟可供享用。主人已经把通向宴会厅的拱门重新设计了一番，把它用红色和粉色玫瑰整个包了起来。宴会厅里也有成千上万这样的玫瑰，桌子上，大厅周围一圈，到处都是。琼订做了特殊的椅子，还买了五百个红色的水晶瓶子，这样这个颜色方案就完美无缺了。（后来她还答应把这些东西借给任何一个要举行五百人派对的朋友。）

整个布置非常华丽，而且很有创意。她没让别人分摊任何费用。新郎的兄弟扯着嗓子喊道："你们都觉得我的兄弟约翰跟梅丽莎结婚是因为她的钱，但是今天来这里之后，你们应该知道这不是真的，因为琼已经把所有钱都花在这神奇的婚礼上了。"（这对情侣后来离婚了。）

人们那天待到很晚。大家一起跳舞，向这对新人敬酒，共同度过了一段美好的时光。琼·里弗斯用那个晚上证明了她是最棒的女主人。

最近，在学院奖七十五周年的典礼上，在她的《E！》电视节目和之后的节日派对上，琼穿着一件金色的饰带绣花礼服，礼服上镶满了人造钻石，光芒四射。那整个晚上的评论都在说，"时装警察"（琼和梅丽莎对出席公众场合的演员穿着的报道很著名）比许多明星表现得都好。那件衣服太成功了，她决定在查尔斯王子在文斯特城堡举行的周末宴会上再穿一次。那两次她都很出彩，她后来对我说："那件金色的衣服把所有人都迷住了，甚至王子也给了很高的评论，他拥抱了我一下，并且给了我一个皇室之吻。"

这么多年来，琼·里弗斯的面庞一直没有什么变化，不会让你认不出她来，但她总是诚实地承认她是整形手术的狂热支持者，"去洛杉矶不弄下点儿皱纹，那就是白去了，去别处也是一样。"结果琼·里弗斯看起来总是很美，而她也的确很美，无论是心灵还是外表。她是一个令人感到愉快的人，是我亲爱的朋友。

第十九章

罗斯玛丽·坎兹勒
ROSEMARIE KANZLER

罗斯玛丽·坎兹勒（ROSEMARIE KANZLER, 1915-2000），是瑞士阿尔卑斯山附近一位建筑工人的女儿，出身贫寒，前后结过五次婚，她保留了第四任丈夫的姓。她的第五任丈夫则是法国银行家让-皮埃尔·马赛-里维尔。近五十年间，罗斯玛丽·坎兹勒始终是国际社交舞台上最耀眼的人物之一，以举办名流云集的聚会而著称，并且是这个世界上最富有的女性之一。据说她还成就了几段著名的姻缘，包括亨利·福特二世与第二任妻子，亨利·方达与第三任妻子等。

罗斯玛丽·坎兹勒穿着她的"钻石裙"和菲利普亲王在一起。

1991 年，我的老朋友，艾琳·梅尔（大家叫她"苏西"，美丽的八卦专栏作家）打电话给我，告诉了我一件设计师最想听到的有趣新闻："阿诺德，"她激动地说，"罗斯玛丽·坎兹勒——你知道，她嫁给了让 - 皮埃尔·马赛 - 里维尔——刚刚从巴黎打电话给我。她在 CNN 上看到了你的服装展，她很喜欢。她问我听说过斯嘉锡没有——当然啦，我说我跟你很熟。总之，她跟圣·洛朗之间大吵了一架，这么多年里她都是他们最好的客户，她现在非常想让你为她做一些新衣服。你也知道，她富有得难以置信，向来只买设计师的定做衣服，而且很有品位。而且，她很美，模特儿身材，人也很风趣。这样的顾客你还能要求什么？现在，马上给她打电话，这是她的电话号码。"

一个多大的惊喜啊！我听说迷人的罗斯玛丽·坎兹勒已经有三十多年了——还有她那座装满了艺术品和价值连城的古董的神奇房子。她在上流社会聚集的巴黎第七区拥有一处华丽的临时行宫，在伦敦有一处宏伟的住宅，在法国南部还有一座令人惊叹的城堡，可以俯瞰地中海，还有拉斐沃里塔，一个坐落在布宜诺斯艾利斯附近的占地一千八百英亩的大庄园。她还在伯罗奔尼撒半岛的高山上拥有希腊最美的房子维拉·西尼斯塔，从那里你可以看到斯佩特索斯岛。她行走于整个世界的上流社会圈，朋友包括皇室、电影明星和所有国家的富豪。能有她这样的顾客真是一个出人意料的惊喜。

我按照艾琳给我的电话号码打了过去，一个法国男人的声音说："你好。"

"你好。坎兹勒夫人在吗？我是纽约的斯嘉锡先生。"我用地道的法语说道，没有一丝美国口音。（记得吗，我小时候在蒙特利尔学的语言，后来又到了巴黎学时装设计。)

"稍等，我去看看。"巴黎的声音回答道。过了一会儿，一个好像从喉咙深处发出的温柔声音在电话里兴奋地说："你好，真的是斯嘉锡吗？我很高兴能与你通话。哦，我喜欢你的衣服，你能为我做一些吗？"

"当然，"我接着说，"我真的很高兴，你什么时候能来纽约？"

她解释说她要在底特律（她第四任，也是她最爱的丈夫，已故的百万富翁厄内斯特·坎兹勒的家就在那儿）过圣诞和新年，然后去棕榈海岸看一些朋友，有一些我也认识，最后在 2 月初来纽约。

"好极了，很期待与您的见面。请通知我您哪天方便来我的工作室看衣服。我迫不及待地想要见您，艾琳说您真的很棒。"我对她说。

"艾琳也是这么说你的，"她大笑着说，"我非常期待 2 月与您的见面。Au revoir（再见）。"她的声音消失了。

我听说过那么多关于这个女人的故事。在上流社会的圈子中，她的生活是一则传奇。她的爸爸是瑞士临时建筑工人，当她跟她的情人跑到德国的时候，她还是一个身无分文的不到二十岁的孩子。她的情人是一位著名的指挥家和作曲家，要策划一个巡回音乐会。她的声音很美，他希望把她变成第二个黛德丽。故事在她在慕尼黑一次公演后继续向前发展，两个纳粹党卫军找到她，告诉她跟他们走；希特勒要求她为他演唱。在希特勒的公寓中，她在这位元首面前一开始有些紧张，之后她进行了这场私人的表演，唱了一些她最喜欢的维也纳歌曲。到今天也没有人能够解释为什么这位德国元首睡着了。

关于这位金发碧眼、总是让人大吃一惊的女人，有很多引人入胜的故事。她现在已经成了世界上最富有的女人之一，到七十多岁时她先后经历了五次婚姻。我简直无法相信她还能保持魔鬼身材。

我立刻给艾琳打了电话，感谢她为我引见，并且希望 2 月份我们三个能在一起吃午饭。

"阿诺德，"这个专栏作家说，"你知道的，我白天尽量不出门。"我忘记了这是意志坚强的苏西的一条规矩，她上午十一点前不接电话。"但是，请跟我保持联系。我很想知道发生了什么。她只喜欢令人激动的东西，所以我知道她会喜欢你的设计。"

时间过得很快。2月11日星期日的下午两点半，罗斯玛丽·坎兹勒，这位娇小、长得像黛德丽的金发女郎，来到了我第五大道的工作室，我们的交往就这样开始了。我发现她讲话的声音很轻快，带一点儿德国口音。我的助手迈克尔给她端上了茶，但她更喜欢白水。

她舒服地坐在柔软的花缎子椅子上。我对她说："让我给你看一些衣服吧？"

"好吧，请开始吧——我每样东西都要看。"很明显，她非常地激动。我听说她每年都去奥地利参加萨尔斯堡音乐节，这是举世公认的最权威的古典音乐节，并且她在参加这个音乐节的欧洲众多名流中也是最受瞩目的。

与以往不同，我一开始就给她看了一些长晚礼服，可以让她待在那个山顶城镇的两周里穿着。她最喜欢一件镶亮片的亮红色花瓣礼服，全身绣着几百个闪闪发光的刺绣花瓣。

"这个配我的那对新钻石耳环很好，耳环中间镶着很大的红宝石。"她兴奋地说。罗斯玛丽·坎兹勒从过去五十年几次幸运的婚姻中获得了难以想象的珠宝收藏。

接下来，我给她看了一条黑色的厚布花边短连衣裙，领口是很深的V字领。上面有雪白的金属片绣成的鲜艳的石竹花。我不停地献上或长或短的晚礼服。她看起来每样东西都喜欢，她很有热情，而且我的东西总是能给她同样的兴奋。毕竟，这是一个喜欢购物的女人，似乎要把我们给她的东西都买下来。我们度过了一段美好的时光。

再往下，是一件银白色的花边连衣裙。那些银色的丝绸绉纱带子如果绑在正确的位置上，衣服看起来就是透明的。衣服上还绣着闪光的石头和花瓣，这些东西吸引了她，她穿上也很美。

"配我的项链和从温斯顿买来的新耳环简直太棒了。"原来哈利·温斯顿[1]是她最喜欢的，她经常光顾在第五大道的珠宝店。

"我必须买一些晚上穿的睡衣，"她说，"睡衣是我在希腊别墅里唯一穿的东西。"我立刻给她看了一些异国的布料，惹人喜爱的亮色花纹，或者是银白色的布料，上面散落着灿烂的红色珠子，很适合做些富有想象力的盛装。我们还决定做一些黑白相间的丝绸裤子，配上装饰夸张的丝绸硬纱上衣。那天下午，她要了十四套衣服，都是晚上六点钟以后穿的。我开始明白罗斯玛丽·坎兹勒的生活方式了——很明显，她的生活就是一个接一个的派对。

坎兹勒夫人留下了一长串订单，但是有一个小小的问题：她希望每样东西都在下个周末前就准备好，以便她来试穿。那就意味着我要把其他所有客户的订单都放在一边，全力满足我们这位新朋友的要求，当然，我们正是这么做的。超过十五万美金的生意可不是每天都有。

她脱下了衣服，我发觉这位七十出头的女士在她那著名的身体上做过一点手脚；对于这个年龄的人来说，她看起来令人惊讶。我们量好了所有的尺寸。

"天啊，你们比圣·洛朗那些人量的可多多了，我对此很惊讶。"

"哦，是的，"我开玩笑地说，"但别担心，它们会被封存在一个秘密的保险箱中，没有人可以知道你真实的尺寸。"她大笑起来。我们又在一起八卦了一些彼此都很熟悉的朋友，包括瓦列里安·利巴尔，我的房屋设计师，他为她装修了在这个世界上的所有房子——这位女士和我立刻就有了共同点（这点在设计定做的衣服时很必要）。

只要坎兹勒夫人住在城里，我和帕克总是能在社交场合碰到她。她拥有性感的魅力，并且还很有幽默感。她一定觉得凝视那些有钱的男人很有趣。洋娃娃般的身材，窄窄的肩，金发女郎式的轻佻，绽放着明亮光彩的中国蓝的大眼睛，罗斯玛丽非常漂亮。你能明白为什么这么多男

---

1. 哈利·温斯顿（Harry winston, 1896-1987），美国著名珠宝设计师，他创建了以自己名字命名的珠宝首饰品牌。

人会爱上她——她真的是一个致命的女人。

见到她的一年后，我以她的名义在我位于比克曼区的双层公寓里举行了一次二十人的晚宴，那是一个美妙的夜晚，我请来了很多罗斯玛丽的老朋友。她很高兴，穿着那条镶着很多钻石的黑色花边短裙，看起来美极了。那天晚上，我发现两个她以前的追求者彼此看到时很不高兴，我以为是我造成了这个尴尬的局面。后来我发现，在场十个人中有五个人跟罗斯玛丽有过疯狂的关系。

当我们夏天去拜访她在希腊维拉·西尼斯塔的家时，我们发现这位富有的女人是个很优秀的女主人。房子建在伯罗奔尼撒半岛山中的悬崖上。主建筑很庄严，白色的背景下是湛蓝的海洋，到处都是红色天竺葵组成的长长树篱。我们住在和主建筑分开的石板客人房里，那里有三间卧室、一个厨房、饭厅和画室。我们由自己带来的男管家莫利斯以及仆人珍妮特照料。罗斯玛丽有一个非常出色的意大利厨师和一个法国大厨。我们晚上会回到主屋里吃饭，除了那些船长用他的船载我们去斯佩特索斯岛的晚上——这样的经历对于我们来说是最大的奢侈。我们度过了一段非常美好的时光。

要想来到这个世外桃源，你得先飞到雅典，然后沿着蜿蜒的山路开车五个小时才能到达。或者，如果你真的很急的话，你可以雇一架直升机，直接到达直升机场，那里距离罗斯玛丽的房子只有二十分钟路程。你会降落在艾米莉塔·佛塔巴特的别墅附近，这个阿根廷百万女富翁在她丈夫死后接手了他手中的水泥生意，结果做得更成功——她被称为阿根廷最富有的女人。她曾经买了一幅英国风景画家威廉·特纳的作品，当时她出的价钱是有史以来给艺术家出的最高价。罗斯玛丽和艾米莉塔是很好的朋友，尽管有时难免会有一点儿互相妒忌对方的男朋友、珠宝和财富。

在客室前面是最漂亮的无边游泳池，环绕着悬崖，从这里溢出的水流进了下面的溪谷。当你在里面游泳时，感觉像是飞翔在天空中一样，只能看得见海洋和斯佩特索斯岛。每天中午，无与伦比的罗斯玛丽就会从主屋中走下来，脱掉长袍，全裸站在那里，然后慢慢地沉入水中，开始她每天的例行游泳。

我发现她对美有令人惊讶的热爱和眼光：艺术、古董、家居、珠宝、衣服、房子、花园，还有人，在这些方面她的品位都是别人无法匹敌的。

一天，我给她看了一条风格很活泼的黑色绸缎短裙，裙子一圈绣着弓形的水晶石，领子是很低的露肩领。她很喜欢这件衣服，我见她在巴黎、伦敦和纽约穿过很多次——她管它叫她的"钻石裙"。

在我认识她的这八年里，她经常说要把她引人入胜的故事写出来。她已经想好了题目——昨日已逝，并且她总是询问帕克哪家出版商比较好。

"我最好马上开始写，"她大笑着，"毕竟，我正在向那里去，我很快就要上去了。"她说这话的时候指着天堂，忧伤地微笑着。那本书2000年9月出版了，它真实地记录了这个特别的女人的一生。在伦敦格罗夫纳饭店举行的书籍发行宴会上，她穿着钻石装，接受英国女皇的丈夫——菲利普亲王、爱丁堡公爵的问候的时候，他是一位老朋友了（也许是老情人？）。照片中，坎兹勒夫人向这位皇室名人灿烂地微笑着，就像她一生对其他皇室朋友所做的一样。

2000年12月9日星期二，她在那个富丽堂皇的游泳池中游泳的时候突然死去，享年八十五岁。当我们目睹着这个世界的变化，最令我们悲伤的是，这个世界上我们再没有办法找到像罗斯玛丽·坎兹勒那样充满活力的人了。

第二十章

黛安娜王妃
PRINCESS DIANA

黛安娜王妃 (PRINCESS DIANA, 1961-1997)，英国王储查尔斯王子的前妻。1996 年两人正式离婚。1997 年，黛安娜王妃在巴黎的交通事故中意外死亡。

和黛安娜——威尔士王妃，在英格兰海特菲尔德宫，1990年七月十八日。

我第一次见到威尔士王妃黛安娜是在 1990 年 7 月 18 日海特菲尔德宫，那是伦敦郊外的一座十七世纪的古堡，伊丽莎白一世在她同父异母的姐姐玛丽女王死后，在这里继承了皇位。我来这里是为了参加基金会的周末盛会，因为黛安娜是这里的女主人，而我的朋友兼客户、美国慈善家卡罗·派翠和她一样都是晚会的主席。

我注意到王妃来到了接待室的入口，那里正在举行鸡尾酒会。那张令人赞叹的美丽面孔立刻吸引了所有人的注意。她在门口短暂地停留了一下，身边没有别人，她做了一个深呼吸，然后走进了人群，并没有正式的入场介绍，突然间就出现在那儿了。

黛安娜在屋子中穿行，微笑着，跟美国来的客人寒暄，询问他们从哪儿来，她在我身边驻足，非常迷人，显得兴致勃勃，尤其在听说我是设计师阿诺德·斯嘉锡后，她说她知道我，并且喜爱我的衣服。

"我对你给芭芭拉·布什设计的着装方式印象深刻。"她笑着问我是否喜欢她身上的衣服，并且问，"我到纽约的时候可以去看看你的衣服吗？"

"当然。"我说，"我非常愿意把它们展示给您。"

我们又闲聊了一会儿，她就在人群中消失了。她和我谈论了我的工作和我的衣服，这让我觉得她很可爱，虽然我知道，一个跟未来英国国王结婚的人只能穿英国人做的衣服。

鸡尾酒会后，我们穿过了漂亮的英式花园，走进了令人震撼的十四世纪的宴会厅，这里用巨石建成，每张长长的饭桌上围了十二个人。围墙上插着成排的巨大军旗，每根巨型石柱上也插着旗帜，使得整个屋子充满了从古老时代传承下来的非凡的皇家气质。

我按照卡片上的名字落座，发现维罗尼卡和鲁道夫·赫斯特和我坐在同一张桌子旁。帕克·拉德、卡罗·派翠、杰里·泽普金[1]也跟我们一起，还有其他一些从华盛顿来的朋友。

大家全都就座后，我发现我旁边的椅子是空的，而且没有带名字的卡片，我在想，是谁这么没礼貌，竟然没有出席。突然，我听见了管弦乐的声音，美丽的、微笑着的黛安娜王妃，穿着一身飘逸的满是鲜花的缎带礼服走了进来。衣服上绣着蓝色的小花和绿叶，领子下是一件小小的紧身上衣。我一直觉得黛安娜对衣服很有品位，尽管有时有点儿夸张，但她总是穿得很有趣味，与她的少女气质和美丽绝伦的外表很相称。她是上世纪八十年代的时尚权威，正如我们的第一夫人——杰奎琳·肯尼迪是六十年代流行的代表。

我还没有回过神来，黛安娜王妃已经走到那张空椅子旁，在我旁边坐了下来。我必须告诉你，我很吃惊，当然，是因为喜出望外。我记得我们的聊天话题丰富，欢笑不断。我问黛安娜她的丈夫查尔斯王子在哪儿，她告诉我他锁骨骨折在家休息。我们在报纸上看到过他胳膊固定在吊带上的照片。我们谈论了很多关于她孩子的事情，他们曾和西班牙皇室一起在西班牙的游艇上待过。

"很好玩，我们每天在不同的海湾下水游泳。"她说。显然，她喜欢一家人在假期待在一起。我发现她跟其他妈妈一样，谈起自己的孩子总是很愉快。我一直在努力提醒自己，这不是一个普通的家庭主妇，而是未来英国的王妃。

然后，我们大家都开始对着摆在每个座位前的菜单卡嘻嘻哈哈，讨论着喜欢哪些菜，不喜欢哪些菜。突然她问我愿不愿意让她在我的菜单卡上签名。

---

1. 杰里·泽普金（Jerry Zipkin, 1916-1995），国际社交圈中的社交名人，经常出现在各种舞会和聚会中。在丈夫们忙于其他事务时，泽普金陪同时髦的妻子们参加社交活动或者吃饭。他也是美国前总统罗纳德·里根一家的密友。

"当然。"我说，并且建议大家都在菜单卡上签名，然后再来回传递，这样我们每个人都能拥有一件晚会留下的好纪念品。大家开始签名，像孩子们在参加生日派对一样开怀大笑。我问黛安娜这么做她是否介意。

"一点儿也不，"她回答说，"当我访问里根的白宫时，总统和南希也要我在每样能拿走的东西上签名。"

我们吃吃喝喝，快乐地大笑。我们的朋友莎尔曼·道格拉斯——是她安排了这次晚宴——表示难以相信我们这桌竟然玩得这么开心，而且她确信我们随时有可能互相扔面包卷。我的确发现黛安娜王妃疯狂而可爱。

她该离开的时候转眼就到了。我也不知道她是怎么意识到的，但她突然就站了起来。

"斯嘉锡先生——阿诺德！"她马上纠正了过来，"跟你在一起真愉快，谢谢你。"然后，她在我耳边小声说："一定要看《风月俏佳人》（*Pretty Woman*）。你一定会喜欢的。"我当时像是被催眠了。她站了起来，那张迷人的脸在对我微笑。

"现在和我一起到外面去吧，看看那些彩旗队列。真的很好看。我离开一个地方时他们总是那么做，我太喜欢了。这是我出游时最喜欢的事情之一。"她咯咯笑着，穿着她的缎带礼服飘然离去，消失在人群中。

我们出去看那些拿着彩旗的骑兵。在院子边上她检阅队伍的地方已经摆好了椅子。她的脸上洋溢着灿烂的微笑，围巾在风中飘舞。队列结束后，她上了一辆灰绿色的美洲虎，奔驰而去。车子经过的时候她对我们微笑挥手。我感觉她很喜欢美国人，而且晚会上的那些欢乐一点儿也不是假装的。那晚她真的过得很愉快。当然，我已经爱上了这位童话般的王妃。

那之后我见过她很多次。每次她都很热情地问候我。1995 年我们在大都会美术馆的美国时装设计师协会奖颁奖典礼上见过面，当时她是特邀嘉宾。

"你真的想来美国住吗？"我问她，"每个人都在谈论这件事，说你可能和你的同胞利兹·迪尔贝里斯（她是《哈泼芭莎》的编辑）一同去《哈泼芭沙》工作。对我们来说那真是太好了，但离开英国你感觉怎么样？"她大笑起来，但并没有做出什么实际的答复。我在伦敦的圣罗伦佐也碰到过她两回，她很喜欢到那里吃午饭。人们知道她在里面。饭店周围会有一群狗仔队，她到哪儿他们都跟着。在这种情况下，她还能拥有现在我们从书上读到的那么多私人空间，真是个奇迹。

我们最后一次见面是在她的服装拍卖会之前的招待会上，她拍卖服装是为了给公园大街上的克里斯丁艾滋病研究筹款。那是 1997 年 6 月 25 日。有意思的是，那件蓝花礼服也被拍卖了。维罗尼卡·赫斯特以两万多美金中标。王妃与我们第一次见面时穿的这件礼服后来被捐赠给了大都会艺术馆服装部。拍卖之前，我们有机会站在一块儿聊聊，她看起来是那么高兴。

"你真漂亮，比以前所有时候都美。"我衷心地说。

"哦，谢谢你。所以说你觉得美国和离婚都很适合我，对吗？现在，我终于可以穿斯嘉锡的上衣了。"

"绝对是的。"我说。我们大笑，互相拥抱，并且道别。我那时唯一的希望就是她能永远留在这里。

第二十一章

劳拉·布什
LAURA BUSH

劳拉·布什(Laura Bush, 1946-),美国总统前乔治·W. 布什的妻子,生于得克萨斯州米德兰市,担任图书管理员工作多年,1977 年与布什结婚。他们有一对孪生女儿,詹娜和芭芭拉。

帕克、劳拉和我在 FIT 斯嘉锡服装回顾展上

2000年秋初，我第一次给劳拉·布什打电话。她在得克萨斯州的首府奥斯汀，她的丈夫当时是那里的州长。她马上来接了电话，并热情地问候了我。寒暄了几句之后，我说我希望她能让我为她做几件衣服，并请她来我的工作室看看。我稍微恭维了她几句，我们聊得很愉快。不过，她说她现在还不准备做什么新衣服，她不知道即将到来的总统大选是什么样子的，晚些时候我们再谈这个问题，她会与我联系。劳拉为我给她打电话和这样想着她而向我道谢。此事暂时告一段落。

两个月之后，当我们得知共和党候选人乔治·W.布什在与民主党候选人阿尔·戈尔的竞争中暂时领先的时候，我又打了一个电话。这一次，劳拉没有来听电话。她的一位主要工作人员安迪·鲍尔说，现在时机还不成熟，他们并不确定布什州长能够在竞选中取胜，并且说他们会给我回话。

在此期间，我倒是常见我的好朋友芭芭拉·布什。正像我说过的那样，在试衣服的时候我没办法让她跟我讨论就职演说仪式上的服装。因为佛罗里达州的投票问题，没有人知道选举结果会是什么样子的。认识她十五年了，我突然发现芭芭拉·布什原来很迷信。在她的儿子当上总统之前，她绝不买任何衣服。

"你对劳拉和她的衣服有什么想法？"我问她。

"我真的不知道。你也知道的，我们这段时间都有点儿心烦意乱。"她说。

随着最后的结果越来越临近，我又提起了这件事。

"我觉得劳拉在得克萨斯有给她做衣服的人，而且她可能已经计划好了她要穿什么，如果乔治·布什真的当选的话。"芭芭拉回答说。

　　我再也没有从劳拉那里得到任何消息。但乔治·布什当选后，我用私人信笺给劳拉发了一封传真，祝贺他们，而且说不要忘了"我值得信赖的针线正等在这里准备随时以任何方式为您服务——无论什么时候。"

　　当然，就职典礼之前，我读到了一些媒体报道，迈克尔·费尔克劳斯[1]已经发布了他将为新第一夫人制作衣服的信息。劳拉竟然允许他把这么多内容提前这么长时间报道出来，我觉得很奇怪。当然，我看到了《女性服饰日报》上的设计草图和关于费尔克劳斯先生的文章。我得出结论，劳拉·布什已经有了自己的设计师，以后她的衣服就由他来操办了。这已经是一个既成事实。那么我们等着看他为她做的在总统就职典礼穿的衣服到底怎么样。

　　当我最后看到新第一夫人穿着费尔克劳斯设计的衣服时，感到很惊讶。因为我记得她娇小美丽，曲线优美，不过虽然她在 2001 年 1 月 20 日的就职典礼上穿的衣服是显眼的亮蓝色，很漂亮而且讨人喜欢，但是衣服的小黑领和翻领显得很小家子气，并不适合布什夫人。另外，大衣的长度到小腿的一半，但我注意到，当她走路的时候，里面的裙子恰好从膝盖底下露了出来。可能裙子再短个四英寸就好了——反正感觉很怪异。衣服并没有什么特殊的款式，而且相对于她的身体比例也不是最好的，使她看起来又矮又胖，但显然她不是那样的。就职晚宴的礼服是红色的，倒是很合身，很引人注目，颜色跟她也很衬。不幸的是，对于一件 2001 年的晚礼服来说，衣服的比例失调。它有一对很大的垫肩，让第一夫人看起来不是很讨人喜欢，对于一条蕾丝裙来说也不好看。领口不低，不高也不宽，但像是用窄铲子挖出来的形状，比较奇怪。尽管她的微笑还是那么灿烂，发型和化妆也都很棒，但衣服有些地方看起来还是不对劲，不能为她增辉。

---

1. 迈克尔·费尔克劳斯（Michael Faircloth），来自美国得克萨斯州达拉斯市的设计师，因为长期与劳拉·布什合作而闻名。

　　好吧，这些我都不管，因为跟我没有关系。我很喜欢劳拉，她有很多优势：她聪明、性格开朗。她有令人愉快的微笑，并且完全配得上第一夫人的称号。但她已经有了一个设计师，我不用惦记为她做衣服的事情了。

　　4 月份，我接到了昆西·希克斯的电话。她在休斯敦时是劳拉的助手，现在则担任她在华盛顿负责日程的秘书。

　　"第一夫人想来看看你的衣服。4 月 24 号早上十点半可以吗？"

　　我惊呆了，这种情况完全出乎意料。

　　"当然，我很愿意向布什夫人展示我的衣服，"我说，"我们有一些很美妙的东西给她。"我立即开始想我应该给她看些什么，应该在新衣服上做哪些重要的改动，怎样使我们的衣服与她以前试过的衣服有所不同。

　　2001 年 4 月 24 日，劳拉·布什来到了我位于东五十七街上的工作室。整栋楼一片沸腾。我们在三楼，两天前，秘书来视察了我的沙龙。他们检查了斯嘉锡公司在这里的所有房间，洗手间、走廊和我们的邻居。我们对此已经习惯，因为前任第一夫人芭芭拉·布什每次来的时候，都是这样的，但没有这次这样仔细，新第一夫人来得很突然。劳拉·布什在秘密服务上更加注重细节。

　　那天早上我到工作室的时候，劳拉和昆西已经在那里了。她马上站起身走过来吻了我的脸颊一下，我觉得她很可爱，让人感觉很温暖，尤其考虑到我们这么长时间没有见面，而且彼此也不是很熟悉。然后，我问候了昆西，我们已经认识好久了，因为她跟了芭芭拉·布什很多年。

　　像我们平时做的那样，杰里·西尔基亚，我的助手，问劳拉要不要来点儿喝的。她拿了一罐健怡可乐，然后我开始向她展示衣服。我最先给她看的是一套带"击剑者"型夹克的红色套装。公主褶从肩膀开始，向下越过胸部，一直到夹克的底边，相同的褶线继续向下延伸，一直到苗条的 A 型裙摆。

　　"哦，我很喜欢。但那会不会使我在镜头前看起来有点儿胖？"她问。

我当然注意到了她其实并不胖；相反，她很苗条。她的尺码可能比八号要大一点，但是身材很不错，身高适中，脖子很长，足以令每个女人都羡慕不已。我发现她的腿很好看，但是因为她总穿过长的裙子，我们从来没看见过她漂亮的腿。我意识到应该把衣服的比例改一改。我们在那件小红夹克上做了些改动，她立刻显得瘦了很多，我想这让她对我的能力产生了信任感。

我们开始看其他衣服：我主要给她看的是一些裙摆向外展开的裙子，走起路来飘动得很美，因为我觉得她走路很优雅，不像一些女人那样步履拖沓。直到现在，我都只见过她穿紧身裙子的照片，我觉得紧身的裙子限制了她走动，而且有负面效果，让她圆圆的臀部显得过于突出。

我从芭芭拉·布什那里了解到，为第一夫人做衣服第一要考虑的因素就是她整天都要出现在镜头前。她可能早上八点半就要开会，然后一整天参加另外一个会议或出席另外一个活动，每一个小时都是如此。她可能一天要会见几个团体或重要人物。在每一次会议上，在世界上的某些地方接待某些团体或者某些人时，她都要被拍照。当然，这些照片会出现在电视上，或者在互联网上，再不就是报纸和杂志上。她一直都处于众人瞩目的焦点。正因如此，第一夫人拍照时衣服要尽可能适合她，这很重要。而且，颜色要明亮清晰。

当劳拉穿着那件红色褶皱套装时，她开始尽力把上面拧紧，使其看起来更窄一些。她还说："也许我需要更厚的垫肩，不是吗？"嗯，我并不这么认为，从一开始我就觉得她的垫肩太厚了，而且一点儿显不出她的优点。她仔细检查了那件夹克的长度，我注意到了，她有一双观察入微的眼镜。但那些都是小的细节，可以边试边改。它们并不影响那套衣服的整体效果。即便是不太合她的尺寸，那件衣服穿在她的身上依然很棒。她开始试其他衣服。

第一次会面结束的时候，布什夫人挑了一件白天穿的连衣裙和一件女式紧身外衣。她说："让我们从这两件开始，看看它们怎么样。"看起来她还没有被我说服，不相信我可以设计出适合她，让她百分之百满意的衣服。

她去了试衣间，裁缝露西小姐开始给她量尺寸。我发现她很羞怯，我从来没见过她不穿衣服的样子，尽管我们得为她量出正确的尺寸。她得像我们其他定做衣服的顾客一样脱掉衣服，只穿着胸罩和内裤。我们做五十六次测量的原因不仅是要获得顾客的精确尺寸，更重要的是要弄清他们站立的姿势和身体曲线的凹凸。

当她走出试衣间的时候，我们正在工作室中传看一件我觉得她会喜欢的衣服，她一个小时前就对那衣服表现出兴趣。在他们来纽约之前我已经跟昆西讨论过劳拉·布什在工作室中的午餐喜欢吃什么。

"那些美味的鸡肉三明治就很好，不要麻烦了，来点儿快的就行了。"她说。给芭芭拉·布什上鸡肉三明治是我们的传统，她很喜欢吃。格兰迪纳带过来了一些大浅盘和家里做的小甜饼。我们为她量过尺寸后，第一夫人坐在柔软的灰色绸缎椅子上，我们为她上午餐。

吃饭的时候，我和她一起回头看了看挑过的衣服。

"你不觉得你应该拥有这个吗？"或者是"这个不好吗？"我一边说，一边指这指那。总统和夫人将在 6 月出访欧洲，乔治·布什是第一次做国事出访。他们将访问西班牙、比利时、瑞典、波兰、斯洛文尼亚。劳拉需要出席不同活动的服装。我最先提出的是一条小日装裙，用亮红色的绉绸做成，款式也很适合她——纤细，有蕾丝，裙摆张开。

"你觉不觉得那裙摆应该散开得小一点儿？"她问。嗯，我觉得她的臀部要求裙摆应该有一定量的外张，否则臀部在照片里会显得很大。我确定 A 字裙要比直裙效果更好。不过如果夹克可以遮住臀部，我们也可以用一条直裙。（时装的规则总有例外。）另外，很有意思的是，她不想在夹克里面穿上衣和任何不必要的东西。她觉得那样会显得更笨重。很明显，这个细节她已经想了很长时间。

我们最后决定要那件裙摆散开的红色日装短裙，但是裙摆往里收了一点。她还挑了一件带白色袖口和领子的亮蓝色丝绸女紧身外套。

我特别想做的一件事就是把所有领子领口都改低。她喜欢一条镶着亮片的深绿色露肩短裙。她说的第一件事就是："毫无疑问，我肯定不能穿露肩装。"

"让我们试试吧。"我向她提出建议。那件衣服领口很低，她穿上后很美。

"是的，我喜欢这件衣服，是的。"她高兴地说。所以我们在改变她的形象上又向前走了一步，我们说服了她：低领在她身上并不是不吸引人，实际上那很适合她；你看，它分割开了从颈部到腰部的线条，使上身看起来没有那么厚重。绝对没有任何理由要求她在鸡尾酒会或晚会上的礼服不能露出胸和肩膀。

"斯嘉锡先生，你不介意看到我胸脯上的斑点吧？"她问。

"不，我从未注意到它们。但如果你觉得不舒服，你随时可以化一点儿妆遮盖一下，这个领口真的会让你变得很漂亮。"

当然，裙子的长度变得非常重要，因为我觉得她总是把膝盖包起来，她穿的裙子都要比膝盖低一两寸。我意识到这使照片里的她显得上身长腿短。（当短裙太长时，你会觉得那个人看起来像是站在地上的洞里。）我们定下了一个齐膝的长度。我自然不会希望第一夫人把膝盖晾在外面，她毕竟已经五十多岁了，但我确实想让她看起来更为高贵典雅。因为她的腿很好看，我们也不想给她穿任何过膝的东西。我们把长度订在腰部以下二十一寸半，正好齐膝。（裙子的长度会随着各人不同的腿长和膝盖的位置有所变化。）

"好，现在让我们选择一些料子来做那套红色的套装。"她突然说，我们决定用红色的山东绸，因为 6 月的欧洲很暖和。我觉得对于那些需要她向人们致意的突发场合，一件紧身女裙会很合适。她把它敏捷地放平，凝视了一会儿，就觉得非常合适。这样，我们就已经挑了四样东西了。然后她说："是的，是的，当然，我们一定要做那条带亮片的深绿色蕾丝裙。"

接下来，我向第一夫人展示了一条三层的蕾丝晚装短裙，长袖高领，用浅褐色和棕色的丝绸做成，腰部有束带，突出了她纤细的腰肢，让她增色不少。

"我觉得我应该要这个。"

"好极了，"我说，"让我们做条黑色的吧，我的意思是，一个不需要过分华丽服装的场合里，有一条黑色花边裙可穿也是不错的选择。"

"但是，你知道，我喜欢棕色。"她说。

"是的，但是春天和夏天就要来了，褐色有点太像冬天里的色彩了。"我回答说。裙子穿在她身上美极了。它突然给我带来了灵感，让我明白了她的衣服应该是什么风格：高雅而充满活力。

然后，我拿出了我几年前设计的一件衣服。这衣服是我的典型风格，用灰色法兰绒做成的，但是像丝裙一样打着褶皱垂向一边。我用法兰绒是因为晚上穿羊毛比较别致，你也可以在白天穿。她觉得那件衣服妙极了，这又一次让我隐约感觉到她很有服装业从业者的眼光，明白做衣服的人喜欢复杂的褶皱和包含羊毛的东西。她决定定做一件这衣服。

"好了，我们开始只打算要两件，现在已经有六件了。"劳拉突然说，显然她确实需要这些新衣服。

我们又看了两套晚装，她喜欢上了一条雪纺绸长裙，裙边镶着小环，飘动起来很美，这是那种金杰·罗杰斯穿去与弗雷德·阿斯泰尔跳舞的那种衣服。它看起来很有三十年代的风格，对劳拉·布什来说是很适合的款型。我们决定用绿松石色雪纺绸来做这件衣服，因为这颜色很适合她。她挑的几乎所有东西都是亮色的，唯一不同的是灰色的法兰绒和黑色的花边。

"哦，让我们把黑色的蕾丝做成浅褐色的吧，这样春夏季节穿起来会更亮丽一些。"布什夫人说，我意识到她学得很快，能立刻掌握要领。

她走之前，我给她看了条漂亮的厚棉布花边，上面用线穿插出四叶草的图案。她很感兴趣。所以我画了一个铲子领的短袖上衣和双面透明硬纱的 A 型短裙。她觉得温暖的夏天晚上穿再好不过了。

好了，我们的会面结束了，她也该走了。第一夫人不仅喜欢这里的鸡肉三明治，我相信她也喜欢那些衣服。

我跟她一起下了楼，三辆轿车等在那里，东五十四街上聚集了一小群人，他们很好奇：有这么多的保卫措施，到底谁在上面？当第一夫人出来的时候，她很惊讶地看着眼前的人群。很多人鼓掌并喊道："劳拉，劳拉，这不是夫人吗，乔治好吗？"她向人群微笑。我在她的两边脸颊上各吻了一下，当作道别，她上车离开了。我回到楼里时，每个人都在说："天啊！那真的是劳拉·布什吗？哦，太棒了，那是第一夫人，我刚刚见到了劳拉·布什。"这自然也很令我们激动，我的员工兴奋不已。这里，我们为一位布什夫人做过衣服，我们爱她，现在，我们又开始为另外一位布什夫人做衣服，她也是一位非常可爱的女士。

劳拉 5 月 9 号回到了这里。我们已经准备好大部分衣服。我们精确地按照她的体型做了一个纸板模型，所以只要做很少的改动，衣服就很合身。尽管为即将到来的欧洲之行准备的每样东西都已经完美无缺，但还有很多工作要做，别忘了足足有八套衣服。我们抽空和她聊了一下她的婆婆和他们在得克萨斯的克劳福德那座一千五百英亩风景优美的农场。他们正在装修里面的石灰石房子，劳拉告诉我总统和她有多么喜欢它。

"它真的很美，很安静，不过你可能会讨厌它。"她玩笑地跟我说。

　　那天，第一夫人还挑了几样其他的东西，她喜欢那条藏青色紧身女裙，所以我们决定用亚麻另做一件，这裙子很适合拍照。她还定了一条裙摆飘动得很好看的绿松石色丝绸雪纺绸晚装长裙，以及一件让人惊艳的粉色丝绸夹克，我们叫她"劳拉的经典夹克"，因为我们做了很多种颜色的这款衣服。劳拉告诉我俄国总统普京和他的夫人到访农场的时候，她就穿了一件粉色的，她还在电视访谈中穿了它，颜色很讨人喜欢而且非常上镜。

　　我发现她喜欢闪光的东西，于是拿出了一块镶着亮片的糖红色绣花厚布蕾丝。我把它盖在粉色的丝绸上，红色和粉色对比的效果很漂亮。这件衣服将和过去劳拉穿过的东西完全不同，我加了红色的平纹丝织裙摆，烘托出闪亮的上装，裙摆很丰满，而臀部却很平，走起路来飘动得很好看，而且我喜欢她走路时裙子发出的嗖嗖声。

　　我们把下次试衣定在 5 月 24 号，然后我提议也许我们应该出去吃午饭，而不是吃三明治。

　　"好啊，那很不错。"她说。

　　"我们去马戏团 2000 吧，"我建议，"离这里只有一个街区，很吸引人，食物味道不错，最主要的是那里很安静，我们可以聊天。"

　　"叫上丽比，行吗？我很喜欢她。"她说。我也很喜欢她，邀请这位纽约州州长的妻子是个不错的建议。

　　2001 年 5 月 24 日，周四，早上十点劳拉·布什来做她欧洲之行前最后一次试衣，并且第一次试了两条晚装长裙：绿宝石色雪纺绸裙子，糖红色亮片平纹丝裙。我很高兴，因为它们全都很漂亮。她的秘书莎拉·莫斯和她的得力工作人员安迪·鲍尔都极力夸奖这两件作品。

　　"哦，斯嘉锡先生，她们看起来棒极了，而且很时髦，非常可爱。"她们在劳拉试衣服的时候对我说，我发现得克萨斯的女孩在说话的时候经常会用到"可爱"这个词。

　　我们试了这么多东西，我担心劳拉会累了。不过我的担心是多余的，她精力无限。我得知总统和第一夫人睡得很早，通常在破晓时就起床，

劳拉·布什穿着闪亮的红色蕾丝上装和塔夫绸裙摆

这也许是早期的农场生活留下的习惯。劳拉对试衣的每一个环节都充满了兴趣。

"你随时都可以来掌管这个工作室，"我开玩笑地说，"你的眼光很不错，我们这里用得着你这种人。"

"好啊，你知道吗，我确实曾经去过米德兰市[1]的胜家缝纫中心[2]，"她大笑，"所以，不要以为我干不了这活儿。"

我曾经在一次政府晚宴上和可爱的科林·鲍威尔夫人坐在一起，当时她很详细地向我描述她是如何为自己做衣服的。她穿着一条可爱的连衣裙，我对那条裙子印象颇深。那一瞬间，我脑海中闪过一个念头：劳拉也会做相同的事情。

试衣之后，我们都走下楼，楼下被排列得很密集的警卫包围着。街上有一小群想看看第一夫人的人，两个得克萨斯的同事离开了，我和劳拉上了汽车，准备前往附近的饭店，但是劳拉想走路去。

"不行，不能那么做，每个人都想跟你打招呼，我们永远也到不了那里，"我说，"劳拉，这个月《时尚》杂志上关于你的文章写得很好，我跟朱丽亚·里德很熟，她是一个好作家，也非常有趣——你怎么想？"

"你真的觉得那很好吗？"她问，"你知道，她是从得克萨斯来的，我很喜欢她，我觉得她真令人愉快。我想跟她交个朋友，当然，现在还不行，毕竟，她也是新闻界的一员。"第一夫人感叹到。我明白她的意思，她现在是曝光率最高的公众人物，美国总统的妻子，再也不是得克萨斯的图书管理员了。这对于她来说有点儿难以适应，毕竟乔治·W.只上任了五个月。

在马戏团2000，他们对我们非常热情。然而我们并没有坐平时坐的那张靠窗户的桌子，我们坐在了屋子更深处。餐厅领班玛莉跟我说，特工们不允许第一夫人靠窗户坐着。丽比·帕特基和帕克·莱德也来了，

---

1. 米德兰市（Midland），位于得克萨斯州。
2. 胜家缝纫中心（Singer sewing center），培训使用胜家牌缝纫机技能的机构。

帕克为两位第一夫人带了一些书过来。大家的谈话很轻松，两位女士谈论着她们上大学的女儿们，她们共同感叹想让女儿们保持一定私人空间并远离公众视野有多么困难。这是母亲之间一次好谈话。直到欧洲之行结束，劳拉·布什再也没有到纽约试衣服。

帕克和我 6 月份待在欧洲，我们在伦敦克莱瑞芝酒店[1]和巴黎的克莱龙酒店[2]两家豪华酒店的电视中都经常看到第一夫人。她看起来真的很漂亮，我为此感到骄傲。

她穿着那条藏青色丝绸紧身裙向西班牙女皇致敬，看起来美极了。我去掉了白色领子和袖口，但我建议她戴上白手套，这跟整套衣服配起来有一种优雅的视觉效果。她的助手告诉我她在西班牙还穿了那件白色厚布蕾丝上衣和双面硬纱短裙，效果同样很不错。下一次我们再看见她时，她穿着那套红色套装站在波兰总统的旁边，看起来很标致。劳拉穿着这件衣服和总统以及黑色苏格兰猎犬一起合了影，照片登在 2001 年12 月 3 日《新闻周刊》的封面上。

做了第一批衣服后，我觉得劳拉对她自己、对她的打扮都很满意。我得到了媒体和朋友的赞扬，他们称赞我让劳拉更好看了。是啊，我觉得我的确做到了。但这一切应该归功于第一夫人做了正确的决定。你也知道，我一直相信我们能在自己的工作室里创造奇迹，但一旦顾客离开了，就只能靠她自己了。劳拉·布什的第一次欧洲巡访给人留下了很深的印象，她迷人的外表和完美的举止毫无疑问地延续了美国第一夫人的美好形象。

6 月份，我接到一个紧急电话，问我能不能做一身两件套黑色套装，款式我们以前做过。劳拉要会见罗马教皇，需要一套简单的黑色套装。我们赶制了黑色的亚麻夹克和里面的衬衫。第一夫人没有时间来纽约，

---

1. 克莱瑞芝酒店（Claridge's）位于英国伦敦西区中心，位于高级住宅区梅菲尔内，许多政要以及明星，包括英国前首相丘吉尔都是这家酒店的常客。
2. 克莱龙酒店（Hotel Crillon）位于法国巴黎协和广场，被称为巴黎最具有历史文化底蕴的豪华酒店。

幸好那套衣服很合身。劳拉打电话来问我："我应该戴什么样的帽子？"我提议一块黑色的花边方巾对于会见教皇来说正合适。几乎在同一时间，《纽约时报》在头版刊登了伊丽莎白女王微笑着迎接美国总统和总统夫人的照片，劳拉穿着闪亮的红色绉绸裙子，看上去美丽又时髦。

我们在 8 月底又见面了，尽管得克萨斯的温度已经升到了华氏 103度，劳拉看起来仍然对夏天的欧洲之行和农场假期感觉很愉快。我想家就是心灵的归宿，无论它有多热。我们设计了几件新套装和日装裙，并且开始考虑华盛顿秋天晚上的活动。

2001 年 9 月 5 日，布什总统和夫人在白宫举行了他们第一个正式政府晚宴——宴请墨西哥总统文森特·福克斯和他美丽的黑发妻子。当总统夫妇和福克斯一家从壮观的阶梯上走下来的时候，宾客们发出了一阵清晰可闻的赞叹声。劳拉穿着那件闪闪发光的铲型领红色上衣和亮色平纹丝织长裙，绝对是光芒四射。尽管我当时不在场，我还是从劳拉的助手们那里了解到一些信息，他们都说她"非常非常的可爱"。后来我见芭芭拉·布什时，她也用了相同的词，并加上了另一个评语——"绝对的完美"。我听了很高兴。这是我第一次为我们的新第一夫人做一些迷人而考究的东西。

两天后的 2001 年 9 月 7 日，我和帕克飞到了华盛顿，参加劳拉·布什在国会图书馆举行的正式晚宴，是为了庆祝她的第一个国家图书节[1]。我们一直在谈论劳拉会穿什么，但当她从小舞台后的拱门里走出来的时候，我还是被这个惊喜吓了一跳。当她走来的时候，那件纤细的绿松石色雪纺绸露肩长裙闪现在我眼前，大家禁不住屏住了呼吸——她简直像一个电影明星。帕克和小说家芭芭拉·泰勒·布拉德福德站在我边上，他们不停地戳我的肋骨，咯咯地笑着，告诉我劳拉看上去真是太棒了。

---

1. 国家图书节（National Book Festival），劳拉·布什 2001 年创立的一个阅读活动，赞助者为美国国会图书馆。

那件绿松石色雪纺绸裙子使她如此高兴，以至于第二年她又定做了一件，这一次是讨人喜欢的珊瑚色。我以前从没见过她的女儿芭芭拉，有一天她跟她的妈妈一起从华道夫·阿斯多里亚酒店来到了沙龙，她们在那里吃的午饭，第一夫人则在那里被授勋。芭芭拉充满魅力，是个大约六英尺高、身材匀称的二十岁女孩，长发飘飘，穿着紧身牛仔裤和透明上衣，当然，还有一双必不可少的锥子跟高跟凉鞋。对于这对母女的对立我感到很惊讶。第一夫人是穿着浅褐色的便服套装过来的，劳拉对那条珊瑚色的裙子还有点儿犹豫，因为她已经有一条一模一样的绿松石色裙子了。而活泼的巴巴拉看见她妈妈穿着礼服就极力赞美。

"哦，妈妈，这太美了，你穿上它漂亮极了，我喜欢。"我觉得这给了劳拉一些信心。一年后，我在电视上看到她参加一个政府晚宴时穿着那条珊瑚色的雪纺绸礼服，看起来非常高贵而美丽。

紧接着就是感恩节，白宫的节日气氛很浓厚，大家都忙着准备各自的圣诞派对。每一个员工团体、每一群朋友和从全国各地来的支持者都有一个晚会。

12月2日，劳拉参加表彰终身艺术成就的肯尼迪中心奖颁奖仪式。她和总统及一些杰出的领奖人坐在总统包厢中，她穿着我为她设计的一条有五排荷叶边的透明硬纱裙子，和一件白色绣花蕾丝上衣，上边点缀着珍珠和闪光的小金属片，纤细的腰上系着一条缎带，打了一个蝴蝶结。效果很完美。

第二天晚上，劳拉要参加在白宫举行的国会圣诞晚宴，我为她设计了一条红色花绸长袖曳地长裙，用的是现在她已经可以接受的露肩低领款式。它很适合圣诞节，也很适合那个场合和我这位杰出的顾客。有趣的是，2003年肯尼迪中心颁奖仪式上，她又穿了那件礼服。当你要像第一夫人一样出席这么多场合，重复穿衣是难以避免的。

我们还为圣诞节加了一件波尔多天鹅绒夹克和与之相配的衬衣，然后用一套高调而别致的五颜六色的金色织锦鸡尾酒小礼服结束这一年——真不错！对于其他我们提供服务的顾客来说，我们工作室当然享有一个圣诞假期，但不要忘了第一夫人总是排在第一位的。

2002 年对于劳拉来讲同样繁忙，总统夫妇 5 月份将有一次欧洲出访。劳拉的穿着随意多了，她喜欢裤子、彩色夹克或者是成套的便服。我们继续用不同的颜色和布料为她做那些经典衣服，有时还会做一件来应付白宫的鸡尾酒会。

那一年的肯尼迪中心奖颁奖仪式上，我们做了一件带有黑色花边的上衣，配暗紫红色铲型领，下面是黑色平纹丝织长裙摆，高贵而灿烂。在去肯尼迪中心之前，劳拉、乔治·W·帕克和我在白宫门前巨大的圣诞树前合影，总统用他慢吞吞的得克萨斯语调赞美道："劳拉看起来真美，但是，斯嘉锡，你快让我破产了。"当然，我对第一夫人是有特价的，但我一定要说你的钱花得值，你从斯嘉锡这里得到的是漂亮精致的服装！这就是设计师服装店和成衣店的不同。

为劳拉做的衣服中，我最喜欢的是一条飘逸的雪纺绸长裙，颜色从深紫色渐变到鲜艳的粉色。裙子的一面很短，另一面则垂到地上。每个人都觉得国家图书节那晚她看上去非常别致，礼服的颜色衬托出了她热情的性格。

在《哈泼芭莎》一次专门访谈中，劳拉解释说："很明显，我对衣服并不是特别的关注。"

然而，我觉得那并不明显，也并不全对——也许在农场里的时候，她的兴趣在别的地方，但在国家的首都，在盛装打扮的上流社会中，劳拉·布什确实能够让自己一直都成为引人瞩目的、时尚而美丽的第一夫人。

希拉里和克林顿总统，第一夫人穿着她的斯嘉锡黑色雪纺绸礼服

第二十二章

希拉里·罗德翰·克林顿
HILLARY RODHAM CLINTON

希拉里·罗德翰·克林顿 (Hillary Rodham Clinton, 1947-)，美国前总统比尔·克林顿的妻子，曾为知名律师，2000 年被选为纽约州参议员，现任奥巴马政府的国务卿。

　　我一直都认为希拉里·克林顿长得很漂亮。她有一张表情丰富、像玛莎·斯图尔特[1]一样自然而吸引人的面孔，从不浓妆艳抹，也不盛气凌人，脸上时常挂着微笑或者开心的大笑。同时，我认为克林顿夫人很聪明。我承认，与比尔·克林顿当总统时期相比，她表现得不那么有洞察力——我指的是医疗机构的丑闻和解雇白宫旅行办公室职员的事，那几件事解决得不太聪明。但是她能控制住自己，陪着克林顿一起渡过难关，但在公共场合回避此事，最终一切都回到原来的轨迹上，他们继续生活着。知情人告诉我说她在白宫的八年里一直是女儿切尔西称职的母亲。

　　在老乔治和芭芭拉·布什离任、克林顿一家入主白宫之后，我与芭芭拉保持着密切的联系，直到今天我也非常珍惜我们的友谊。自然地，我没有试着去结识克林顿夫人，因为我觉得这对前第一夫人和共和党都有些不忠。毕竟，我一直与布什夫人有着很多合作，作为她的朋友，我认为自己没有必要去认识新第一夫人。

　　就在比尔·克林顿竞选胜出后，我接到了克林顿太太办公室打来的电话（我猜是从阿肯色州打来的）。我当时不在，所以没有接到电话，也没有再打回去。

　　当克林顿政府开始运作之后，我还是在全美做着高档成衣的生意。当我得知副总统阿尔·戈尔的妻子蒂普·戈尔喜欢我的设计，并

---

1. 玛莎·斯图尔特（Marsha Stewart, 1941- ），曾经被称为美国的"家政女王"，白手起家，成为百万富翁，她一直在电视台主持烹调和园艺节目，深受家庭主妇们的欢迎。2001年，因涉嫌证券交易欺诈，玛莎·斯图尔特陷入声誉危机。

已经从当地的店里面买了好几件衣服时，我并不感到惊奇。当然了，当地的店主非常激动，并且打电话告诉我这件"大新闻"。唔，我想撇清这层关系，向媒体封锁了这个消息，期望芭芭拉·布什对此一无所知。虽然这与我个人没有什么关系，但还是觉得在某种程度上我成了一个背叛者。很明显，我在政治这个事情上绝非老于世故，即使我已经给四任第一夫人设计过衣服——那么，我究竟在担心些什么？

在就职典礼前，《女性服饰日报》询问了几个顶尖的设计师，让他们描绘一下对希拉里在就职典礼舞会上穿着的希望。我拒绝回答，比尔·布拉斯、奥斯卡·德拉伦塔和其他一些人，包括几个欧洲的女设计师，都提交了他们的想法。我认为我应该更有骨气一些，对我的朋友布什一家忠诚到底。（我是不是有些幼稚呢？）

我在电视上观看了就职典礼，并认为克林顿夫人的身材有些问题。她那天穿的衣服有些沉闷，没有掩盖反而夸大了她的缺点——她的腿。要是我的话，我会马上让她换一件别致的长裤套装，用一些讨人喜欢的颜色，让观众的视线集中到她漂亮的脸蛋上去。另外，究竟是谁建议她戴那顶帽子的？没错，我认为这一身根本让人记不住，她的前任就很不一样：虽然年纪老一些，身材也差一些，但芭芭拉·布什在就职典礼期间的穿着打扮让人至今难以忘怀。

糟糕的是，我认为克林顿夫人没有得到任何帮助，即便是有，也是错误的建议。就职典礼舞会上的礼服也一样不吸引人，紫色——任何人穿起来都很不好看的颜色——镶着亮片的蕾丝礼服，让她看起来不入时的款式，太紧身了，显得她有些过于性感，而不是我们认为第一夫人应该有的那种优雅。

但是，随着时间流逝，我饶有兴趣地发现了她的变化，她变成了一个时髦的美国女人，经常穿着更显魅力的长裤或长礼服。她发型也改变了，变成了她显而易见就是的那种人，富于智慧，机敏，就像我们现在看到的这位生气勃勃、严肃的、美丽的纽约州参议员。

1994 年夏天，我参加了现代艺术博物馆[1]的开幕式，就在我还没有明白发生了什么的时候，我被介绍给了希拉里·克林顿。天呀，我太吃惊了！

"你就是阿诺德·斯嘉锡，"她满面笑容地说，"我很喜欢你的衣服！"（可以融化设计师的心并让他变得无比自负的一句话。）"我有一件你设计的最最漂亮的长裙，层层绉纱在我走动的时候轻轻摆动，这是我拥有的最漂亮的礼服之一。"她转身对一位助手说，忽视了旁边焦急地等待着和她说话的人。

"你记得我那件完美的黑色纱裙吧？这就是斯嘉锡，那位设计它的人。"她又转向我，说，"我们要给你寄一张非常棒的照片。哦，见到你真高兴。我们会马上把照片寄出去的。"我还在震惊之中，但是助手立刻就记下了我的地址。

当然，就在那一刻，我发现希拉里·克林顿非常迷人，我几乎融化在那里，意识到我再也不会对她有任何不友善的想法了。几天之后，总统和总统夫人的那张照片寄到了，她穿着那件起绉的礼服看起来非常美丽。底下题着字：给阿诺德·斯嘉锡，最诚挚的感激与祝福——希拉里·罗德翰·克林顿。

我后来又在美国时装设计师协会[2]聚会的后台上见到了她，她看起来非常高兴见到我，问我什么时候可以来看衣服。又过些时候，我们在一个民主党的聚会上又聊了聊，在那时我依旧是无党派人士，但是我越了解参议员就越喜欢她。我认为她有坚强的人格，同时又非常了解自己。我相信她在我的故乡会做个出色的参议员。

2004 年 5 月 3 号，希拉里·罗德翰·克林顿在她繁忙的议员工作

1. 现代艺术博物馆（the Museum of Modern Art，即 MoMA），位于纽约曼哈顿城中，是当今世界最重要的现当代美术博物馆。
2. 美国时装设计师协会（Council of Fashion Designers of America，即 CFDA），世界时装界重要的机构之一，这个机构每天评出世界时装界最权威奖项，美国时装设计师协会将，该奖被称为时装界的"奥斯卡奖"。

中抽空从华盛顿飞来，在我们的"读写伙伴阅读夜"庆典上朗读了一个小时她写的畅销回忆录《亲历历史》（*Living History*）。当她穿着那条黑色雪纺裙出现在讲台时，观众们疯狂鼓掌。她看起来非常耀眼，我也接到了许多夸奖。我很感谢她穿着这件衣服来参加活动，因为她必须迅速把她的参议员衣服换下来，活动结束后又要马上换回去，并立刻飞回华盛顿。她真是一个聪明而耀眼的女士。

我仍对芭芭拉和劳拉比较狂热，但是毕竟，一个人总要接触各方面的人士，而且，我对金发女郎非常偏好——她们好像确实更有趣。

致谢

　　开始写这本书的时候，我原以为这一定是件容易的事情，毕竟这些故事里的许多部分这些年里我已经给朋友们讲过了，写下它们又能有多难呢？直到我第六次校订最开始手写的六页稿子，我才明白为什么关心我的助手杰里·西尔基亚会问我："我们要不要搞一台计算机来？"我必须感谢他把我带入了二十一世纪，并且帮助我高效率地结束了手稿的打字工作。同时，我也要感谢洛丽塔·诺斯高高兴兴地帮助我按照令人愉快的编辑丽莎·德鲁提出的意见进行了修改。

　　丽莎不停地鼓励我，没有她这本书不会存在，我必须要感谢她，她把我变成了一个作家！还要对她在斯克莱普纳的职员们道声感谢，你们给了我莫大的帮助。

　　还有一个始终安静而坚决地推动这本书的进程的人，就是严肃的洛兹·利佩尔，从我遇见她的那一刻起，她就成为我写作这本书的生活动力，她帮助我使这本书尽可能地接近了我自己的期望。她是一个蜜桃女孩！在这些坚定的天才旁边站着的是三个一直坚定地支持我的朋友：卡罗琳·雷迪，苏珊·莫尔多，以及奉行"不抵抗主义"的迈克尔·塞雷克。当然了，我必须要感谢我的"家庭成员"：帕克·莱德、格兰迪纳·韦斯特，以及凯莉和克莱拉柏莉、我的两条爱尔兰小猎犬，当我非常需要帮助的时候，他们一直给予我支持。谁能预料这本书的诞生过程会有如此多的故事？我简直无法停笔，感谢上帝，如果没有明智的丽莎·德鲁及时地制止我，你们可能直到明年也不会读到这本书。

图书在版编目(CIP)数据

我了解这些女人的身体／（美）斯嘉锡著；张婷译.北京：新星出版社，
2009.6
ISBN 978-7-80225-681-1
Ⅰ．我… Ⅱ.①斯…②张… Ⅲ.①服装－设计②女性－名人－生平事迹－世
界 Ⅳ.TS941.717 K818.5

中国版本图书馆CIP数据核字（2009）第072490号

Women I Have Dressed
by Arnold Scaasi
© 2004 Arnold Scaasi
This edition arranged with Scribner, a division of Simon & Schuster, Inc.,
through BIG APPLE TUTTLE-MORI AGENCY, LABUAN, MALAYSIA.
Simplified Chinese edition copyright© 2009 New Star Press
All rights reserved.
著作权登记图字：01-2006-9311

我了解这些女人的身体

（美）斯嘉锡 著 张婷 译

责 任 编 辑：于　少
责 任 印 制：韦　舰
内 文 版 式：聂竞竹
内 文 插 图：赵飞龙
封 面 设 计：视觉共振

出 版 发 行：新星出版社
出 　版 　人：谢　刚
社　　　　址：北京市东城区金宝街67号隆基大厦　100005
网　　　　址：www.newstarpress.com
电　　　　话：010-65270477
传　　　　真：010-65270449
法 律 顾 问：北京建元律师事务所

读 者 服 务：010-65267400　service@newstarpress.com
邮 购 地 址：北京市东城区金宝街67号隆基大厦　100005

印　　　　刷：大厂彩虹印刷有限公司
开　　　　本：787×1092 1/16
印　　　　张：21.75
字　　　　数：293千字
版　　　　次：2009年6月第一版　2009年6月第一次印刷
书　　　　号：ISBN 978-7-80225-681-1
定　　　　价：28.00元